W9-BZR-208

o

PUGLIE

Taranto

Golfo di Taranto

Bari

BASILICATA

Potenza

CAMPANIA

CALABRIA

Napoli

Vesuvio

Reggio

Messina

Capri

Ischia

Isole Lipari

Etna

Catania

SICILIA

Palermo

Mare Jonio

Mare Tirreno

re

Nord

Mare Mediterraneo

SARDEGNA

Sassari

Cagliari

TUNISIA

AFRICA

Basic Italian THIRD EDITION

Charles Speroni

UNIVERSITY OF CALIFORNIA, LOS ANGELES

Carlo L. Golino

UNIVERSITY OF CALIFORNIA, RIVERSIDE

HOLT, RINEHART AND WINSTON
NEW YORK   TORONTO   LONDON

Illustration Credits

Adsum: 119; Alinari Art Reference Bureau: 10, 14, 52, 158, 186, 221, 291; Anderson Art Reference Bureau: 152, 155, 160, 181, 190, 284, 315; Ballerini & Fratini: 321; Bettman Archive, Inc.: 259, (Gendreau) 54, 107, 197; Brogi Art Reference Bureau: 217; DeBlasi: 150; Ediz. E. S.: 147; Ewing Galloway: 44, 232, 339; Innocenti: 96; Courtesy of Italian Government Travel Office: 47, 65, 79, 85, 138, 174, 205, 226, 241, 254, 324; Lukas: 121, 296, 328; Magnum (Seymour): 129, 130, (Hurn) 224; Monkmeyer Photo Service: 244, 265, (Block) 91, (Davidson) 286, (Engelhard) 16, 33, 60, 71, 101, 241, (Falk) 308, (Henle) 318, (Mahoney) 276, (Morin) 68, 104, 202, 210, 213, (Silberstein) 76, 332, (Wolf) 19, 21, 283; Courtesy of the New York Public Library: 2, 36, 246, 247, 250, 251, 306; Courtesy of Pan American Airways: 7; Photo Library: (Lattes) 325; Rapho-Guillumette: (Goldman) 336; Raynor: 99, 173, 176, 195; Rotkin, P. F. I.: 88; Sala Dino, Pirelli S. p. A. Press Dept.: 166; Courtesy of TWA: 26, 39.

COVER ILLUSTRATION: Scala Fine Arts Publishers, Inc.

Copyright © 1972 by Holt, Rinehart and Winston, Inc.
Previous Editions Copyright © 1958, 1965 by Holt, Rinehart and Winston, Inc.
All Rights Reserved

Printed in the United States of America

Library of Congress Catalog Card Number: 70-177526

ISBN: 0-03-088064-5

34567   006   9876543

PREFACE

In preparing this third edition of *Basic Italian* we have been guided by the year-to-year experience of teachers. It is our opinion that, during the first year, a student should learn a basic vocabulary and become familiar with the essential constructions and patterns of the language.

This text consists of thirty-five grammar lessons and nine review lessons. The material may be covered in one year at the college level and in two years at the high-school level. The following are offered as suggestions for its use and as an explanation of its purpose and aims.

1. *General Approach:* In our grammatical explanations we have attempted to strike a medium between technical terminology and an informal approach.

2. *Grammar:* We have sharpened certain grammatical explanations and expanded others. Each point of grammar is illustrated by numerous examples and is drilled in the reading selections and the exercises. To avoid the monotony of conjugations, verb forms are now given in a simple context.

3. *Vocabulary and Idiomatic Expressions:* At the request of many teachers, we have restored the vocabulary lists in each lesson. The choice of vocabulary has been dictated in large part by natural situations arising in the reading passages.

iii

4. *Readings:* Our guiding principle has been to provide passages in good, idiomatic Italian.

5. *Parallel Translations:* These have been grouped together at the end of the book for the convenience of those teachers and students who may wish to use them.

6. *Exercises:* The translation sections have been shortened wherever possible and changed to make them more relevant to the grammatical points of each lesson. Other exercises, such as pattern drills, have been increased perceptibly.

7. *Conversations:* We strongly recommend that full use be made of this section since a minimum of oral facility is essential to a feeling of confidence in learning a new language. These question-answer exercises may be used immediately after the reading selection by those teachers who wish to emphasize the conversational approach.

8. *Travel Vocabulary:* Immediately following the end vocabularies we have again included the section "Getting Around in Italian" containing the basic words and phrases most frequently used in everyday Italian. In a parallel column we provide the English translation of these elements.

Throughout this edition we have tried to retain the advantages of both the original and revised editions of *Basic Italian*. We hope it will continue to enjoy the favor of our colleagues and of students, and we avail ourselves of this opportunity to express our thanks to all those who have aided in the task of revision by sending us their comments and suggestions. We are especially grateful to Professor Alfredo Brigola of the University of Redlands who has written the workbook *Practicing Italian* for this edition and developed the tape program which accompanies it.

C. S.
C. L. G.

TABLE OF CONTENTS

past participle. III. The semi-auxiliary verb with a dependent infinitive. IV. Nouns with an irregular plural. V. Future of **venire** and **volere.** VI. Conditional of **venire** and **volere.**

INTRODUCTORY LESSON ON PRONUNCIATION

Sounds must be heard rather than explained. It is essential, therefore, that the student listen very carefully to the pronunciation of the teacher and that he imitate him to the best of his ability.

The Italian alphabet contains twenty-one letters:

LETTERS	NAMES OF THE LETTERS
a	a
b	bi
c	ci
d	di
e	ę
f	ęffe
g	gi
h	acca
i	i
l	ęlle
m	ęmme
n	ęnne
o	ǫ
p	pi
q	cu
r	ęrre
s	ęsse
t	ti
u	u
v	vu
z	zęta

The following four letters, which are found in foreign words, are called:

k	cappa
x	icse
y	ịpsilon
w	dǫppio vu
j	*i lunga*

A. Vowels

Italian vowels are short, clear-cut, and they are never drawn out or slurred as they often are in English. The "glide" with which English vowels frequently end should be avoided.

The approximate English equivalents are as follows:

a is like *a* in English *ah!*
casa *house*   **ama** *loves*   **lana** *wool*   **sala** *hall*

e sometimes is like *e* in English *they* (without the final *i* glide)
e *and*   **me** *me*   **vede** *sees*   **sete** *thirst*

e sometimes is like *e* in English *bet* (This is called the "open" e and, as an aid to the student, it is printed **ę** in the appendices and vocabularies. *See* INSTRUCTIONS TO THE STUDENT, *opposite page 1.*)
ę *is*   **bęne** *well*   **sędia** *chair*   **vęnto** *wind*

i is like *i* in *machine.*
libri *books*   **vini** *wines*   **diti** *toes*   **bimbi** *babies*

o sometimes is like *o* in English *oh.*
o *or*   **nome** *name*   **posto** *place*   **volo** *flight*

o sometimes is like *o* in *or* (This is called the "open" o and, as an aid to the student, it is printed **ǫ** in the appendices and vocabularies. *See* INSTRUCTIONS TO THE STUDENT, *opposite page 1.*)
mǫda *fashion*   **nǫ** *no*   **pǫsta** *mail*   **cǫsa** *thing*

u is like *u* in *rule.*
luna *moon*   **uno** *one*   **busta** *envelope*   **uso** *use*

B. Consonants

The consonants not listed below (**b, f, m, n, v**) are pronounced as in English.

c before **a, o,** and **u,** like English *k.*
casa *house*   **con** *with*   **cubo** *cube*

c before **e** and **i,** like English *ch* (chest).
cena *supper*   **cibo** *food*   **noce** *walnut*

ch (found only before **e** or **i**) like English *k.*
che *that*   **buchi** *holes*   **lumache** *snails*

ci before **a, o, u,** like English *ch* (*chest*).
ciuco *donkey*   **ciǫtola** *bowl*   **ciabatta** *slipper*

d   somewhat more explosive than in English, with the tongue near the tip of the upper teeth.
  di *of*   **dadi** *dice*   **dove** *where*

g   before **a, o** and **u,** as in English *go.*
  vago *vague*   **diga** *dike*   **gufo** *owl*

g   before **e** and **i,** like English *g* in *gem.*
  gęlo *ice*   **gita** *outing*   **gęnte** *people*   **Gina** *Jean*

gh   (found only before **e** or **i**) like English *go.*
  laghi *lakes*   **fughe** *fugues*   **maghi** *magicians*

gli   approximately like *-lli-* in *million.*
  egli *he*   **figli** *sons*   **mogli** *wives*   **fǫgli** *sheets of paper*

gn   approximately like *-ny-* in *canyon.*
  legno *wood*   **bagno** *bath*   **lavagna** *blackboard*

h   is silent.
  hǫ *I have*   **ha** *he has*   **hanno** *they have*

l   as in English, but sharper and farther forward in mouth.
  lana *wool*   **luce** *light*   **volo** *flight*

p   as in English, but without the aspiration that sometimes accompanies this sound in English
  pane *bread*   **pepe** *pepper*   **pipa** *pipe*

qu   it is always pronounced like the English *qu* in *quest.*
  questo *this*   **quale** *which*   **Pạsqua** *Easter*

r   it is different from the English *r.* It is pronounced with one flip of the tongue against the gums of the upper front teeth.
  caro *dear*   **ora** *now*   **bere** *to drink*   **Roma** *Rome*

s   sometimes like the *s* in *house.* — *like double* ss
  casa *house*   **cǫsa** *thing*   **Pạsqua** *Easter*   **pǫsta** *mail*

s   sometimes (always when before **b, d, g, l, m, n, r** and **v**) like the *s* in *rose.* (As an aid to the student, it is italicized in the appendices and vocabularies. *See* INSTRUCTIONS TO THE STUDENT, *opposite page 1.*)
  rosa *rose*   **frase** *phrase*   **sbagli** *mistakes*
  snęllo *slender*

sc   before **a, o,** and **u,** like English *sk* in *ask.*
  ascoltare *to listen*   **pęsca** *peach*   **toscano** *Tuscan*

sc   before **e** or **i,** like English *sh* in *fish.*
  finisce *finishes*   **sci** *ski*   **pesce** *fish*

sch occurs only before **e** or **i,** and is pronounced like English *sk.*

       pȩsche *peaches*   **dischi** *disks*   **mosche** *houseflies*

t approximately like the English, but no escaping of breath accompanies it in Italian.

       contȩnto *contented*   **tanto** *much*   **arte** *art*

z sometimes voiceless, like *ts* in *bets.*

       zio *uncle*   **fọrza** *force*   **grạzie** *thank you*

z sometimes voiced, like *ds* in *beds.* (As an aid to the student, it is italicized in the appendices and vocabularies. *See* INSTRUCTIONS TO THE STUDENT, *opposite page 1.*)

       zȩro *zero*   **romanzo** *novel*   **pranzo** *dinner*

Note: When **ci, gi** and **sci** are followed by **a, o** or **u,** unless the accent falls on the **i,** the **i** is not pronounced. The letter **i** merely indicates that **c, g** and **sc** are pronounced respectively like English *ch, g* (as in *gem*) and *sh.*

       mạncia *tip*   **giallo** *yellow*   **scialle** *shawl*

C. *Double Consonants*

In Italian double consonants are pronounced much more forcefully than single consonants. With double **f, l, m, n, r, s** and **v,** the sound is prolonged; with double **b, c, d, g, p** and **t,** the explosion is stronger than for a single consonant. Double **z** is pronounced almost the same as single **z.**

babbo *dad*	**bocca** *mouth*	**lȩggo** *I read*	**poppa** *stern*
lȩtto *bed*	**evviva** *hurrah*	**mamma** *mama*	**bȩllo** *beautiful*
buffo *comical*	**anno** *year*	**carrọzza** *carriage*	

D. *Stress*

Usually, Italian words are stressed on the next-to-the-last syllable.

       amico *friend*   **parlare** *to speak*   **signorina** *Miss*

Many words are stressed on the last syllable. These words always have a written accent over the last vowel.

       città *city*   **università** *university*   **Perú** *Peru*   **perọ̀** *however*

Some words stress the third syllable from the last (and a few the fourth from the last). (As an aid to the student, in this book such words appear with a dot under the stressed vowel.)

       ụtile *useful*   **ịsola** *isle*   **tịmido** *timid*   **ạbitano** *they live*

It is useful to remember that open ę and ǫ are always stressed.

automǫbile *automobile* **telęfono** *telephone* **nǫbile** *noble*

Note: The written accent is used with a few monosyllables in order to distinguish them from others which have the same spelling but a different meaning.

ę̀	*is*		**e**	*and*
sí	*yes*		**si**	*oneself*
dà	*gives*		**da**	*from, by*
sé	*himself*		**se**	*if*
là	*there*		**la**	*the*
né	*nor*		**ne**	*some*

E. *Apostrophe*

The apostrophe is generally used to indicate the dropping of the final vowel.

l'amico instead of **lo amico** (*the friend*)
l'automǫbile instead of **la automǫbile** (*the automobile*)
un'università instead of **una università** (*a university*)
d'Itąlia instead of **di Itąlia** (*of Italy*)
dov'ę̀ instead of **dove ę̀** (*where is*)

F. *Syllabication*

Italian words are divided into syllables as follows:

1. A single consonant goes with the following vowel.
   ca-sa *house*   **po-si-ti-vo** *positive*

2. Double consonants are divided.
   bab-bo *dad*   **bęl-lo** *beautiful*   **ros-so** *red*

3. Two consonants, the first of which is **l, m, n** or **r,** are divided.
   al-bęr-go *hotel*   **con-tęn-to** *contented*

4. Otherwise, a combination of two consonants belongs to the following syllable.
   ba-sta *enough*   **pa-dre** *father*   **so-pra** *above*
   fį-glio *son*   **ba-gno** *bath*

5. The first of three consonants, except **s,** goes with the preceding syllable.
   sęm-pre *always*   **mem-bro** *member*   **fel-tro** *felt*
   BUT: **fi-nę-stra** *window*   **mi-nę-stra** *soup*   **pę-sche** *peaches*

6. Combinations of unstressed **i** or **u** with a vowel are not divided.
   nuǫ-vo *new*   **con-tię-ne** *contains*   **mię-le** *honey*

G. Capitalization

Many words that are capitalized in English are not capitalized in Italian. These include: the days of the week, the months of the year, proper adjectives (except when used as plural nouns), and the titles Mr., Miss., etc.

He is arriving on *Sunday*.	Arriva **domęnica**.
Mr. Neri is *Italian*.	Il signọr Neri **è italiano**.

BUT: *Americans* are industrious. **Gli Americani** sono industriosi.

Italians do not use the capital with the pronoun **io** (I) but usually capitalize the pronoun **Lęi** (you, *singular*), and **Loro** (you, *plural*).

INSTRUCTIONS TO THE STUDENT

1. In the lesson vocabularies the definite article is given with the Italian noun.
2. A preposition in parentheses after a verb indicates that the verb requires that preposition before an infinitive.
3. Italian words are generally stressed on the next-to-the-last syllable (**amico**). No marking is used to show the stressed syllable in such words.
4. An inferior dot indicates stress in words other than those mentioned in paragraph 3 (**rapido, rispondere**). No inferior dots have been used in the titles of the lessons and the reading selections.
5. A final vowel that bears a written accent is always stressed. Although most Italians use only the grave accent, in this grammar we have adopted the practice generally followed by publishing houses, i.e., to use the grave accent on **a** (**università**), open **e** (**è**) and **o** (**però**), and the acute accent on **i** (**così**), **u** (**virtú**), and closed **e** (**perché**).
6. Since there is no uniformity in the pronunciation of the vowels **e** and **o** and of the consonants **s** and **z**, we have avoided the use of the diacritical marks in the text. However, to provide the student with a guide to the accepted Tuscan pronunciation, we have used diacritical marks in the lesson vocabularies, in the appendices, and in end vocabularies. Open **e**'s and **o**'s are always stressed: these are indicated by an inferior hook (**medico, automobile**). Voiced **s**'s and **z**'s are italicized (**fra*s*e, *z*ero, a*zz*urro**).
7. In the lesson vocabularies a double dagger (††) after an infinitive means that when the stress falls on the *stem* of the verb, the stressed vowel is open: **portare** (††), **porto, porti, porta**, etc.

ABBREVIATIONS

adj.	adjective	*intrans.*	intransitive
adv.	adverb	*m.*	masculine
ecc.	eccetera	*m.pl.*	masculine plural
etc.	et cetera	*p.p.*	past participle
f.	feminine	*trans.*	transitive
f.pl.	feminine plural		

(**isc**) after an infinitive indicates that the verb is conjugated like **capire**.

xvi

STUDENTI

*Joan è una ragazza. Il cognome di Joan è Evans. Joan Evans è una studentessa.
Anche Mary Jones, l'amica di Joan, è una studentessa. Joan e Mary sono in
Italia per studiare l'italiano.*

Mario e Carlo sono amici di Joan e Mary. Anche loro sono studenti e sono
5 *a scuola con le studentesse. I ragazzi e le ragazze hanno la penna e la matita per
le lezioni e gli esami.*

Ecco la scuola! Ecco gli studenti!

SIG.NA EVANS: Buon giorno, signorina Jones, come sta?
SIG.NA JONES: Bene, grazie, e Lei?
10 SIG.NA EVANS: Molto bene, grazie. Dov'è Luisa?
SIG.NA JONES: Luisa è a scuola.
SIG.NA EVANS: E Carlo dov'è?
SIG.NA JONES: Carlo è a casa con lo zio.
SIG.NA EVANS: Mario dov'è?
15 SIG.NA JONES: Ecco Mario.
SIG.NA EVANS: Arrivederla, signorina.
SIG.NA JONES: Arrivederla.
MARIO: Buon giorno, signorina Evans.
SIG.NA EVANS: Buon giorno, Mario.
20 MARIO: Come sta, signorina?
SIG.NA EVANS: Bene, grazie, e Lei?
MARIO: Molto bene, grazie. Dov'è Carlo?
SIG.NA EVANS: Carlo è a casa con lo zio.
MARIO: Ecco il professore. Arrivederla, signorina.
25 SIG.NA EVANS: Buon giorno.

Vocabulary

NOUNS

l' **amica** friend (girl)
l' **amico** friend (boy)
 Carlo Charles
la **casa** house, home
il **cognome** surname
l' **esame** *m.* examination
l' **Italia** Italy
l' **italiano** Italian
la **lezione** lesson
 Luisa Louise
 Mario *masculine proper name*
la **matita** pencil
la **penna** pen
il **professore** professor, teacher
la **ragazza** girl
il **ragazzo** boy
la **scuola** school
la **signorina** miss, young lady
lo **studente** student (boy)
la **studentessa** student (girl)
lo **zio** uncle

PRONOUNS

Lei you
loro they

VERBS

è is
hanno they have
sono they are
studiare to study

OTHERS

a at, to
anche also, too
bene well
con with
di of
dove where; **dov'è?** where is?
e and
ecco here is, here are; there is, there are
in in
molto very
per for, in order to

IDIOMS

arrivederla good-bye
buon giorno good morning; good day
come sta? how are you? *(singular)*
grazie thank you, thanks

Grammątica

(GRAMMAR)

I. GENDER

All nouns are either masculine or feminine in gender. A singular noun that ends in **-o** is generally masculine.

libro	*book*	ragazzo	*boy*
zio	*uncle*	inchiostro	*ink*
giorno	*day*	quaderno	*notebook*
corso	*course*	maestro	*teacher*

A singular noun that ends in **-a** is generally feminine.

casa	*house*	scuola	*school*
zia	*aunt*	lettura	*reading*
penna	*pen*	ragazza	*girl*

Some nouns that end in **-e** in the singular are masculine, while others are feminine. The gender of nouns that end in **-e** must be memorized on the first occurrence.

professore *m.*	*professor*	automọbile *f.*	*automobile*
nome *m.*	*name*	estate *f.*	*summer*
esame *m.*	*examination*	lezione *f.*	*lesson*
caffè *m.*	*coffee*	arte *f.*	*art*

II. PLURAL OF NOUNS

To form the plural change the final **-o** or **-e** of the singular to **-i**; and final **-a** to **-e**.

libro, libri	*book, books*
casa, case	*house, houses*
professore, professori	*professor, professors*
ragazzo, ragazzi	*boy, boys*
scuola, scuole	*school, schools*
automọbile, automọbili	*automobile, automobiles*

III. THE DEFINITE ARTICLE

MASCULINE		
THE NOUN BEGINS WITH	THE SINGULAR DEFINITE ARTICLE IS	THE PLURAL DEFINITE ARTICLE IS
1. a vowel	l'	gli
2. z, or s plus a consonant	lo	gli
3. any other consonants	il	i

(1) l'anno   *the* year   gli anni   *the* years
      l'errore   *the* error   gli errori   *the* errors

(2) lo zio   *the* uncle   gli zii   *the* uncles
      lo stato   *the* state   gli stati   *the* states

(3) il libro   *the* book   i libri   *the* books
      il maestro   *the* teacher   i maestri   *the* teachers
      il saluto   *the* greeting   i saluti   *the* greetings

FEMININE		
THE NOUN BEGINS WITH	THE SINGULAR DEFINITE ARTICLE IS	THE PLURAL DEFINITE ARTICLE IS
1. a vowel	l'	le
2. a consonant	la	le

(1) l'automobile   *the* automobile   le automobili   *the* automobiles
      l'erba   *the* grass   le erbe   *the* grasses

(2) la casa   *the* house   le case   *the* houses
      la frase   *the* phrase   le frasi   *the* phrases

NOTE 1: le may become l' before a noun beginning with e: le entrate (*entrances*) may become l'entrate.

NOTE 2: gli may become gl' before a noun beginning with i: gli inverni (*winters*) may become gl'inverni.

IV. USE OF THE DEFINITE ARTICLE

The definite article is repeated before each noun.

I ragazzi e **le** ragazze.   *The* boys and girls.

Esercizi
(EXERCISES)

A. *Imparate le forme dell'artịcolo determinativo. Ripetete gli esempi seguenti cambiando le parole indicate.* (Learn the forms of the definite article. Repeat the following examples changing the words that are indicated.)

a. Il *professore* è in Itạlia.
  1. ragazzo 2. presidente 3. maestro 4. signore (*gentleman*)
b. Dov'è lo *zio?*
  1. zero 2. studente 3. stato 4. zụcchero (*sugar*)
c. Ecco l' *esame.*
  1. ombrello (*umbrella*) 2. amico 3. inchiostro (*ink*) 4. Italiano
d. La *casa* è in Amẹrica.
  1. scuola 2. ragazza 3. signorina 4. matita
e. Ecco l' *entrata.*
  1. erba (*grass*) 2. automọbile 3. ịsola (*island*) 4. Itạlia
f. I *professori* hanno la penna.
  1. ragazzi 2. presidenti 3. signori 4. maestri
g. Dove sono gli *zii?*
  1. studenti 2. stati 3. zạini (*knapsacks*) 4. zeri
h. Ecco gli *esami.*
  1. ombrelli 2. amici 3. inchiostri 4. Italiani
i. Le *case* sono in Califọrnia.
  1. scuole 2. ragazze 3. signorine 4. ịsole
j. Ecco le *automọbili.*
  1. entrate 2. uve (*grapes*) 3. ịsole 4. olive

B. GENERE E NUMERO DEI SOSTANTIVI. (Gender and number of nouns.)

a. *Ripetete l'esẹmpio cambiando il singolare al plurale.* (Repeat the example changing the singular to the plural.)

ESẸMPIO 1: *Il professore* è in Itạlia. — I professori sono in Itạlia.

1. il ragazzo   2. lo studente   3. l'Italiano   4. il maestro

ESẸMPIO 2: *La casa* è in Califọrnia. — Le case sono in Califọrnia.

1. la scuola   2. l'automọbile   3. la classe   4. la ragazza

b. *Ripetete l'esẹmpio cambiando il plurale al singolare.* (Repeat the example changing the plural to the singular.)

ESẸMPIO 1: *I ragazzi* sono in Itạlia. — Il ragazzo è in Itạlia.

1. professori   2. studenti   3. maestri   4. Italiani

ESẸMPIO 2: *Le scuole* sono in Califọrnia. — La scuola è in Califọrnia.

1. le case   2. le automọbili   3. le ragazze   4. le classi

C. *Traducete in italiano:* (Translate into Italian:)

1. The professor is in Italy.   2. Where are the boys and girls? 3. Here are the boys and girls.   4. Good morning, Miss Jones, how are you?   5. Fine, thank you, and you?   6. Very well, thanks.   7. Where is the school?   8. Here is the school.   9. For the examinations the girls and boys have a pen and a pencil. 10. The boys are students.   11. Good morning, Charles, where is Louise?   12. Louise is in Italy.   13. Charles is at home. 14. Where are the professors?   15. Here are the professors!

Da imparare a memọria

Arrivederla, signorina!
Buọn giorno, signorina!
Buọn giorno, Luisa!
Come sta?

Come sta, signorina?
Grạzie.
Bene, grạzie.
Bene, grạzie, e Lei?

Conversazione
(CONVERSATION)

Rispondete alle seguenti domande. (Answer the following questions.)

1. Buọn giorno, come sta? 2. Dov'è Carlo? 3. Dov'è la scuola? 4. Dov'è il professore? 5. Dove sono Carlo e Luisa? 6. Dove sono i professori? 7. Buọn giorno, signorina Nadi, come sta? 8. Dov'è la ragazza? 9. Dov'è lo zio? 10. Dove sono i ragazzi?

NETTUNO, PIAZZA DELLA SIGNORIA, FIRENZE

2

STUDIAMO L'ITALIANO

Siamo all' Università per Stranieri di Firenze. Carlo arriva e incontra Luisa.

CARLO: Buon giorno, Luisa.
LUISA: Buon giorno, Carlo.
CARLO: Che cosa studi a scuola?
LUISA: Studio l'italiano. Ecco il libro.   5
CARLO: Quando studi?
LUISA: Studio ogni giorno.
CARLO: Leggi e scrivi ogni giorno?
LUISA: Sí, leggo e scrivo ogni giorno perché desidero imparare.
CARLO: Legge ogni giorno il professore?   10
LUISA: Sí, legge ad alta voce. Anch'io[1] leggo ad alta voce in
classe.

Il professore arriva e la lezione d'italiano incomincia.[2]

IL PROFESSORE: "Buon giorno, signorina. Come sta Lei?" il
professore domanda a Luisa.   15
LUISA: Bene, grazie, e Lei?
IL PROFESSORE: Molto bene, grazie. — E Loro come stanno?

---

[1] Before an **i** or an **e, anche** may drop the final **e,** in which case an apostrophe is needed.

[2] **Incominciare** and **cominciare** *to begin* are used interchangeably.

GLI STUDENTI: Bene, grazie.
IL PROFESSORE: Scriviamo noi ora?
GLI STUDENTI: No, ora parliamo.
IL PROFESSORE: Lei parla, Luisa?
5 LUISA: Sí. Io ascolto le domande e rispondo.
IL PROFESSORE: Anche Lei ascolta, Carlo?
CARLO: Sí, anch'io ascolto le domande e rispondo.
IL PROFESSORE: Ascoltano gli studenti?
CARLO: Sí, gli studenti ascoltano le domande e rispondono.
10 IL PROFESSORE: Perché ascoltano gli studenti?
LUISA: Perché desiderano imparare.
IL PROFESSORE: Perché ascoltano Loro?
GLI STUDENTI: Perché desideriamo imparare.

Mentre il professore parla, gli studenti ascoltano o scrivono. Poi il professore
15 *ripete le domande, e gli studenti rispondono insieme.*
Gli studenti studiano insieme l'italiano e parlano. Leggono ogni giorno, e per
imparare bene, ascoltano quando il professore parla o legge.

Vocabulary

NOUNS
la **classe** class, classroom
la **domanda** question
Firenze *f.* Florence
il **giorno** day
la **lezione d'italiano**
Italian lesson
lo **straniero** foreigner
l' **università** university

ADJECTIVE
ogni every, each (*invariable*)

VERBS
arrivare to arrive
ascoltare to listen, to listen to (*the preposition "to" is not translated*)
desiderare to desire, wish
domandare to ask; **domandare a** to ask (of) (*a person*)
imparare (a) to learn
incominciare (a) to begin

incontrare to meet
leggere to read
parlare to speak
rispondere to answer, reply
scrivere to write
siamo we are

OTHERS
che? che cosa? cosa? what?
insieme together
mentre while
o or
ora now
perché why, because
poi afterwards, then
quando when
sí yes

IDIOMS
ad alta voce aloud
come stanno? how are you? (*polite plural*)

PIAZZA DELLA SIGNORIA

Grammàtica

I. CONJUGATION OF VERBS

Italian verbs fall into three conjugations according to the ending of the infinitive: (1) **-are,** (2) **-ere,** (3) **-ire.** The stem of regular verbs is obtained by dropping the infinitive ending:

parlare   parl-
ripètere   ripet-
capire   cap-

Verbs are conjugated in the various persons, numbers and tenses by adding the inflectional ending to the stem.

II. PRESENT INDICATIVE OF THE FIRST CONJUGATION

parlare *to speak*

	parl-o italiano	I speak, am speaking, do speak Italian.
	parl-i italiano	you (*familiar*) speak, are speaking, do speak Italian
SINGULAR	**parl-a** italiano	he, she, it speaks, is speaking, does speak Italian you (*polite*) speak, are speaking, do speak Italian
	parl-iamo italiano	we speak, are speaking, do speak Italian
	parl-ate italiano	you (*familiar*) speak, are speaking, do speak Italian
PLURAL	**pàrl-ano** italiano	they speak, are speaking, do speak Italian you (*polite*) speak, are speaking, do speak Italian

NOTE 1. To alleviate the bleakness of conjugations the various forms are given in a context.

NOTE: 2. Verbs like **cominciare** and **studiare,** whose stems end in **-i,** have only one i in the second person singular and first person plural: **cominci, studi, cominciamo, studiamo.**

III. PRESENT INDICATIVE OF THE SECOND CONJUGATION

ripętere *to repeat*

	ripet-o la domanda	I repeat, am repeating, do repeat the question
	ripet-i la domanda	you (*familiar*) repeat, are repeating, do repeat the question
SINGULAR	**ripet-e** la domanda	he, she, it repeats, is repeating, does repeat the question you (*polite*) repeat, are repeating, do repeat the question
	ripet-iamo la domanda	we repeat, are repeating, do repeat the question
	ripet-ete la domanda	you (*familiar*) repeat, are repeating, do repeat the question
PLURAL	**ripęt-ono** la domanda	they repeat, are repeating, do repeat the question you (*polite*) repeat, are repeating, do repeat the question

IV. SUBJECT PRONOUNS

SINGULAR		PLURAL	
io	I	**noi**	we
tu	you (*familiar*)	**voi**	you (*familiar*)
lui (egli)	he	**loro (essi)**	they (*m.*)
(esso)		**loro (esse)**	they (*f.*)
lei (ella)	she	**Loro**	you (*polite*)
(essa)			
Lei	you (*polite*)		

In modern Italian *he*, *she*, and *they* are usually expressed by **lui lei** and **loro** respectively in the spoken language, whereas the forms **egli, ella, esso, essa, essi,** and **esse,** although at times used in speech (especially cultured speech), are nearly always used in the written language.

Since the personal endings of verb forms indicate person and number of a tense, the subject pronouns may be omitted in

Italian except when necessary for clearness or when emphasis or contrast is desired. In the case of *it* and *they* referring to things they are almost never used in Italian and these English pronouns need not be translated.

V. FORMS OF ADDRESS

Tu, and its plural form **voi,** are used in addressing members of the family, children, animals and close friends; in all other cases **Lei** and its plural **Loro** are used. **Lei** and **Loro** are normally capitalized. Note that **Lei** and **Loro** always take, respectively, the third person singular and the third person plural of the verb.

Ascolti, zio?	*Are you listening,* uncle?
Ascolti, Luisa?	*Are you listening,* Louise?
Ascoltate, ragazzi?	*Are you listening,* boys?
Ascolta Lei, signorina Evans?	*Are you listening,* Miss Evans?
Ascoltano Loro, signorine?	*Are you listening,* young ladies?

VI. INTERROGATIVE SENTENCES

An Italian question may be formed: (1) by placing the subject after the verb; (2) by putting it at the end of the sentence if the question is not long; (3) by using the declarative word order and inflecting the voice:

Parla **Carlo** italiano?	
Parla italiano **Carlo?**	Does *Charles* speak Italian?
Carlo parla italiano?	
Dove abita **Maria?**	Where does *Mary* live?
Quando arriva il **professore?**	When does the *professor* arrive?
Studia con Giovanni **Maria?**	Does *Mary* study with John?

NOTE: The verb *to do,* when used as an auxiliary, is not translated in Italian.

CASA DEGLI ALIGHIERI, FIRENZE

Esercizi

A. *Studiate il presente indicativo di* **parlare** *e* **ripẹtere.** *Ripetete gli esempi seguenti, sostituendo le parole indicate.* (Study the present indicative of **parlare** and **ripẹtere.** Repeat the following examples, substituting the words indicated.)

   a. Ascolto *il professore.*
      1. Carlo 2. il ragazzo 3. il maestro 4. la mụsica
   b. Leggi *la lezione.*
      1. il giornale (*newspaper*) 2. il libro 3. i giornali 4. la rivista (*magazine*)
   c. *Maria* impara l'italiano.
      1. lui 2. Lei 3. Luisa 4. lei
   d. Scriviamo *la lẹttera.*
      1. il libro 2. le lezioni 3. la poesia (*poem*) 4. i cọmpiti (*homework*)

14

e. Arrivate *a scuola.*
   1. a casa   2. con Maria   3. con il professore   4. insieme
f. Parlano italiano *Loro?*
   1. essi   2. Carlo e Luisa   3. loro   4. gli studenti
g. *Mario incomincia* ogni giorno.
   1. la signorina   2. gli studenti   3. loro   4. il ragazzo
h. *Voi ascoltate* Luisa.
   1. lui   2. noi   3. tu   4. essi
i. *Lo straniero* risponde ad alta voce.
   1. gli studenti   2. noi   3. essa   4. voi

B.   L'INTERROGATIVO (The interrogative).
Domandate in italiano se (Ask in Italian whether)

   1. Maria ascolta le domande.   2. Noi rispondiamo.   3. Loro
rispondono ad alta voce.   4. Carlo e Luisa arrivano insieme.
5. Firenze è in Italia.   6. Anche lui parla italiano.   7. Maria
risponde in italiano.   8. Tu studi con Carlo.

C.   *Sostituite all'infinito dei verbi la forma corretta del presente indicativo.* (Replace the infinitive of the verbs with the correct form of the present indicative).

   1. Gli studenti *ascoltare* il professore.   2. Poi il professore
ripetere le domande.   3. La signorina e Carlo *ascoltare* e *scrivere.*
4. Gli studenti *incominciare* la lezione.   5. *Leggere* tu ad alta voce?
6. Lui *studiare* perché *desiderare* imparare.   7. "Buon giorno,"
rispondere la ragazza.   8. Che *studiare* voi?   9. Quando il professore *arrivare* gli studenti *ascoltare*.   10. Io *incontrare* Luisa ogni
giorno.   11. Signorina, perché non *parlare?*   12. Signorine,
perché non *rispondere* Loro?   13. Noi *rispondere* in italiano.
14. Quando *arrivare* a scuola Luisa?   15. Le ragazze *incontrare*
i ragazzi.

D.   *Traducete in italiano:*

   1. When does Louise arrive?   2. She arrives when Charles
arrives; they arrive together.   3. Louise and Charles read.
4. In order to learn Italian they speak together.   5. I also

speak in order to learn. 6. When the professor arrives they begin the lesson. 7. He reads and we listen. 8. Then we read aloud and he listens. 9. Does Louise listen also? 10. What are you listening to, Miss Nadi? 11. I am listening to the boys. 12. What do they ask? 13. They ask: "How are you?" 14. What do you answer? 15. I answer: "Very well, thank you."

Conversazione

Rispondete alle seguenti domande:

1. Come stanno Loro? 2. Studia Lei le lezioni d'italiano? 3. Che cosa[3] domanda Carlo? 4. Che[3] risponde Luisa? 5. Perché legge ogni giorno Luisa? 6. Dove studia la lezione? 7. Cosa[3] domanda il professore? 8. Che cosa risponde la signorina? 9. Perché studia Lei? 10. Quando leggono gli studenti?

[3] **Che?, Che cosa?, Cosa?** can be used interchangeably to translate *what*.

BASSORILIEVO
DI BRONZO (*Ghiberti*)

16

3

A SCUOLA

Ogni giorno, Giọrgio e Mạrio prẹndono il tram insieme. Oggi arrịvano a scuola presto, e aspẹttano il professore d'italiano.

MẠRIO: Ecco il professọr Bianchi.

GIỌRGIO: Dov'è?

5 MẠRIO: È il signore con Luisa.

GIỌRGIO: È vero che il professọr Bianchi arriva sempre presto a scuola?

MẠRIO: Sí. Arriva sempre presto.

GIỌRGIO: Luisa dice che il professọr Bianchi insegna bene. È

10 vero?

MẠRIO: Sí, insegna molto bene.

GIỌRGIO: Che cosa insegna? Non ricordo. Insegna il francese?

MẠRIO: No, insegna l'inglese.

GIỌRGIO: È vero che parla ad alta voce?

15 MẠRIO: Sí, parla sempre[1] ad alta voce in classe.

GIỌRGIO: Perché?

MẠRIO: Perché quando parla ad alta voce gli studenti ascọltano.

GIỌRGIO: Cosí non dọrmono in classe!

MẠRIO: Ascọltano, non dọrmono, e impạrano perché insegna

20 bene.

GIỌRGIO: È vero che il professọr Bianchi parla anche francese?

---

[1] Adverbs of time like **sempre,** *always,* and **spesso,** *often,* usually follow the verbs they modify.

MARIO: Sí. Ogni anno, quando finisce la scuola, lui parte e passa l'estate in Francia.

GIORGIO: Ma Luisa dice che il professor Bianchi preferisce parlare inglese.

MARIO: Anch'io! 5

GIORGIO: Io e Carlo preferiamo parlare italiano e a casa parliamo sempre italiano.

MARIO: Capisce l'italiano Carlo?

GIORGIO: Sí; Carlo capisce ogni cosa.

MARIO: Ecco il professore d'italiano. Buon giorno, signor 10 professore.

GIORGIO: Buon giorno, signor professore.

PROFESSORE: Buon giorno. Voi non entrate in classe?

MARIO: Sí, sí, entriamo anche noi.

Mario apre la porta al professore, e entrano in classe. 15

Vocabulary

NOUNS

l' **anno** year
la **cosa** thing
l' **estate** summer
il **francese** French; the French language
la **Francia** France
Giorgio George
l' **inglese** m. English, the English language
la **porta** door
il **signore** Mr., sir, gentleman
il **tram** (*invariable*) streetcar

VERBS

aprire to open
aspettare†† to wait, wait for (*the preposition* for *is not translated*)
capire (**isc**) to understand
dice says, tells
dormire to sleep
entrare to enter; **entrare in classe** to enter the class, to come (go) into the classroom

finire (**isc**) to finish
insegnare (**a**) to teach
partire to leave, depart
passare to pass; to spend (*time*)
preferire (**isc**) to prefer
prendere to take
ricordare†† to remember, recall

OTHERS

che that
cosí thus, so
ma but
no no
non not
oggi today
presto soon, early
sempre always

IDIOMS

a casa at home
è vero che? is it true that?
ogni cosa everything

Grammatica

I. PRESENT INDICATIVE OF THE THIRD CONJUGATION

Verbs ending in **-ire** fall into two groups: those conjugated like **dormire,** *to sleep,* and those conjugated like **capire,** *to understand* Note that the endings for both groups are identical, but that the verbs conjugated like **capire** insert **-isc-** between the stem and the ending of all forms of the singular and the third person plural. A verb which follows the model of **capire** will be indicated in the vocabulary thus: **preferire (isc),** *to prefer.* Verbs conjugated like **dormire** will not be marked.

dormire, *to sleep*

	Dormo a casa.	*I sleep at home.*
SINGULAR	**dorm-o** **dorm-i** **dorm-e**	I sleep, am sleeping, do sleep, etc.
PLURAL	**dorm-iamo** **dorm-ite** **dọrm-ono**	

capire, *to understand*

	Capisco la domanda.	*I understand the question.*
SINGULAR	**cap-isc-o** **cap-isc-i** **cap-isc-e**	I understand, am understanding, do understand, etc.
PLURAL	**cap-iamo** **cap-ite** **cap-ịsc-ono**	

II. NEGATION

A sentence is made negative by placing **non,** *not,* before the verb.

Io capisco.	I understand.
Io **non** capisco.	I do *not* understand.

III. POSSESSION

Possession is expressed by the preposition **di,** *of,* which may become **d'** before a vowel.

il maestro **di** Carlo.	Charles' teacher
il libro **d'**Anna	Ann's book

IV. DEFINITE ARTICLE WITH A TITLE

The definite article is required before a title, except in direct address.

Il signọr Bianchi parla italiano.	*Mr. Bianchi* speaks Italian.
Il professọr Corso parla francese.	*Professor Corso* speaks French.

BUT

Buọn giorno, **dottọr Bianchi**.	Good morning, *Doctor Bianchi*.
Come sta, **signora Casali?**	How are you, *Mrs. Casali?*

NOTE 1: Titles ending in **-ore** (masculine singular) drop the final **-e** before a proper noun.

NOTE 2: In Italian other titles are often preceded by **signọr, signora** or **signorina: Buọn giorno, signọr professore.**

NOTE 3: **Signori** means both *gentlemen* and *ladies and gentlemen*. **Buọn giorno, signori.** *Good morning, gentlemen* or *Good morning, ladies and gentlemen.*

PORTA DEL PARADISO (*Ghiberti*)

Esercizi

A. *Studiate il presente indicativo di* **dormire** *e* **capire**. (Study the present indicative of **dormire** and **capire**.)

(1) *Ripetete gli esempi seguenti cambiando le parole indicate.* (Repeat the following examples changing the words indicated.)

a. Apro *la porta.*
    1. il libro   2. il giornale   3. la rivista   4. il dizionario (*dictionary*)

b. Parti *da casa.*
    1. presto   2. oggi   3. da (*from*) Firenze   4. in automobile

c. *Carlo* finisce la lezione.
    1. Lei   2. lui   3. Giorgio   4. lei

d. Preferiamo *aspettare.*
    1. partire   2. l'italiano   3. l'estate   4. scrivere

e. Prendete *il tram.*
    1. il dizionario   2. la matita   3. la lettera (*letter*)   4. il treno (*train*)

f. *Mario e Luisa* capiscono l'italiano.
    1. loro   2. gli studenti   3. essi   4. le ragazze

(2) *Ripetete gli esempi seguenti cambiando le parole indicate.*

a. *Io dormo* sempre bene.
    1. Giovanni   2. noi   3. loro   4. voi   5. tu

b. *Noi finiamo* la lezione.
    1. essi   2. Lei   3. tu   4. voi   5. io

c. Oggi *Maria parte* per Roma.
    1. io   2. loro   3. tu   4. voi   5. noi

d. *Preferite voi* studiare a casa?
    1. essi   2. tu   3. Lei   4. Loro   5. noi

B. *Sostituite all'infinito dei verbi la forma corretta del presente indicativo.* (Replace the infinitive of the verbs with the correct form of the present indicative.)

1. Lo studente *aprire* la porta a Luisa.   2. Il professore non *capire* Mario.   3. La lezione *finire*.   4. I ragazzi *finire* il libro.

5. La signorina Nadi non *dormire* in classe. 6. Io *preferire* parlare italiano a casa. 7. Il maestro *insegnare* la lezione. 8. Noi *aspettare* lo zio di Maria. 9. I ragazzi *partire* presto. 10. Lei *prendere* il tram ogni giorno. 11. Maria *ascoltare* le domande e *rispondere*. 12. Ragazzi, perché non *studiare* (voi)? 13. Il signor Rossi *studiare* perché *desiderare* imparare. 14. Anche Maria *ripetere* la lezione. 15. Signorina, perché non *leggere?*

C. LE FORME NEGATIVE, POSSESSIVE, INTERROGATIVE.

a. Cambiate le frasi seguenti alla forma negativa. (Change the following sentences to the negative form.)

ESEMPIO: Carlo è a casa.
Carlo non è a casa.

1. Noi arriviamo presto a scuola. 2. Egli insegna il francese. 3. Mario parla ad alta voce. 4. Voi dormite in classe. 5. Essi preferiscono parlare inglese.

b. Date la forma possessiva. (Give the possessive form.)

ESEMPIO: Luisa —— libro. Il libro di Luisa.

1. Professore —— penna. 2. Carlo —— classe. 3. Giorgio —— casa. 4. Mario —— università. 5. Luisa —— domanda.

c. Cambiate le frasi seguenti dalla forma interrogativa diretta alla forma interrogativa indiretta. (Change the following sentences from direct to indirect questions.)

ESEMPIO: Parla italiano, Signor Bianchi?
È vero che parla italiano il signor Bianchi?

1. Parla ad alta voce, Professore? 2. Preferisce studiare il francese, Signora Jones? 3. Lei dorme in classe, Signor Belli? 4. Legge ogni lezione, Signora Rossi? 5. Dottor Bianchi, parla francese Lei?

D. *Traducete in italiano:*

1. Is it true that Mario understands Italian well? 2. Yes, because at home they always speak Italian. 3. Mario's uncle

spends every summer in Italy. 4. The professor of French also leaves every summer; he spends every summer in France or in Italy. 5. Here is Miss Croce. 6. Good morning, Miss Croce, how are you? 7. Miss Croce does not reply because she does not remember the boys. 8. When Miss Marini arrives, she remembers the boys and says, "Good morning." 9. Mario opens the door for Miss Marini and she says, "Thank you." 10. But the boys do not enter; they are waiting for the professor. 11. Charles opens the door and enters. 12. "What are you reading?" asks Mario. 13. I am finishing the lesson for today. 14. But here is the streetcar! And here is Professor Sandri. "Good morning, professor." 15. "Good morning," replies Professor Sandri.

Da imparare a memoria

A casa parlano sempre italiano.
Oggi Carlo è a casa, non è a scuola.
È vero che Lei capisce il francese?

Conversazione

Rispondete alle seguenti domande:

1. Che cosa prendono Giorgio e Mario ogni giorno? 2. Che cosa insegna il signor Bianchi? 3. Gli studenti dormono in classe? 4. Quando parte il professor Bianchi? 5. Dove passa Lei l'estate? 6. Preferisce Lei parlare italiano o francese? 7. Capisce ogni cosa Lei quando il professore parla? 8. Che cosa dice il professore d'italiano quando arriva? 9. Che cosa domanda il professore a Mario e a Giorgio? 10. Che cosa apre Mario al professore?

4

UNA LETTERA

Oggi all' Università per Stranieri tutti gli studenti sono presenti. I ragazzi sono presenti e anche le ragazze sono presenti. Quando arriva il professore vẹdono che porta un ạbito nero, una camịcia bianca e una cravatta verde.

Luisa dice a Carlo: Il professore oggi porta un ạbito nuovo. È
5 bello, non è vero?

CARLO: Sí, è un ạbito molto bello. È bella anche la cravatta verde.

LUISA: Tu preferisci una cravatta verde?

CARLO: No, io preferisco una cravatta rossa con un ạbito nero.

10 LUISA: Ma oggi vedo che porti una cravatta verde.

CARLO: È vero, ma preferisco una cravatta rossa.

PROFESSORE: Silẹnzio! Silẹnzio, Carlo e Luisa. Desịdero lẹggere una lunga lẹttera di una signorina di Milano.

GIOVANNI: Di una signorina di Milano, signọr professore?

15 PROFESSORE: Sí, di una signorina di Milano. Perché non ascolta?

Gli studenti ascọltano e il professore incomịncia a lẹggere. Legge ad alta voce, e tutti ascọltano. Molte parole sono nuove per gli studenti, ma loro capịscono perché il professore spiega le parole difficili. È la lẹttera di una giọvane ragazza, Gina Redenti. Il padre di Gina è professore e insegna l'inglese a Milano. È un
20 *bravo professore, dice Gina. La lẹttera di Gina dice che lei studịa l'inglese e che desịdera corrispọndere con uno studente americano o inglese.*

Quando il professore legge il nome di Gina, Giọrgio non capisce bene e il professore ripete: "Gi-na Re-den-ti." Il professore capisce che Giọrgio desịdera corrispọndere in italiano con Gina e legge anche l'indirizzo. Poi dice:

"Giorgio, Lei desidera corrispondere con Gina?"

GIORGIO: Sí, signor professore.

PROFESSORE: Desidera corrispondere in italiano o in inglese?

GIORGIO: Desidero corrispondere in italiano.

5   *Il professore finisce di leggere la lettera di Gina, e la lezione finisce.*

Vocabulary

NOUNS

l' **abito** suit
la **camicia** shirt
la **cravatta** tie, necktie
Gina Jean
Giovanni John
l' **indirizzo** address
la **lettera** letter
Milano *f.* Milan
il **nome** name
la **parola** word
il **quaderno** notebook
il **silenzio** silence

ADJECTIVES

americano American
bello beautiful
bianco white
bravo fine, good (*of a person's ability*), skillful
difficile difficult, hard
giallo yellow
giovane young
inglese English

italiano Italian
lungo long
molto much; *adv.* very
nero black
nuovo new
piccolo small, little
presente present
rosso red
tutto all
verde green
vero true

VERBS

comprare to buy
corrispondere to correspond
ha has
portare†† to wear (*clothes*)
spiegare†† to explain
vedere to see

IDIOMS

Non è vero? Isn't it true? Isn't it? Aren't you? Have we not? Shall we not?, etc. Doesn't he?, etc.

(*A sinistra*) IL DUOMO DI MILANO

Grammạtica

I. THE INDEFINITE ARTICLE

The English indefinite article *a* or *an* is translated into Italian by four different forms.

MASCULINE: **un** and **uno**

un angelo (handwritten) · *an angel* (handwritten)

un giorno	*a* day
un quaderno	*a* notebook
uno studente	*a* student
uno zio	*an* uncle

un uomo (handwritten) · *a man* (handwritten)

FEMININE: **una** and **un'**

una casa	*a* house
un'automọbile	*an* automobile

The usual masculine form is **un. Uno** is used before a masculine word which begins with a **z** or an **s** followed by a consonant (**s** followed by a consonant is also known as an *s impure*). The feminine form **una** becomes **un'** before a word that begins with a vowel.

II. OMISSION OF THE INDEFINITE ARTICLE

The indefinite article is omitted before unmodified predicate nouns expressing nationality, occupation, etc.

È italiano.	He is an Italian.
Giovanni è dottore.	John is a doctor.

BUT

È **un** giọvane italiano.	He is **a** young Italian.
Giovanni è **un** bravo dottore.	John is **a** fine doctor.

III. ADJECTIVES

(1) Form and agreement

An adjective agrees in gender and number with the noun it modifies. In Italian there are two groups of adjectives: those ending in **-o,** and those ending in **-e.** Adjectives ending in **-o** have four forms:

	MASCULINE	FEMININE
Singular	**-o**	**-a**
Plural	**-i**	**-e**

il signore italian**o**	*the Italian gentleman*
la signora american**a**	*the American lady*
i signori italian**i**	*the Italian gentlemen*
le signore american**e**	*the American ladies*

Adjectives ending in **-e** are the same for the masculine and feminine singular. In the plural the **-e** changes to **-i**.

il ragazzo frances**e**	*the French boy*
la parola diffịcil**e**	*the difficult word*
i ragazzi frances**i**	*the French boys*
le parole diffịcil**i**	*the difficult words*

An adjective modifying two nouns of different gender is masculine.

Le madri e i padri italian**i**.	The *Italian* mothers and fathers.

(2) Position of adjectives

(a) Adjectives generally follow the noun.

la lịngua **italiana**	the *Italian* language
il dizionạrio **rosso**	the *red* dictionary
la ragazza **intelligente**	the *intelligent* girl

(b) Certain common adjectives, however, generally come before the noun. Here are the most common:

bello	beautiful		**grande**	large, great
bravo	good, able		**lungo**	long
brutto	ugly		**nuovo**	new
buono	good		**pịccolo**	small, little
cattivo	bad		**stesso**	same
giọvane	young		**vẹcchio**	old

una **bella** ragazza		a *beautiful* girl
un **pịccolo** dizionạrio		a *small* dictionary

But even these adjectives must follow the noun for emphasis or contrast, and also when modified by an adverb or a suffix.

Oggi non porta **l'ạbito vẹcchio,** porta **un ạbito nuovo.**	Today he is not wearing *the old suit,* he is wearing *a new suit.*
Anna è una ragazza **molto bella.**	Ann is *a very beautiful* girl.

(**3**) Demonstrative, possessive and limiting (numeral) adjectives always precede the noun.

questa lezione	*this* lesson
mio zio	*my* uncle
molti libri	*many* books
cịnque libri	*five* books

IV. FORMS OF THE ARTICLE

As we know, the noun determines the number and gender of the article. However, since there are several articles for each gender, the word that immediately follows the article is the one to determine it. (Compare the English: *An elephant,* but *a large elephant.*)

uno zio	*an* uncle
un giọvane zio	*a* young uncle
gli studenti	*the* students
i nuovi studenti	*the* new students

Esercizi

A. *Imparate le forme dell'artịcolo indeterminativo.* (Learn the forms of the indefinite article.)

(**1**) *Ripetete gli esempi seguenti cambiando le parole indicate.* (Repeat the following examples changing the words that are indicated.)

   a. Il professore desịdera un *esẹmpio* lungo.

     1. esercịzio 2. libro 3. esame 4. quaderno

b. Preferisce Lei una *cravatta* inglese?
　　1. camịcia　2. parola　3. lẹttera　4. ragazza
c. Carlo parla di uno *studente*.
　　1. straniero　2. zio　3. zịngaro (*gypsy*)　4. stato
d. I ragazzi vẹdono un'*ọpera*.
　　1. automọbile　2. università　3. entrata　4. ịsola
e. Giovanni è *dottore*.
　　1. studente　2. avvocato (*lawyer*)　3. meccạnico (*mechanic*)
　　4. professore
f. Lo zio è un *bravo* dottore.
　　1. ọttimo (*excellent*)　2. cattivo　3. giọvane　4. vẹcchio

(2) *Sostituite l'artịcolo indeterminativo all'artịcolo determinativo.* (Substitute the indefinite article for the definite article.)

　　Esẹmpio: Desịdera corrispọndere con *lo* studente.
　　　　　　Desịdera corrispọndere con uno studente.

a. Legge l'indirizzo.　**b.** Porta la cravatta verde.　**c.** Il professore spiega la parola.　**d.** Vẹdono l'entrata.　**e.** Non capịscono la lezione.　**f.** Studiamo la nuova domanda.　**g.** Preferisco l'ạbito nero.　**h.** È l'automọbile di Carlo.　**i.** Maria corrisponde con lo studente italiano.

B.　*Studiate le forme e l'uso dell'aggettivo.* (Study the forms and use of the adjective.)

(1)　*Ripetete gli esempi seguenti cambiando le parole indicate.* (Repeat the following examples changing the words indicated.)

a. le parole *americane*.
　　1. italiano　2. diffịcile　3. inglese　4. vero
b. gli ạbiti *nuovi*.
　　1. pịccolo　2. rosso　3. americano　4. nero
c. gli studenti *americani*.
　　1. pịccolo　2. bravo　3. francese　4. intelligente
d. le ragazze *presenti*.
　　1. bravo　2. bello　3. buono　4. brutto
e. gli zii *intelligenti*
　　1. giọvane　2. italiano　3. grande　4. pịccolo

(2) *Date il plurale delle frasi seguenti.* (Give the plural of the following phrases.)

ESĘMPIO: la *brutta* casa — le brutte case

1. la stessa lezione   2. il quaderno rosso   3. la vęcchia signora   4. la casa verde   5. il nuovo anno   6. la domanda diffịcile

(3) *Date il singolare delle frasi seguenti.* (Give the singular of the following phrases.)

ESĘMPIO: *i cattivi studenti* — il cattivo studente

1. le cravatte nuove   2. i vestiti neri   3. le belle estati   4. le pịccole porte   5. le buone lezioni   6. gli stessi anni

(4) *Ripetete le parole seguenti con il cambiamento indicato.* (Repeat the following words with the change indicated.)

ESĘMPIO: La porta *nuova.* — La nuova porta.

a. il libro *stesso.*   *b.* lo studente *nuovo.*   *c.* la casa *bella.*   *d.* gli studenti *stessi.*   *e.* l'esęmpio *cattivo*   *f.* l'automọbile *stessa.*

C.   *Traducete in italiano:*

1. John says that he wishes to buy a yellow tie because he has a new suit.   2. "Is it an English suit?" asks Mario.   3. No, it is an American suit, but I wish to buy an Italian tie.   4. Louise wishes to correspond with a girl in Italy.   5. "Is she an American?" asks Mario.   6. "No, she is an Italian," replies Louise.   7. Does she also write many letters?   8. "Yes, Jean writes in Italian and I write in English," explains Louise.   9. John, Mario and Jean read the letter together.   10. Do they understand?—Yes, but not the new words.   11. Louise explains the difficult words.   12. John takes an old notebook, and writes a long word.   13. "Here are the names of many Italian young ladies," says Louise.   14. Mario writes all the names and addresses in a little notebook.   15. Silence! Here is the professor!

Da imparare a memoria

Lei preferisce una cravatta verde, non è vero?
Tutti gli studenti sono presenti, non è vero?

Conversazione

Rispondete alle seguenti domande:

1. Sono presenti gli studenti oggi? 2. Che cosa vẹdono gli studenti? 3. È vẹcchio l'ạbito nero? 4. Anche la cravatta è nera? 5. Lei ha molte cravatte? 6. Lei preferisce le cravatte gialle o le cravatte nere? 7. Che cosa legge il professore? 8. Perché gli studenti capịscono? 9. Che cosa insegna il padre di Gina? 10. Perché il professore ripete il nome di Gina?

BASSORILIEVO DI
BRONZO (*Ghiberti*)

RIPETIZIONE 1

I. *Rispondete alle seguenti domande:*

1. Buon giorno, signor. . . . Come sta Lei oggi? 2. Dov'è il quaderno? 3. È bianco il quaderno? 4. Sono verdi tutti i quaderni? 5. Scrivono gli studenti ora? 6. Che cosa studiamo noi? 7. Quando il professore non parla ad alta voce, capiscono gli studenti? 8. Lei risponde ad alta voce? 9. Quando incomincia la lezione? 10. Perché studiano gli studenti? 11. È vero che in Italia parlano francese? 12. E in California, che parlano? 13. Luisa capisce le parole nuove quando il professore parla? 14. Lei scrive molte lettere in Italia? 15. Quando ripete la domanda il professore?

II. *Seguendo l'esempio, ripetete le frasi al plurale.* (Following the example, repeat the sentences in the plural.)

> ESEMPIO 1: (io) *Parlo* con la signorina.
> (noi) Parliamo con le signorine.

1. Imparo la lezione. 2. Incontro il professore. 3. Incomincio la lettera. 4. Studio la lingua.

> ESEMPIO 2: (tu) *Ripeti* la domanda.
> (voi) Ripetete le domande.

1. Scrivi la lettera. 2. Leggi la parola. 3. Prendi la penna. 4. Corrispondi con la ragazza.

> ESEMPIO 3: (Lei) *capisce* l'italiano?
> (Loro) capiscono l'italiano?

1. Finisce la lezione? 2. Parte domani? 3. Preferisce la musica? 4. Apre la porta?

III. *Usando gli esempi italiani come guida, traducete le frasi inglesi.*
(Using the Italian examples as a guide, translate the English
sentences.)

1. Dov'è il maestro?	*Where are the professors?*
2. La zia è italiana.	*The uncles are Italian.*
3. Luisa legge ad alta voce.	*Do we read aloud?*
4. Capisce Lei la domanda?	*We understand all the questions.*
5. Questa cravatta è nuova.	*Are these suits new?*
6. Maria e Carlo lęggono	*Are you reading a letter also?*
una lęttera.	
7. Desịdera parlare Lei?	*Don't you* (**Loro**) *wish to speak?*
8. Tu rispondi sempre bene.	*Do you* (**voi**) *reply well also?*
9. Che cosa legge il maestro?	*What are the students reading?*
10. Lei che cosa preferisce	*I prefer to speak English at*
parlare a casa?	*home.*

IV. *Sostituite all'infinito del verbo la forma corretta del presente indicativo.* (Substitute for the infinitive of the verb, the correct form of
the present indicative.)

1. I ragazzi *rispǫndere*. 2. Quando *partire* Lei? 3. Tu non
ricordare il nome? 4. Voi *entrare* presto. 5. Io *aprire* la porta.
6. Loro *preferire* le cravatte nere. 7. Lui *spiegare* la parola
diffịcile. 8. Noi non *entrare*. 9. Gina *imparare* l'italiano.
10. Tu *finire* l'esame. 11. Luisa *passare* l'estate in Itạlia.
12. Noi *arrivare* a scuola. 13. Cosa *lęggere* il professore mentre
noi *scrịvere?* 14. Io *ascoltare* lo studente. 15 Perché *lęggere*
ad alta voce il professore?

V. POSIZIONE DELL'AGGETTIVO.
Completate l'esercịzio seguente:

> EsẹMPI : (*verde*) la casa —— la casa verde
> (*vęcchio*) il padre —— il vęcchio padre

1. (*inglese*) la lịngua 2. (*nero*) le cravatte 3. (*pịccolo*) una
casa 4. (*bello*) le ragazze 5. (*diffịcile*) le lezioni 6. (*nuovo*)
l'indirizzo 7. (*vęcchio*) le case 8. (*giallo*) una cravatta 9.
(*giǫvane*) un professore 10. (*bravo*) uno studente

VI. *Traducete in italiano:*

1. The girls wish to buy many things every day. 2. Louise does not understand, and the professor repeats the new word. 3. The uncle takes a streetcar. 4. He is a young professor of French. 5. Charles and Louise correspond with an Italian girl. 6. The students are speaking but Professor Jones arrives, and the lesson begins. 7. It is not true that we do not learn; we learn because we listen. 8. George is waiting for the streetcar. 9. They always speak Italian at Charles' house. 10. I prefer a yellow tie with a black suit. 11. Isn't he English? — No, he is French, but he speaks English. 12. George's uncle is in Italy now, but he is leaving soon. 13. Every student has many notebooks. 14. Jean is good (*able*) and always finishes early. 15. Every day I meet George and Charles in order to study together.

PALAZZO PITTI (*Brunelleschi*)

5

UN'IDEA ECCELLENTE

Mario e Giorgio sono davanti all'entrata della biblioteca e aspettano dei compagni di scuola. Oggi non hanno lezioni.

MARIO: Tu, Giorgio, resti molto tempo in biblioteca oggi?

GIORGIO: No, prendo un libro, e poi torno[1] a casa. Preferisco
5   studiare a casa. E tu?

MARIO: Io aspetto Luisa e Carlo. Oggi studiamo insieme. Nel
    pomeriggio, se il tempo è bello, andiamo a nuotare in una
    piscina alle Cascine.

GIORGIO: Io nel pomeriggio, quando il tempo è bello, leggo un
10   libro in giardino. Non abito molto vicino alle Cascine, ma
    dalla finestra dello studio vedo la piscina.

MARIO: Ecco Luisa e Carlo! Perché siete in ritardo?

CARLO: Perché . . . Luisa è sempre in ritardo.

GIORGIO: Non è vero, Carlo. Sei tu che arrivi sempre in ritardo . . .

15 LUISA: Basta, basta, ragazzi! Perché non andiamo tutti a
    prendere un caffè?

GIORGIO: È un'idea eccellente, ma io non ho soldi.

MARIO: Neanche io!

CARLO: Paga Luisa!

20 LUISA: Perché io?

CARLO: Perché solamente tu hai i soldi.

LUISA: Benissimo, pago per tutti, ma . . . solamente un caffè.

---

[1] **Tornare** is sometimes used instead of **ritornare**.

GIORGIO: E poi, tutti in piscina.

MARIO: Un momento, prima andiamo in biblioteca a studiare e poi andiamo in piscina.

GIORGIO: È vero — prima il dovere e poi il piacere.

TUTTI: Bravo! Evviva! 5

Vocabulary

NOUNS

la **bibliotęca** library; **in bibliotęca,** in *or* at the library

il **caffę̀** coffee, cup of coffee; coffee shop, café

le **Cascine** *a public park in Florence*

il **compagno** companion, chum; **compagno di scuǫla,** school friend

il **dovere** duty

l' **entrata** entrance

la **finęstra** window

il **giardino** garden; **in giardino,** in the garden

l' **idęa** idea

il **piacere** pleasure

la **piscina** swimming pool

il **pomerįggio** afternoon

il **sǫldo** penny; *pl.* money

lo **stųdio** study

il **tęmpo** weather; time

ADJECTIVE

eccellęnte excellent

VERBS

abitare to live, dwell

andare (a) to go

nuotare†† to swim

pagare to pay, pay for

restare†† to remain

OTHERS

basta! enough!

benįssimo! very well! fine!

davanti (a) before, in front (of)

evviva hurrah, long live

neanche not even

perǫ̀ however

se if

solamente only

vicino (a) near

IDIOMS

ęssere in ritardo to be late

un momento just a moment

PONTE VECCHIO, FIRENZE

Grammatica

I. CONTRACTIONS

Certain prepositions combine with the definite article as follows:

Preposition +	il	i	lo	l'	la	gli	le
a (*to, at*)	al	ai	allo	all'	alla	agli	alle
da (*from, by*)	dal	dai	dallo	dall'	dalla	dagli	dalle
di (*of*)	del	dei	dello	dell'	della	degli	delle
in (*in*)	nel	nei	nello	nell'	nella	negli	nelle
su (*on*)	sul	sui	sullo	sull'	sulla	sugli	sulle

The prepositions **con**, *with*, and **per**, *for*, are seldom combined with the definite article. The only two forms that are occasionally used are: **col** (**con + il**), **coi** (**con + i**), and **pel** (**per + il**), **pei** (**per + i**).

II. THE PARTITIVE CONSTRUCTION

The partitive *some* or *any* may be expressed by the preposition **di** plus the definite article.

Compro **dei libri**.   I am buying *some books*.
Scrive **delle lettere**.   He is writing *some letters*.
Desidero **del caffè**.   I wish *some coffee*.

In interrogative and negative sentences the partitive *any* is usually not expressed in Italian. Do you have *any relatives* in Italy? Ha **parenti** in Italia? I do not have *any brothers*. Non ho **fratelli**.

III. PRESENT INDICATIVE: AVERE, ESSERE

avere, *to have*

Ho un'idea.   *I have an idea.*

SINGULAR	**ho**	I have
	hai	you (*familiar*) have
	ha	⎧ he, she, it has ⎨ you (*polite*) have

	abbiamo	we have
PLURAL	avete	you (*familiar*) have
	hanno	{ they have { you (*polite*) have

essere, *to be*

Sono americano.   *I am an American.*[2]

	sono	I am
SINGULAR	sei	you (*familiar*) are
	è	{ he, she, it is { you (*polite*) are

	siamo	we are
PLURAL	siete	you (*familiar*) are
	sono	{ they are { you (*polite*) are

Esercizi

A. *Imparate le forme delle preposizioni articolate. Ripetete gli esempi seguenti cambiando le parole indicate.* (Learn the forms of the contractions. Repeat the following examples changing the words indicated.)

a. *per* l'entrata
   1. con   2. su   3. in   4. a   5. da   6. di

b. *con* lo studio
   1. per   2. in   3. a   4. da   5. di   6. su

c. *per* il treno
   1. di   2. in   3. a   4. da   5. con   6. su

d. *con* gli zaini
   1. su   2. per   3. da   4. di   5. a   6. in

e. *per* i libri
   1. a   2. in   3. da   4. di   5. con   6. su

f. *con* l'esame
   1. in   2. da   3. di   4. su   5. per   6. a

[2] In conjugating the sentence, remember to make *American* agree with the subject: americano, americana, americani, americane.

g. *per* la porta
    1. a   2. in   3. da   4. di   5. su   6. con
h. *con* le finestre
    1. per   2. su   3. in   4. da   5. di   6. a

B. *Studiate le forme del partitivo.* (Study the forms of the partitive.)

(1) *Ripetete gli esempi seguenti cambiando le parole indicate.* (Repeat the following examples changing the words indicated.)

    a. I signori prendono del *latte.*
       1. caffè   2. tè   3. vino   4. pane   5. burro   6. sale
       7. pesce   8. formaggio
    b. Tu ordini della *carne.*
       1. limonata   2. cioccolata   3. aranciata   4. birra
       5. marmellata   6. frutta   7. insalata   8. minestra
    c. Giorgio parla con dei *compagni.*
       1. signori   2. signorine   3. stranieri   4. ragazzi
       5. studenti

(2) *Date la forma partitiva delle frasi seguenti.* (Give the partitive form of the following sentences.)

    Esempio: Lui aspetta *uno studente.* —— Lui aspetta degli studenti.

    1. La scuola ha *un'entrata.*   2. Gli studenti studiano per *un esame.*   3. Noi rispondiamo a *una domanda.*   4. Il professore apre *una porta.*   5. Carlo resta a casa *un'ora.*   6. Incontrate *un compagno* di scuola.

(3) *Cambiate le frasi seguenti in frasi negative.* (Change the following phrases to the negative.)

    Esempio: Io ho dei libri —— Io non ho libri.

    1. Lui scrive delle parole.   2. Noi leggiamo delle lettere.
    3. Voi avete dei soldi.   4. Essi hanno delle idee.

(4) *Cambiate le frasi seguenti in frasi interrogative.* (Change the following phrases to the interrogative.)

    Esempio: Avete degli amici. —— Avete amici?

    1. Lei desidera del denaro.   2. Giovanni ha dei quaderni.
    3. Abbiamo delle sorelle.   4. Comprano dei libri.

C. *Studiate i verbi ausiliari essere ed avere. Ripetete gli esempi seguenti cambiando le parole indicate.* (Study the auxiliary verbs **essere** and **avere**. Repeat the following examples changing the words indicated.)

   a. Io sono in giardino.
     1. Maria 2. noi 3. tu 4. voi 5. lui 6. loro 7. Lei
     8. Mario e Carlo
   b. Noi abbiamo una piscina.
     1. Carlo 2. voi 3. tu 4. tutti 5. Lei 6. io 7. lei
     8. Loro
   c. Voi siete a scuola e *avete* un professore eccellente.
     1. Io 2. Essi 3. Maria 4. Noi 5. Tu

D. *Traducete in italiano:*

   1. I am waiting for a school friend. He lives near the school. 2. We are going to the library together. 3. In front of the library we see Mario. 4. He is talking to George. 5. In the library we get (*take*) a book. 6. At the door we meet George and Mario. Mario says: "We are going to the Cascine now. And you?" 7. An excellent idea! Why do we not all go together? 8. We do not have an automobile (**automobile,** *f.*). Why don't we take a streetcar? 9. I do not have any money. 10. Louise always has money, but she is late. Here is Louise, hurrah! 11. The streetcar arrives and they leave. 12. When they arrive at the Cascine, they see a coffee house. 13. Why don't we get (*take*) a cup of coffee? says Louise. Very well, I have (*take*) a cup of coffee every day. 14. Do you swim in the afternoon? 15. Yes, if the weather is good.

Da imparare a memoria

   Luisa è sempre in ritardo.
   Luisa e Carlo sono sempre in ritardo.
   Oggi il tempo è bello.
   Desidera prendere un caffè?
   Non abbiamo soldi.
   Neanche noi.

Conversazione

Rispondete alle seguenti domande:

1. Dove aspettano i compagni di scuola Mario e Giorgio?
2. Perché non sono a scuola?   3. Lei ha molte lezioni oggi?
4. Dove preferisce studiare Giorgio?   5. Lei, dove studia?
6. Dove legge Giorgio quando il tempo è bello?   7. Vediamo noi la piscina dalla finestra della classe?   8. Dove desideriamo andare con i compagni di scuola?   9. Perché paga Luisa?
10. Perché non pagano i compagni?

SANTA MARIA NOVELLA, FIRENZE

6

A FIRENZE

Due signorine, la signorina Joan Evans e la signorina Jacqueline Renoir, sono davanti all' Università per Stranieri a (in) *Firenze, e aspęttano il professore d'arte.*

SIG.NA RENOIR: Buǫn giorno, signorina, anche Lei sęgue il
5   corso del signǫr Toschi, non è vero?
SIG.NA EVANS: Sí. Oggi, però, sarò anche alla lezione del professǫr Ghiselli. Lo conosce? È il professore di mųsica.
SIG.NA RENOIR: No, non lo conosco.
SIG.NA EVANS: Scusi, signorina, ma Lei è francese?
10 SIG.NA RENOIR: Sí, e Lei è americana, non è vero?
SIG.NA EVANS: Sí. Quanto tempo resterà a Firenze?
SIG.NA RENOIR: Tutta l'estate e forse tutto l'anno. Poi ritornerò a casa. E Lei?
SIG.NA EVANS: Io resterò in Itạlia un anno.
15 SIG.NA RENOIR: Dove ạbita? In una pensione?
SIG.NA EVANS: Sí. In una pensione in Piazza Indipendenza. Ci sono molte pensioni vicino all'Università. E Lei dove ạbita?
SIG.NA RENOIR: Ạbito in Via Panzani in casa di una famiglia fiorentina. C'è un'altra ragazza francese, ma non la vedo
20 spesso. Preferisco parlare italiano.
SIG.NA EVANS: Anch'io conosco molte ragazze americane a Firenze, ma non le vedo spesso.
SIG.NA RENOIR: È vero che oggi il professore ci parlerà di Fięsole?

SIG.NA EVANS: Sí, e poi domani ci porterà a vedere Fięsole che è molto vicino a Firenze.

SIG.NA RENOIR: Visiteremo il piccolo museo, non è vero?

SIG.NA EVANS: Sí. Partiremo tutti insieme nel pomerįggio da Piazza San Marco. 5

SIG.NA RENOIR: Come andiamo, in automobile?

SIG.NA EVANS: No, prenderemo il fįlobus in Piazza San Marco.

SIG.NA RENOIR: Grązie, Signorina Evans. Lei è molto bene informata e molto gentile.

SIG.NA EVANS: Ah! Ecco il professor Toschi. 10

Vocabulary

NOUNS

l' **arte** *f.* art
il **corso** course
la **famįglia** family
Fięsole *f.* a hill town overlooking Florence
il **fįlobus** (*invariable*) trackless trolley
il **musęo** museum
la **musica** music
la **pensione** boarding house (*pension*)
la **piazza** square
la **via** street

ADJECTIVES

altro other
fiorentino Florentine
gentile kind, thoughtful
informato informed
interessante interesting
quanto how much

VERBS

conoscere to know, be acquainted with

portare†† (**a**) to carry, bring; to take
ritornare (**a**) to return
seguire to follow, take a course
visitare to visit

OTHERS

c'ę there is
ci sono there are
come how, as
domani tomorrow
due two
forse perhaps
per however
scusi pardon me, excuse me (polite singular)
spesso often

IDIOMS

in on[1]
quanto tęmpo how long
tutto all, everything; **tutti** all, everybody[2]

[1] Before the name of a street or a square, English *on* is translated by **in**: **in Via Dante** *on Dante Street*.

[2] **Tutto** plus definite article equals *all the, the whole*: **tutto il libro** *the whole book;* **tutti gli studęnti** *all (the) students.*

FIESOLE

Grammatica

I. DIRECT OBJECT PRONOUNS

Direct object pronouns are always used in conjunction with a verb, and therefore are called *conjunctive pronouns*. In general they precede the verb.

mi	me	**ci**	us
ti	you (*familiar singular*)	**vi**	you (*familiar plural*)
lo	him, it (*masculine*)	**li**	them (*masculine*)
la	her, it (*feminine*)	**le**	them (*feminine*)
La	you (*polite singular*)	**Li**	you (*polite masculine*)
		Le	you (*polite faminine*)

Mi, ti, lo, la, vi generally drop the vowel before another vowel or an **h,** and replace it with an apostrophe. **Ci** may drop the vowel only before an **i** or an **e**. When **La, Li, Le** mean "you" they are normally capitalized. When the pronoun refers to a mixed group, the masculine form **li** or **Li** is used.

Lo vedo ogni giorno.	I see *him* every day.
Non **La** capiamo molto bene.	We do not understand *you* very well.
C'incontrano davanti alla biblioteca.	They meet *us* in front of the library.

NOTE (Example 2 above): In a negative sentence the conjunctive pronouns come between **non** and the verb.

II. THE FUTURE TENSE

The future tense of regular verbs is formed by adding the endings to the infinitive after dropping the final **-e**. Verbs of the first conjugation change the **a** of the infinitive ending (**-are**) to **e**. The future endings are identical for all verbs, regular and irregular.

parlare, *to speak*

Parlerò con il professore.	*I shall speak with the professor.*

parler-ò	I shall speak
parler-ai	you (*familiar*) will speak
parler-à	he, she, it, you (*polite*) will speak
parler-emo	we shall speak
parler-ete	you (*familiar*) will speak
parler-anno	they, you (*polite*) will speak

ripetere, *to repeat*

Ripeterò la nuova domanda.	*I shall repeat the new question.*

ripeter-ò	I shall repeat
ripeter-ai	you (*familiar*) will repeat
ripeter-à	he, she, it, you (*polite*) will repeat
ripeter-emo	we shall repeat
ripeter-ete	you (*familiar*) will repeat
ripeter-anno	they, you (*polite*) will repeat

capire, *to understand*

Capirò la ragazza fiorentina.   *I shall understand the Florentine girl.*

capir-ò	I shall understand
capir-ai	you (*familiar*) will understand
capir-à	he, she, it, you (*polite*) will understand
capir-emo	we shall understand
capir-ete	you (*familiar*) will understand
capir-anno	they, you (*polite*) will understand

III.   FUTURE TENSE OF **AVERE, ESSERE**

avere, *to have*

Avrò l'indirizzo di Gina.   *I shall have Gina's address.*

avrò	I shall have
avrai	you (*familiar*) will have
avrà	he, she, it, you (*polite*) will have
avremo	we shall have
avrete	you (*familiar*) will have
avranno	they, you (*polite*) will have

essere, *to be*

Sarò in biblioteca.   *I shall be in the library.*

sarò	I shall be
sarai	you (*familiar*) will be
sarà	he, she, it, you (*polite*) will be
saremo	we shall be
sarete	you (*familiar*) will be
saranno	they, you (*polite*) will be

Esercizi

A. *Imparate le forme dei pronomi oggettivi* (direct object pronouns).

(1) *Ripetete gli esempi seguenti cambiando le parole indicate.*

ESEMPIO: Carlo *mi* vede.
[tu] Carlo ti vede.

a. Giorgio *la* capirà.
    1. tu   2. noi   3. voi   4. io   5. loro   6. Lei

b. Mario *ci* ascolterà.
    1. essi   2. voi   3. io   4. Loro   5. lei   6. tu

c. I ragazzi *li* conoscono.
    1. esse   2. tu   3. io   4. voi   5. noi   6. Lei

d. Luisa non *ti* aspetterà.
    1. Loro   2. io   3. voi   4. lui   5. esse   6. lei

(2) *Nelle frasi seguenti sostituite al complemento oggetto il pronome corrispondente.*

ESEMPIO: Lo studente visiterà *dei compagni*.
Lo studente li visiterà.

1. Il filobus porterà *le ragazze* a Fiesole. 2. La famiglia ascolta *la musica*. 3. Giovanni seguirà *lo zio* a Roma. 4. Gli stranieri conoscono *i musei*. 5. Studiano *l'arte medioevale*. 6. Il professore ripeterà *le lezioni*. 7. Maria visiterà *il museo*. 8. Io leggerò *un libro francese*. 9. Preferisce *una piazza grande*. 10. Porteranno *dei libri interessanti*.

B. *Studiate il futuro dei verbi regolari e dei verbi ausiliari.*

(1) *Ripetete gli esempi seguenti cambiando le parole indicate.*

a. *Io comprerò* molti libri. — Sí, li comprerò.
    1. voi   2. tu   3. lei   4. noi   5. lui   6. loro   7. Lei
    8. Loro

b. *Noi ripeteremo* tutte le frasi. — Sí, le ripeteremo.
    1. Loro   2. io   3. lui   4. lei   5. voi   6. tu   7. Lei
    8. loro

c. *Voi preferirete* ritornare a casa presto.
    1. Lei   2. lui   3. io   4. noi   5. Loro   6. tu   7. lei
    8. loro

d. *Io sarò* con Maria.
   1. tu   2. lui   3. noi   4. voi   5. Loro   6. Lei   7. loro
   8. lei

e. *Avrai tu* un'automǫbile? — No, non l'avrò.
   1. noi   2. voi   3. io   4. lei   5. Loro   6. Lei   7. essi
   8. lui

f. Non *l'incontreremo noi?*
   1. tu   2. voi   3. io   4. lei   5. lui   6. Lei   7. essi
   8. Loro

g. Io *domanderò* e Maria *risponderà.*
   1. noi . . . essi   2. tu . . . io   3. voi . . . noi   4. Carlo . . . tu
   5. essi . . . voi

(2)   *Cambiate le frasi seguenti mettendo il verbo al futuro.*

   ESEMPIO: Ci *sono* dei corsi interessanti.
             Ci saranno dei corsi interessanti.

1. *Parlo* spesso con degli amici.   2. *Ascolti* la mųsica attentamente.   3. Giǫrgio *vịsita* l'Itạlia e l'Inghilterra.   4. Anche Lei *segue* il corso d'arte?   5. *Abitiamo* in Via Panzani.   6. Maria non *impara* tutte le regole.   7. Mi *capite* quando *parlo* italiano.
8. Loro *hanno* solamente due maestri.

C.   *Traducete in italiano:*

1. I shall remain in Florence the whole year.   2. I will take several courses at the University for Foreigners.   3. In order to go to school I will take the trackless trolley in front of the pension.
4. Professor Toschi says that there are many museums in Florence.   5. Tomorrow I shall visit the museum of art of Fiesole.
6. Professor Ghiselli will take the whole class to Fiesole.   7. I also know some American students but I do not see them often.
8. Today Mary, an Italian girl, will visit me.   9. I shall wait for her at the pension.   10. Mary is a very interesting girl but often I do not understand her when she speaks Italian.   11. She says that Italian is not difficult.   12. However, it is difficult for me (**per me**) to follow a conversation.   13. Now I will return to the pension by car or I shall be late.   14. I shall have many things (**da**) to ask.

Da imparare a memoria

Domani leggerò tutto il libro.
Tutti gli studenti abitano in Via Dante.
In Via Roma ci sono molte pensioni.

Conversazione

Rispondete alle seguenti domande:

1. Dove sono le due signorine? 2. Aspettano il filobus?
3. Di che parlano? 4. Insegnano l'arte in quest'università,
signor —? 5. Quanto tempo resterà a Firenze una delle due
ragazze? 6. Abitano in una pensione? 7. Dove le porterà il
professore d'arte? 8. Visiteranno il piccolo museo? 9. Che
cosa prenderanno in Piazza San Marco? 10. Lei, signorina —,
prenderà il filobus oggi per ritornare a casa?

DAVID (*Michelangelo*)

7

UN RICEVIMENTO

Oggi ci sarà un ricevimento per tutti gli studenti iscritti all' Università per Stranieri. Il Rettore e tutti i professori saranno presenti. Il ricevimento avrà luogo nel salone dell'Albergo Baglioni. Il Rettore darà il benvenuto agl'invitati, poi il signor Marini, professore di storia medioevale, farà una breve conferenza
5 *sulla storia di Firenze, e poi ci saranno dei rinfreschi.*

La signorina Evans, americana e studentessa di storia, e la signorina Renoir, francese e studentessa d'arte, arrivano all'albergo insieme ed[1] entrano. Nel salone ci sono già molte persone.

SIG.NA EVANS: Quanti invitati!

10 SIG.NA RENOIR: Ci saranno cento persone, non crede?

SIG.NA EVANS: Eh, sí! Lei conosce il Rettore?

SIG.NA RENOIR: Lo conosco, ma non lo vedo. E il professor Toschi, dove sarà?

SIG.NA EVANS: È là, vicino al pianoforte con una studentessa.

15 MARIO: Buon giorno, signorina. Quante persone, non è vero?

SIG.NA EVANS: Eh sí!

MARIO: Ma non vedo Luisa? Dove sarà?

SIG.NA RENOIR: Sarà con Giovanni. Sono sempre insieme!

MARIO: Quando serviranno i rinfreschi?

20 SIG.NA EVANS: Dopo la conferenza, non credi?

MARIO: E la conferenza quando incomincerà?

---

[1] **Ed** is often used instead of **e** before a word beginning with a vowel.

FIRENZE

SIG.NA RENOIR: Quando arriverà il Rettore.
MARIO: Perché? La conferenza la farà lui?
SIG.NA RENOIR: No, ma lui darà il benvenuto agl'invitati.
SIG.NA EVANS: Poi il professor Marini farà la conferenza . . . e
poi ci saranno i rinfreschi.   5

*Le due signorine fanno un giro per il salone e parlano con altri studenti
stranieri. Finalmente arriva il Rettore. Dà il benvenuto agl'invitati, e poi
presenta il professor Marini. La conferenza è breve ma interessante.*

Vocabulary

NOUNS
l' **albergo** hotel
il **benvenuto** welcome
la **conferenza** lecture
l' **invitato** guest
la **persona** person; **persone** people
il **pianoforte** piano
il **rettore** president (*of a university*)
il **ricevimento** reception
il **rinfresco** refreshment; *pl.* **rinfreschi**
il **salone** large hall, reception hall
la **storia** history; story

ADJECTIVES
breve short
iscritto enrolled
medioevale medieval

VERBS
credere to believe, think

fare to do, make
presentare†† to introduce, present
servire†† to serve

OTHERS
cento one hundred
dopo after
finalmente finally, at last
già already
là there
per through
su on, concerning

IDIOMS
avere luogo to take place
dare il benvenuto (**a**) to welcome, to extend one's welcome (to)
eh, sí! oh yes! that's right!
fare una conferenza to give a lecture
fare un giro to go around, make a tour

Grammatica

I. IDIOMATIC USE OF THE FUTURE

(**1**)   The future tense may be used to express conjecture or probability in the present.

Dove **sarà**?
Non lo conosco, ma **sarà** americano.

Where *can it be?*
I do not know him, but *he is probably* an American.

(**2**)   The future is often used in subordinate clauses after **se** and **quando,** if the future is implied in the English sentence.

Se visiterò Firenze, visiterò anche Fiesole.
Quando arriveranno, pranzeremo.

If I visit Florence, I shall visit Fiesole also.
When they arrive, we shall dine.

(3) The future is used to translate the English progressive present of *to go* when denoting futurity and not motion.

Quando **partirete**?　　　　　When *are you going to leave?*

(4) The English future is often rendered in Italian by the present, when the action is about to take place.

Lo **compro io,** se tu non lo vuoi.　　　　*I will buy it,* if you do not want it.

(5) The English future is rendered in Italian by the present to make a suggestion.

Andiamo insieme?　　　　　*Shall we go* together?

II.　PRESENT INDICATIVE: **DARE, FARE, STARE**

All three verbs are irregular in the present tense.

dare, *to give*

Oggi do un ricevimento.　　　*Today I'm giving a reception.*

do　　　　I give, etc.
dai
dà

diamo
date
danno

fare, *to do, make*

Ora faccio la lezione.　　　*I'm doing the lesson now.*

faccio　　　　I do, make, etc.
fai
fa

facciamo
fate
fanno

stare, *to stay*

Sto a casa tutto il giorno.   *I stay at home all day.*

    sto   I stay, etc.
    stai
    sta

    stiamo
    state
    stanno

III.   FUTURE INDICATIVE: **DARE, FARE, STARE**

dare

Darò il libro a Maria.   *I shall give the book to Mary.*

    darò   I shall give, etc.
    darai
    darà

    daremo
    darete
    daranno

fare

Domani farò un giro.   *Tomorrow I'll take a tour.*

    farò   I shall do, make, etc.
    farai
    farà

    faremo
    farete
    faranno

stare

Dove starò a Firenze?   *Where shall I stay in Florence?*

    starò   I shall stay, etc.
    starai
    starà

    staremo
    starete
    staranno

Esercizi

A. *Studiate il presente dei verbi irregolari:* **dare, fare, stare.**
Ripetete facendo i cambiamenti indicati:

a. *Maria dà* il benvenuto a Carlo.
1. io   2. Lei   3. noi   4. Loro   5. tu
b. Non *faccio io* una conferenza?
1. essi   2. noi   3. Lei   4. voi   5. io
c. *Mario e Giovanni stanno* a casa.
1. noi   2. Lei   3. tu   4. voi   5. io

B. *Studiate il futuro dei verbi irregolari:* **dare, fare, stare.** *Ripetete facendo i cambiamenti indicati:*

a. *Darà Maria* il benvenuto a Carlo?
1. io   2. Lei   3. noi   4. Loro   5. tu
b. Non *faremo noi* un giro per la città?
1. loro   2. io   3. lei   4. voi   5. tu
c. *Mario e Giovanni staranno* all'Albergo della Posta.
1. noi   2. Lei   3. tu   4. voi   5. io
d. Che cosa *farà Carlo?*
1. tu   2. noi   3. Lei   4. voi   5. loro
e. *Darò* il libro a Giovanni.
1. Loro   2. voi   3. lei   4. noi   5. tu
f. Non *staremo* a casa.
1. io   2. lei   3. voi   4. tu   5. loro

C. IL FUTURO.

a. *Mettete le frasi seguenti al futuro:*
1. Se legge, lo capisco.   2. Quando leggi?   3. Dove sono Mario e Luisa?   4. È interessante.   5. Sta a casa.   6. Giovanni dà la penna a Carlo.   7. Lei fa una conferenza.   8. Se restano a casa, studiano   9. Quando l'ospite parla, lo ascoltiamo.   10. Cosa è?   11. Lo faccio domani.   12. Li danno a Giorgio.   13. Sono a casa.   14. Facciamo le lezioni.   15. Danno il benvenuto al professore.

b. *Sostituite all'infinito del verbo la forma corretta del futuro.*

1. Uno degli studenti americani non è al ricevimento, *essere* a casa.   2. Quante persone ci *essere?*   3. Se Lei *ascoltare* la conferenza, *imparare* molte cose interessanti.   4. Quando il Rettore *arrivare, dare* il benvenuto.   5. Luisa non è nel salone, *essere* con Giovanni.   6. Se non sono italiani, *essere* americani.   7. Se il professore non è a casa, *essere* all'università.   8. Non vedo Maria, *essere* in giardino.

D.   *Traducete in italiano:*

1. Where can the hotel be? I don't see it.   2. In all the large hotels (**alberghi**) there is a large hall.   3. When the foreign students arrive, I shall introduce them.   4. There will be a reception at the university, and there will be refreshments.   5. Where will the reception take place?   6. In one (**uno**) of the large halls of the library.   7. The president is not at the university now, and Professor Jones will welcome the students. 8. While they are waiting for Professor Jones, they are going to make a tour of the library.   9. Are you going to be at the university in the afternoon?   10. No, I will be at home. I'm going to study the whole afternoon.   11. Does he know the president of the university?   12. There will be many guests at the reception. Shall we go together?   13. Mr. Toschi will give a long lecture on the history of art (*trans.* "of the art").   14. I will welcome the guests when they arrive.   15. Miss Renoir will make a tour of the large hall, and will speak to many persons.

Da imparare a memoria

Il ricevimento ha luogo nel salone.
Il Rettore desidera dare il benvenuto agli studenti.
Il professore farà una conferenza sull'arte italiana.
Desidero fare un giro per la piazza.

Conversazione

Rispondete alle seguenti domande:

1. Che cosa ci sarà oggi? 2. Dove avrà luogo il ricevimento?
3. Ci saranno solamente gli studenti? 4. Che cosa farà il
Rettore? 5. Di che cosa parlerà il professore di storia medioevale? 6. Che cosa crede Lei che preferiranno gli studenti?
7. Sono americane le signorine Evans e Renoir? 8. Quante
persone ci saranno al ricevimento? 9. Ci saranno cento
persone anche in questa classe? 10. È vero che la conferenza del
professore di storia sarà lunga?

SUL PONTE VECCHIO

60

8

UNA TELEFONATA

*La signorina Evans incontra Giovanni Andrei, uno studente dell' Università
di Firenze.*

SIG.NA EVANS: Buon giorno, signor Andrei.
SIG. ANDREI: Buon giorno, signorina. Ritorna alla Sua pensione?
5 SIG.NA EVANS: No, devo fare una telefonata.
SIG. ANDREI: C'è un telefono qui al caffè.
SIG.NA EVANS: Sí, è vero, ma devo fare una telefonata inter-
urbana. Devo telefonare a mia zia a Roma.
SIG. ANDREI: Allora è meglio andare all'ufficio telefonico.

10 *All'ufficio telefonico molte persone aspettano il loro turno.*

SIG.NA EVANS: Mentre aspetto il mio turno, telefonerò a mia
cugina qui in città. Quanto costa una telefonata in città?
SIG. ANDREI: Cinquantacinque lire. Ha un gettone?
SIG.NA EVANS: Un gettone? Non capisco. Che cosa sono i
15 gettoni?
SIG. ANDREI: È molto semplice: Lei compra un gettone dall'impiegato e lo mette nell'apparecchio. Un momento, lo compro
io.

*Giovanni ritorna, dà il gettone alla sua compagna e spiega: "Lei mette il
20 gettone nell'apparecchio, e forma il numero." La signorina Evans non capisce
bene, ma con l'aiuto del suo compagno forma il numero.*

SIG.NA EVANS: Mia cugina non risponde; sarà fuori.

L'impiegato dice: "La comunicazione con Roma è pronta." La signorina entra nella cabina e alza il ricevitore. "Pronto! Pronto! Chi parla?" La signorina Evans sente la voce di sua zia e risponde: "Io, Joan."

LA ZIA: Is that you, Joan? 5

La signorina Evans sospira: "L'inglese è così facile!"

Vocabulary

NOUNS

l' **aiuto** help
l' **apparecchio** (*telephone*) instrument
la **cabina** (**telefonica**) (*telephone*) booth
la **città** city; **in città** in town
la **comunicazione** communication, line
il **cugino** (*m.*) cousin; **la cugina** (*f.*) cousin
il **gettone** token
l' **impiegato** clerk
il **momento** moment
il **ricevitore** receiver
Roma Rome
il **telefono** telephone
il **turno** turn
l'**ufficio** office; **ufficio telefonico** telephone office
la **voce** voice
la **zia** aunt

ADJECTIVES

facile easy
pronto ready
semplice simple

VERBS

alzare to lift
costare to cost
devo I must (*followed by infinitive*)
mettere to put, place, insert
sentire†† to hear
sospirare to sigh
telefonare (**a**) to telephone (someone)

OTHERS

allora then
fuori out
meglio better
qui here
cinquantacinque fifty-five

IDIOMS

fare una telefonata (interurbana) to make a (long distance) telephone call
formare un numero to dial a number
pronto! hello! (*over the telephone*)

Grammatica

I. POSSESSIVE ADJECTIVES AND PRONOUNS

SINGULAR		PLURAL		
Masculine	*Feminine*	*Masculine*	*Feminine*	
il mio	**la mia**	**i miei**	**le mie**	my, mine
il tuo	**la tua**	**i tuoi**	**le tue**	your, yours (*familiar*)
il suo	**la sua**	**i suoi**	**le sue**	his, her, hers, its
il Suo	**la Sua**	**i Suoi**	**le Sue**	your, yours (*polite*)
il nostro	**la nostra**	**i nostri**	**le nostre**	our, ours
il vostro	**la vostra**	**i vostri**	**le vostre**	your, yours (*familiar*)
il loro	**la loro**	**i loro**	**le loro**	their, theirs
il Loro	**la Loro**	**i Loro**	**le Loro**	your, yours (*polite*)

As shown in the preceding chart, the forms for the possessive pronouns and adjectives are identical.

(1) Possessive adjectives and pronouns are usually preceded by the definite article.

> Anna scrive con **la sua penna,** e io con **la mia.**

> Ann writes with *her pen,* and I with *mine.*

(2) The definite article, which precedes the Italian possessives, is omitted in direct address, and before a singular, unmodified noun denoting family relationship.

> Buon giorno, mio caro Giovanni.

> Good morning, my dear John.

> Anna scrive a sua madre.

> Ann is writing to her mother.

> BUT

> Anna scrive **alla sua vecchia madre.**

> Ann is writing *to her old mother.*

> Anna scrive **ai suoi fratelli.**

> Ann is writing *to her brothers.*

With the possessive **loro** the article is never omitted.

> Conosco **il loro zio.**

> I know *their uncle.*

(3) Possessives agree in gender and number with the *object possessed* not, as in English, with the *possessor*.

Anna legge **i suoi libri.**	Ann is reading *her books.*
Carlo vede **le sue compagne** di scuola ogni giorno.	Charles sees *his* school *friends* (*f.*) every day.

(4) Possessive adjectives are usually repeated before each noun to which they refer.

La tua camịcia e **la tua** cravatta sono sulla sẹdia.	*Your* shirt and tie are on the chair.

(5) To avoid ambiguity, instead of: **il suo libro,** *his, her book,* one may say **il libro di lui (lei),** *his (her) book.*

Prendiamo il libro **di lei,** non **di lui.**	We take *her* book, not *his.*

II. SOME INTERROGATIVE ADJECTIVES AND PRONOUNS

Chi?	Who? Whom?
Che? Che cosa? Cosa?	What?
Quale?	Which? Which one?
Quanto?	How much?

All these forms are invariable with the exception of **quanto** and **quale.**

Quanto has these forms: **quanto, quanta, quanti, quante.**

Quanto costa?	*How much* does it cost?
Quanti gettoni desịdera?	*How many* tokens do you wish?
Scriverò delle lẹttere.	I will write some letters.
Quante?	*How many?*

Quale has these forms: **quale, qual, quali.**

Quạl cugino preferisce?	*Which* cousin do you prefer?
Quale zio è in Itạlia?	*Which* uncle is in Italy?
Quali preferisce?	*Which* (*pl.*) do you prefer?

(*A destra*) IL CAMPANILE DI GIOTTO, FIRENZE

Esercizi

A. *Studiate le forme e l'uso dell'aggettivo e del pronome possessivo* (the possessive).

(1) *Ripetete le frasi seguenti usando l'aggettivo possessivo.*

Esempio: il libro *di Carlo* — il suo libro.

a. 1. il pianoforte di Maria 2. il telefono di Giovanni
3. la voce di Mario 4. la città di Carlo e di Luisa 5. la
musica di Verdi 6. le telefonate del maestro 7. i libri di
Giorgio 8. le porte dell'università
b. 1. la zia di Carlo 2. le zie di Maria 3. la buona zia di
Mario 4. il padre di Giorgio 5. il vecchio padre di Giovanni
6. i cugini di Luisa 7. il cugino di Maria e di Luisa 8. il
piccolo cugino del ragazzo

(2) *Mettete al plurale.*

Esempio: il vostro abito — i vostri abiti.

1. la mia penna 2. il mio libro 3. il tuo invitato 4. la
tua conferenza 5. il suo gettone. 6. la sua porta 7. il
nostro professore 8. la nostra maestra 9. il vostro soldo
10. la vostra finestra 11. il loro invitato 12. la loro idea

(3) *Mettete al singolare.*

Esempio: i miei zii — mio zio

1. i tuoi zii 2. le tue zie 3. le sue sorelle 4. i suoi
cugini 5. i nostri cari amici 6. le nostre vecchie zie
7. le vostre lettere 8. i vostri invitati 9. le loro famiglie
10. i loro cugini

(4) *Ripetete le frasi seguenti sostituendo la forma corretta del pronome possessivo.*

a. **Anna scrive con la sua penna, e** *io con la mia.*
1. e tu 2. e lui 3. e Lei 4. e noi 5. e voi 6. e loro
b. **Noi scriviamo a nostro cugino, e** *voi al vostro.*
1. e io 2. e tu 3. e lui 4. e Lei 5. e lei 6. e loro

(5) *Ripetete facendo i cambiamenti necessari:*

Buon giorno, *mio caro amico.*

1. compagni   2. signorine   3. zii   4. Maria   5. cugine

B. *Ripetete traducendo* (translating) *in italiano le parole indicate.*

1. *Which* libri preferisci?   2. Compreremo molte cravatte? *How many?*   3. *Which* cugino arriverà domani?   4. *How many* zie hai?   5. *Which* studente risponde sempre bene?

C. *Traducete in italiano:*

1. When I make a telephone call, I prefer to telephone from my office.   2. What do you do when you wish to telephone? 3. I must go to the telephone office and buy a token.   4. At the telephone office there are always many people.   5. It is true. I wait for my turn, I make my call, and then I return home. 6. Who is the young lady in the telephone booth making a telephone call to her cousin? Do you know her?   7. Yes. She is Florentine; she is a kind girl.   8. What are you going to do (*will you do*) in the afternoon?   9. I shall remain at home. I must finish a book, and you?   10. I will take my cousins to the university. They wish to see our library.   11. Which cousins? Your American cousins?   12. Yes, they live in Rome with my aunt.   13. Is your aunt here also?   14. No, she will arrive today.   15. My aunt will remain in Florence a long time (*much time*), but my cousins will leave tomorrow.

Da imparare a memoria

Mi scusi un momento, devo fare una telefonata.
La signorina domanda a Giovanni di formare il numero.

Conversazione

Rispondete alle seguenti domande:

1. Chi è Giovanni Andrei? 2. A chi telefona la signorina Evans? 3. Da dove telefona a sua zia? 4. Se Lei desidera telefonare qui in America, compra un gettone? 5. Che cosa dice la signorina Evans quando alza il ricevitore? 6. Perché sospira? 7. Lei ha il telefono a casa? 8. Lei fa spesso telefonate interurbane? 9. È difficile formare un numero? 10. Perché la signorina Evans dice che sua cugina sarà fuori?

PIAZZALE MICHELANGELO, FIRENZE

RIPETIZIONE 2

I. *Rispondete alle seguenti domande:*

1. Studia a casa o a scuola Lei?   2. Dove abita Lei?   3. Conosce Lei il professore di storia medioevale?   4. Quando compriamo un gettone?   5. Segue Lei un corso di musica?   6. Arriva spesso in ritardo a scuola Lei?   7. Conosce Lei degli studenti italiani?   8. Ci sono molti professori nella nostra università?   9. Che cosa prenderà per ritornare a casa oggi?   10. Resterà molto tempo a scuola oggi?   11. Che cosa farà Lei nel pomeriggio?   12. Che cosa vede dalle finestre della Sua casa?   13. Farà una telefonata oggi? A chi?   14. C'è una cabina telefonica all'Università?   15. Lei sospira quando le domande finiscono?

II.   IL POSSESSIVO.
Ripetete gli esempi seguenti facendo i cambiamenti indicati.

   a. La *Sua* pensione è lontana.
     1. tu   2. io   3. lui   4. noi   5. voi   6. loro   7. lei
     8. Loro

   b. La *nostra* famiglia è di Firenze.
     1. io   2. lui   3. voi   4. Lei   5. loro   6. lei   7. tu
     8. Loro

   c. I *vostri* cugini visiteranno l'università.
     1. Loro   2. tu   3. lei   4. loro   5. Lei   6. noi   7. lui
     8. io

   d. La *tua* biblioteca compra molti libri.
     1. lei   2. voi   3. Loro   4. io   5. lui   6. noi   7. Lei
     8. loro

III. *Usando gli esempi italiani come guida traducete le frasi inglesi.*

1. Abbiamo il vostro denaro!	*Do you have our money?*
2. Non abbiamo gettoni.	*He does not have any tokens.*
3. I miei cugini sono al tuo albergo.	*Your cousins are at his hotel.*
4. Se parlerete ad alta voce vi sentirà.	*If we speak aloud, they will hear us.*
5. Molti invitati arriveranno domani.	*Some guests will arrive tomorrow.*
6. Il professore farà due conferenze.	*My friend will give some lectures.*
7. Non ascolteranno la tua storia.	*She will not listen to my story.*
8. Ci aspetteranno davanti alla loro scuola.	*She will wait for him in front of her school.*
9. Carlo resterà a casa.	*Who will remain home?*
10. Voi farete una telefonata a Maria.	*I will make a telephone call to Mary.*
11. Il Rettore darà un ricevimento.	*My cousins will give a reception.*
12. La vedo spesso ma non la conosco.	*They see me often but they do not know me.*

IV. *Sostituite all'infinito la forma corretta del presente indicativo.*

1. Noi *essere* in ritardo. 2. Finalmente noi *avere* un'idea. 3. Lei *avere* un giardino. 4. La piscina *essere* molto vicina. 5. Chi *essere* voi? 6. Ci *essere* cento invitati. 7. La città *essere* interessante. 8. Che *avere* loro? 9. Il Rettore *avere* uno studio. 10. Gli stranieri *essere* americani.

V. *Sostituite all'infinito la forma corretta del futuro.*

1. Mio cugino *mettere* il gettone nell'apparecchio. 2. Gl'impiegati *stare* a casa oggi. 3. La signorina *alzare* il ricevitore. 4. La conferenza *avere* luogo nel pomeriggio. 5. Io *dare* il benvenuto agl'invitati. 6. Chi *presentare* il Rettore? 7. Gli studenti stranieri *visitare* il museo. 8. Il nostro professore di

musica *fare* la conferenza.   9. Io *ritornare* con il filobus.
10. Il tempo *essere* bello.   11. Voi *restare* con i vostri compagni
di scuola.   12. Essi *avere* solamente tempo per telefonare.
13. Dove *abitare* Lei?   14. Lo *riconoscere* Lei quando l'*incontrare?*
15. Lei *dare* la musica al maestro.

VI.   *Traducete in italiano:*

1. Which courses will you take?   2. She dials the number
with the help of her friend.   3. They are at the coffee shop;
they are waiting for some school friends.   4. How much will the
refreshments cost?   5. When the weather is fine, I remain in
the garden.   6. When you lift the receiver, you dial the number.   7. Which house do we see from her studio's windows?
8. I do not know her; she is probably his cousin.   9. He will
not buy any tokens.   10. Where is the museum?   11. The
lecture will take place in the afternoon.   12. Will there be a
reception at the hotel today?   13. How many guests will there
be at the reception?   14. Her aunt will give a lecture at our
school.   15. If they remain in Florence, they will make a tour
of the city.

BASSORILIEVO
DI BRONZO (*Ghiberti*)

RIPETIZIONE 2

71

9

ALLA BANCA

La signorina Evans apre la porta della cabina telefonica.

SIG.NA EVANS: E ora devo andare alla banca per un minuto.

GIOVANNI ANDREI: A quale banca?

SIG.NA EVANS: Alla Banca Commerciale. È lontano?

G. ANDREI: Sí. Io abito vicino alla Banca Commerciale. Pren- 5
diamo[1] il tram?

SIG.NA EVANS: Io preferisco camminare. Va bene?

G. ANDREI: Sí, sí. Anch'io preferisco camminare.

SIG.NA EVANS: Oggi non c'è nessuno per le vie.

G. ANDREI: È vero. Non c'è quasi nessuno né per le vie né nei 10
negozi.

SIG.NA EVANS: Ecco la banca.

G. ANDREI: In questa banca non ci sono mai molte persone,
quindici o sedici al massimo.

SIG.NA EVANS: È vero. È cosí facile riscuotere un assegno. 15

G. ANDREI: I miei assegni preferiti sono gli assegni per viaggiatori.

SIG.NA EVANS: E perché?

G. ANDREI: Perché quando compro degli assegni per viaggiatori
significa che parto per un viaggio. 20

SIG.NA EVANS: Oh, ecco anche la signorina Renoir!

G. ANDREI: Dov'è?

[1] See Lesson 7, I, 5.

SIG.NA EVANS: Allo sportello numero tre. Ciao Jacqueline!
SIG.NA RENOIR: Ciao Joan! Buon giorno, signor Andrei.
L'IMPIEGATO (*allo sportello*): Ha la carta d'identità, signorina?
SIG.NA RENOIR: No, non ho né carta d'identità né passaporto.
5 Veramente ho il passaporto, ma non qui.
L'IMPIEGATO: Mi dispiace, signorina.
SIG.NA RENOIR: Ritornerò domani. Grazie lo stesso.
L'IMPIEGATO (*alla signorina Evans*): E Lei, signorina, desidera
qualche cosa?
10 SIG.NA EVANS: Desidero riscuotere due assegni: uno di trentotto
dollari e uno di cento. Ecco il mio passaporto.
L'IMPIEGATO: Ecco il Suo denaro.
SIG.NA EVANS: Grazie. (*a Giovanni Andrei*) E ora devo ritornare
alla pensione.
15 G. ANDREI: L'accompagno?
SIG.NA EVANS: Grazie, non è necessario. Prendo il tram perché
è tardi.

Vocabulary

NOUNS

l'**assegno** check; **assegno per viaggiatori** traveller's check
la **banca** bank
la **carta d'identità** identification (card)
il **denaro** money
il **dollaro** dollar
il **minuto** minute
il **negozio** store
il **numero** number
il **passaporto** passport
lo **sportello** (*teller's*) window
il **viaggio** trip, voyage

ADJECTIVES

commerciale commercial
necessario necessary
preferito favorite
stesso same

VERBS

accompagnare to accompany
camminare to walk
riscuotere to cash
significare to signify; to mean

OTHERS

ora now
lontano far
quasi almost
veramente truly, as a matter of fact

IDIOMS

al massimo at the most
ciao! hello! *also* good-bye (*colloquial*)
essere tardi to be late (*impersonal*)
grazie lo stesso thanks just the same
mi dispiace I am sorry
per le vie in the streets
va bene? is that all right?

Grammatica

I. CARDINAL NUMERALS THROUGH 100

0	zero	14	quattordici	28	ventotto
1	uno, una	15	quindici	29	ventinove
2	due	16	sedici	30	trenta
3	tre	17	diciassette	31	trentuno
4	quattro	18	diciotto	32	trentadue
5	cinque	19	diciannove	33	trentatré
6	sei	20	venti	38	trentotto
7	sette	21	ventuno	40	quaranta
8	otto	22	ventidue	50	cinquanta
9	nove	23	ventitré	60	sessanta
10	dieci	24	ventiquattro	70	settanta
11	undici	25	venticinque	80	ottanta
12	dodici	26	ventisei	90	novanta
13	tredici	27	ventisette	100	cento

(1) **Uno** has also a feminine form **una.**

Quanti **fratelli** ha?—**Uno.**	How many *brothers* do you have?—*One.*
Quante **sorelle** ha?—**Una.**	How many *sisters* do you have? —*One.*

NOTE: (a) **venti, trenta, quaranta, cinquanta, sessanta, settanta, ottanta,** and **novanta** drop the final vowel when they combine with **uno** or **otto;** (b) when **tre** is added to **venti, trenta,** etc., it requires an accent.

(2) **Cento** means *one hundred*, and therefore the English *one* before *hundred* is never translated into Italian.

II. THE PARTITIVE CONSTRUCTION (*continued*)

The partitive idea *some* or *any*, which as we saw (Lesson 5, section II) may be expressed by **di** and the definite article, may be expressed also as follows:

(1) By **alcuni (-e).**

Ho **alcuni** libri, ma non molti.	I have *some* books, but not many.

(2) By **qualche** and the singular form of the noun.

Ogni giorno scrivo **qualche** lęttera.   Every day I write *some letters*.

(3) By **un po' di,** when *some, any* mean *a little, a bit of.*

Mangerò **un po' di** pane e **un po' di** burro.   I shall eat *some* bread and *some* butter.

(4) Note that: (a) **alcuni** and **qualche** may be used only when *some* or *any* stand for "several," "a few," but not with the meaning of "a little"; (b) only **alcuni** (**-e**) and **un po'** can be used as pronouns.

Quante **persone** ci sono nella banca?—**Alcune.**   How many *people* are there in the bank?—*Some.*

Parla **inglese?**—**Un po'.**   Do you speak *English?*—*Some.*

III. NEGATIVES

(1) A verb is made negative by placing **non,** *not*, before it.

Non capisco.   I do *not* understand.

(2) Negative words such as **mai,** *never (ever)*, **niente** or **nulla,** *nothing (anything)*, **nemmeno** or **neanche,** *not even*, **nessuno,** *no one*, **né . . . né,** *neither . . . nor*, usually follow the verb and require **non** before the verb; when, usually for emphasis, they precede the verb, **non** is not used.

Anna **non** arriva **mai** presto.   Ann *never* arrives early.

Non c'è **nessuno** a casa.   There is *no one* home.

Non capisce **niente.**   He does *not* understand *anything*.

Carlo **non** conosce **né** Anna **né** Gina.   Charles knows *neither* Ann *nor* Gina.

Io **mai** studio in biblioteca.   I *never* study in the library.

Nessuno mi vede.   *No one* sees me.

Nemmeno il signọr Bianchi prende caffè.   *Not even* Mr. Bianchi takes coffee.

(3) As we saw (Lesson 5, section II), the English *any* is generally not translated in negative or interrogative sentences when the noun in Italian is plural.

Hanno invitati?	Do you have *any* guests?
Non ho sorelle.	I do not have *any* sisters.

BUT

Ha **del** pane?	Do you have *any* bread?
Non ho **nessuna** sorella.	I do not have *any* sisters. •

NOTE 1: In Italian a double negative does not make an affirmative.

NOTE 2: Note that **non**—**piú** translates the English *no* (*not any*) *more, no* (*not any*) *longer.*

Non c'è **piú** vino.	There is *no more* wine.
Non ạbitano **piú** a Roma.	They do *not* live in Rome *any longer.*

BATTISTERO, FIRENZE

76   BASIC ITALIAN

Esercizi

A. *Studiate i numeri cardinali* (the cardinal numerals). *Leggete i numeri seguenti secondo gli esempi.*

ESEMPIO: $2 + 5 = 7$: due più cinque fanno (*or:* fa) sette
$9 - 4 = 5$: nove meno quattro fanno (*or:* fa) cinque

a. *1.* $1 + 4 = 5$ *5.* $24 + 35 = 59$ *8.* $79 + 12 = 91$
   2. $7 + 10 = 17$ *6.* $48 + 52 = 100$ *9.* $81 + 11 = 92$
   3. $13 + 15 = 28$ *7.* $66 + 14 = 80$ *10.* $90 + 9 = 99$
   4. $17 + 19 = 36$

b. *1.* $7 - 4 = 3$ *5.* $47 - 25 = 22$ *8.* $35 - 11 = 24$
   2. $10 - 9 = 1$ *6.* $69 - 47 = 22$ *9.* $51 - 17 = 34$
   3. $100 - 20 = 80$ *7.* $100 - 100 = 0$ *10.* $97 - 31 = 66$
   4. $13 - 9 = 4$

B. *Studiate le diverse forme del partitivo* (the partitive). *Cambiate le frasi seguenti sostituendo un'altra forma del partitivo alla forma* **di +** **articolo.**

ESEMPIO: Ho *del* denaro. — Ho un po' di denaro.

1. Cambiano dei dollari.   2. Beve spesso del vino.   3. Avete comprato degli assegni per viaggiatori.   4. Conosci degl'impiegati.   5. Ci sono anche dei passaporti verdi.   6. I miei compagni hanno comprato del caffè americano.   7. Al ricevimento ci saranno anche dei rinfreschi.   8. Il professore spiegherà delle parole.   9. In questa via ci sono delle banche straniere. 10. Accompagniamo degli amici.

C. *Cambiate le frasi seguenti al negativo secondo l'esempio.*

ESEMPIO: Capisce tutto. — Non capisce niente.

1. Partirà oggi o domani.   2. Camminiamo sempre?   3. Ci sono molte persone in giardino.   4. Solamente la signorina Lerici è pronta.   5. Accompagna sempre Maria.   6. Siamo quattro o cinque.   7. L'impiegato è sempre in ritardo.   8. Tutti mi vedranno.   9. Anche il signore prenderà il caffè.   10. Desidero vedere tutto.   11. Dobbiamo andare alla banca perché abbiamo ancora (*still*) soldi.   12. Sono ancora a Firenze?

13. Grazie lo stesso, ritorneremo stasera o domani.   14. Ci sono molte persone per le vie.

D.   *Traducete le frasi seguenti:*

1. I must cash a check, and so I must go to the bank.   2. I will accompany you; I must go to the bank also.   3. Do you know a clerk at the bank?   4. Yes, I know Mr. Nadi, at window number five. Why?   5. Because I do not have the identification card; but since (**dato che**) you know Mr. Nadi. . . .   6. Pardon me, but why are you going (**va**) to the bank?   7. Because I must cash a few checks. I don't have any more money. And you?   8. Because tomorrow I will leave for Rome, and I wish to buy some traveller's checks.   9. How long (*trans.:* "how much time") will you remain in (**a**) Rome?   10. Four or five days at the most.   11. Do you know many people in (**a**) Rome?   12. No, I do not know anybody.   13. I have an aunt in Rome, but I do not remember her address any longer.   14. Here is the bank.   15. Now I shall introduce you to my friend, Mr. Nadi.

Da imparare a memoria

Ci sono al massimo venti persone.
Ritorniamo a casa perché è tardi.
Grazie lo stesso, ritornerò domani.
Mi dispiace, ma oggi non l'accompagno.
Oggi ci sono molte persone per le vie.
Porterò questo libro alla Sua pensione, va bene?

Conversazione

Rispondete alle seguenti domande:

1. Chi apre la porta della cabina telefonica?   2. Perché la signorina Evans deve andare alla banca?   3. Prende il tram per

andare alla banca? 4. Perché non prende il tram? 5. Anche Lei preferisce camminare? 6. Chi incontrano alla banca la signorina Evans e Giovanni Andrei? 7. Perché la signorina Renoir non riscuote il suo assegno? 8. Lei ha la carta d'identità? 9. Lei ha il passaporto? 10. Perché la signorina Evans ritorna alla pensione in tram?

SANTA MARIA DEL FIORE, FIRENZE

10

UNA COLAZIONE

È sera. La signorina Evans è nel salotto della pensione e legge una rivista.
Entra la signorina Ricci.

SIG.NA RICCI: Buona sera, signorina Evans. Dov'è stata oggi?
Non L'ho veduta a colazione.

SIG.NA EVANS: Sono stata a Montecatini, dove mi ha invitata la 5
signora Brown, una signora americana.

SIG.NA RICCI: Come è andata a Montecatini, in autobus?

SIG.NA EVANS: No, la signora Brown è venuta a Firenze con la
sua automobile e mi ha portata a Montecatini in quaranta
minuti. 10

SIG.NA RICCI: Montecatini è una città molto carina, non è vero?

SIG.NA EVANS: Sí, molto. Ci sono molte belle ville e molti alberi.

SIG.NA RICCI: Ha visitato le Terme?

SIG.NA EVANS: Sí, sono belle! E ho anche assaggiato l'acqua.
Com'è cattiva! Lei l'ha assaggiata mai? 15

SIG.NA RICCI: Sí. Come ha veduto, ci sono molte persone nelle
Terme. Tutte con un bicchiere d'acqua in mano.

SIG.NA EVANS: Poi la signora Brown m'ha portata a colazione
alla sua bella villa.

SIG.NA RICCI: Che cosa ha mangiato? 20

SIG.NA EVANS: Una colazione eccellente; tagliatelle verdi, bistecca, insalata, frutta e caffè.

SIG.NA RICCI: La Sua amica L'ha riportata a Firenze con
l'automobile?

SIG.NA EVANS: No. Sono ritornata in autobus. C'è un servizio eccellente di autobus fra Montecatini e Firenze.

SIG.NA RICCI: È vero. Io ho un'amica a Montecatini, e quando m'invita a pranzo prendo sempre l'autobus . . . Ma scusi, signorina, sono certa che Lei desidera leggere la Sua rivista.

Vocabulary

NOUNS

l'**acqua** water
l'**albero** tree
l'**autobus** *m.* bus
il **bicchiere** (*drinking*) glass
la **bistecca** beefsteak
la **colazione** lunch
la **frutta** fruit (*served as dessert*); various kinds of fruit
l'**insalata** salad
Montecatini *f. a small city near Florence, well known for its mineral springs*
il **pranzo** dinner
la **rivista** magazine
il **salotto** living room
il **servizio** service
la **signora** lady, Mrs.
le **tagliatelle** *f. pl.* noodles
le **Terme** *f. pl.* spa, hot water springs
la **villa** villa, country home

ADJECTIVES

buono good
carino pretty
cattivo bad
certo certain, sure

VERBS

assaggiare to taste
invitare (**a**) to invite
mangiare to eat
riportare†† to take back, bring back
venire (**a**) to come; *p.p.* **venuto** (*conjugated with* **essere**)

OTHERS

fra between, among
mai ever (*when used in an interrogative sentence*)

IDIOMS

buona sera good evening, good afternoon
in mano in one's hand

Grammatica

I. THE PAST PARTICIPLE

The past participle of regular and of many irregular verbs is formed by dropping the infinitive ending and by adding to the stem **-ato** for the verbs in **-are**, **-uto** for the verbs in **-ere**, and **-ito** for the verbs in **-ire**.

parl-are	to speak	**parl-ato**	spoken
ripęt-ere	to repeat	**ripet-uto**	repeated
cap-ire	to understand	**cap-ito**	understood

II. PRESENT PERFECT

The present perfect is one of the tenses used to express a past action. It is used to refer to an action completed in a recent past. It is formed by adding the past participle of the verb to the various forms of the present indicative of the auxiliary. Italian has two auxiliaries, **avere** *to have*, and **ęssere** *to be*.

(1) In general, transitive verbs, namely those verbs that can take a direct object, are conjugated with **avere** *to have*, as follows:

avere parlato, *to have spoken*

Io ho parlato con molte per-   *I have spoken with many people.*
sone.

	io **ho parlato**	I have spoken, I spoke
	tu **hai parlato**	you have spoken, you spoke
SINGULAR	lui **ha parlato**	he has spoken, he spoke
	lei **ha parlato**	she has spoken, she spoke
	Lei **ha parlato**	you have spoken, you spoke
	noi **abbiamo parlato**	we have spoken, we spoke
PLURAL	voi **avete parlato**	you have spoken, you spoke
	loro ⎫ **hanno parlato** Loro ⎭	they ⎫ have spoken, spoke you ⎭

The past participle of verbs conjugated with **avere** agrees with a *preceding* personal direct object.

Abbiamo veduto **Anna e Gina.** **Le abbiamo vedute** stamani.	We saw *Ann and Gina*. We *saw them* this morning.

Agreement is optional if the direct object is not a personal pronoun, but when the past participle is followed by an infinitive there is no agreement.

Questa è l'automọbile **che abbiamo veduto** (*or:* **veduta**) ieri.	This is the *automobile that we saw yesterday.*

BUT

I libri che ho dimenticato di lẹggere.	*The books I have forgotten* to read.
Le poesie che ho desiderato lẹggere.	*The poems I wished* to read.

(2) Many intransitive verbs (verbs which do not taken an object) especially those expressing motion (such as **arrivare** *to arrive*, **partire** *to depart, go away*, **entrare** *to enter*, **uscire** *to go out*, **andare** *to go*, **venire** *to come*, etc.) are conjugated with the auxiliary ẹssere *to be*, and their past participles always agree with the subject.

ẹssere arrivato, *to have arrived*

Io sono arrivato (-a) presto.	*I have arrived early.*

io **sono arrivato (-a)**	I have arrived, I arrived, etc.
tu **sei arrivato (-a)**	
lui **è arrivato**	
lei **è arrivata**	
Lei **è arrivato (-a)**	

noi **siamo arrivati (-e)**	
voi **siete arrivati (-e)**	
loro **sono arrivati (-e)**	
Loro **sono arrivati (-e)**	

Benvenuta, **signorina Evans,** quando **è arrivata?**	Welcome, *Miss Evans*, when *did you arrive?*
Benvenuti, **signori,** quando **sono arrivati?**	Welcome, *gentlemen*, when *did you arrive?*

III. PRESENT PERFECT: **AVERE, ẸSSERE**

avere avuto, *to have had*

Io ho avuto molto tempo.   *I have had lots of time.*

io **ho avuto**   I have had, I had, etc.
tu **hai avuto**
lui **ha avuto**
lei **ha avuto**
Lei **ha avuto**

noi **abbiamo avuto**
voi **avete avuto**
loro **hanno avuto**
Loro **hanno avuto**

ẹssere stato (-a), *to have been*

Io sono stato (-a) a Venẹzia.   *I have been in Venice.*

io **sono stato (-a)**   I have been, I was, etc.
tu **sei stato (-a)**
lui **è stato**
lei **è stata**
Lei **è stato (-a)**

noi **siamo stati (-e)**
voi **siete stati (-e)**
loro **sono stati (-e)**
Loro **sono stati (-e)**

IV. ADVERBS OF TIME

In a compound tense certain adverbs of time such as **già,** *already,* **mai,** *ever, never,* **ancora,** *yet, still,* **sempre,** *always,* are placed between the auxiliary verb and the past participle.

Il treno è **già** arrivato.   The train has *already* arrived.
Non hanno **mai** visitato questo   They have *never* visited this
    museo.   museum.
Sono **ancora** arrivati?   Have they arrived *yet?*
Li abbiamo **sempre** invitati.   We have *always* invited them.

In an interrogative sentence, however, **mai** often follows the compound tense.

Sei stato **mai** a Siena?   Have you *ever* been in Siena?

V.   IDIOMATIC USE OF "COME . . . !"

Com'è bella! (literally: *How she is beautiful!*)   *How* beautiful she is!

Come canta bene! (literally: *How he sings well!*)   *How* well he sings!

Come sono interessanti! (literally: *How they are interesting!*)   *How* interesting they are!

TERME DI MONTECATINI

Esercizi

A. IL PARTICIPIO PASSATO (The past participle).
(*Ripetete gli esempi seguenti cambiando le parole indicate.*

a. Non ho mai avuto una nuova *automòbile.*
   1. villa   2. rivista   3. carta d'identità   4. idea
b. Siamo ritornati presto dal *museo.*
   1. cìnema   2. concerto   3. pranzo   4. ricevimento
c. Hai veduto tutti gli *amici.*
   1. impiegati   2. studenti   3. sportelli   4. assegni
d. Lei ha finito molti *corsi* interessanti.
   1. esercizi   2. libri   3. quaderni   4. esami
e. Siete state spesso con delle *amiche.*
   1. signore   **2.** ragazze   3. compagne   4. famìglie
f. Loro sono partiti in *automòbile.*
   1. treno   2. àutobus   3. fìlobus   4. bicicletta

B. *Studiate le forme del passato pròssimo* (present perfect).

a. *Sostituite all'infinito del verbo il passato pròssimo.*

ESÈMPIO: Luisa *comprare* il giornale.
Luisa ha comprato il giornale.

1. Io e i miei cugini *ritornare* presto.   2. La ragazza *arrivare* oggi da Venèzia.   3. Noi venire a *vedere* nostra zia.   4. Il professore *ripètere* tutte le lezioni.   5. Loro *èssere* alla villa del rettore.   6. Tu *mangiare* troppo a colazione.   7. Lei *finire* di lèggere la rivista.   8. Noi *vèndere* la nostra casa.   9. I miei amici non *avere* molta fortuna.   10. Maria *èssere* in Frància tutta l'estate.   11. Le mie zie non *arrivare* ancora.   12. Noi *mangiare* già.   13. Maria non *èssere* mai a Venèzia.   14. Tu *invitare* mai il professore?   15. No, io non lo *invitare* mai.

b. *Ripetete le frasi seguenti cambiando il verbo al passato prossimo.*
1. Lei è brava e buona.   2. Torno oggi.   3. Non li vedo ma sono quì.   4. Ci invìtano a pranzo.   5. Finirò il libro.   6. Arriverà alla pensione nel pomerìggio.   7. Visiteremo tutta la città.   8. Assàggia mai le tagliatelle?   9. Non màngio niente.

10. Li inviteremo ma non accetteranno.   11. Come mangiamo bene!   12. Come parla bene il rettore!

C.   *Traducete le frasi seguenti:*

1. I have a friend (*f.*) in (**a**) Montecatini, but I have never visited her. She lives in her villa.   2. Why didn't you give me (**mi**) her address?   3. Why? When did you go to Montecatini? 4. Today. I left early, and as you see, I have returned already. 5. Did you buy anything in (**a**) Montecatini?   6. No, I visited the spa, and I tasted the water.   7. Where did you eat?   8. How curious (**curioso**) you are! I did not eat in Montecatini. 9. Why? Did you return before (**prima di**) lunch?   10. Yes, because I am eating with a friend here in Florence.   11. When are you going to eat?   12. Early. At my friend's house they always eat early.   13. I am returning home too; I see that it is late. Good-bye.   14. Pardon me, but you did not give me the address of your friend.   15. I do not recall (*remember*) her address now. Tomorrow. Is that all right?

Da imparare a memoria

La signorina entra in salotto e dice: "Buona sera."
Il professore apre il libro che ha in mano.

Conversazione

Rispondete alle seguenti domande:

1. Perché la signorina Ricci non ha veduto la signorina Evans? 2. È andata in autobus a Montecatini la signorina Evans? 3. Com'è ritornata?   4. Quanti giorni è restata a Montecatini? 5. Ha mangiato in una pensione a Montecatini?   6. Che cosa ha mangiato? 7. Dov'è Montecatini?   8. Lei ha assaggiato mai l'acqua di Montecatini?   9. In America vendono l'acqua di Montecatini?   10. Ci sono delle terme vicino alla nostra città?

FIRENZE

BASIC ITALIAN

11

VEDUTA DI FIRENZE

La signorina Evans e la signorina Renoir hanno studiato tutta la mattinata alla Biblioteca Nazionale, e ora sono a Piazzale Michelangelo dove sono venute in tram per godere la veduta di Firenze.

SIGNORINA RENOIR: Lei è stata altre volte su questa collina?

5 SIGNORINA EVANS: No. Questa è la prima volta. E Lei?

SIG.NA RENOIR: Io sí, vengo qui spesso con un mio amico. È una veduta magnifica.

SIG.NA EVANS: Eh, sí! Quel palazzo è la Biblioteca Nazionale, vero?

10 SIG.NA RENOIR: Sí. E lí vicino c'è la chiesa di Santa Croce.

SIG.NA EVANS: E la chiesa di Santa Maria Novella, dov'è?

SIG.NA RENOIR: A sinistra. Vede quella torre?

SIG.NA EVANS: Sí, sí. E a destra ci sono il campanile di Giotto, la cupola di Santa Maria del Fiore e la torre del Palazzo

15 della Signoria, chiamato anche Palazzo Vecchio.

SIG.NA RENOIR: Quante torri! È stata mai a Fiesole?

SIG.NA EVANS: Sí, ma non la vedo.

SIG.NA RENOIR: È su quella collina là, fra quegli alberi.

SIG.NA EVANS: Ah, sí. Ora la vedo.

20 SIG.NA RENOIR: E quello è il Ponte Vecchio.

SIG.NA EVANS: Sí, lo conosco bene, ma gli altri ponti, no.

SIG.NA RENOIR: È una cartolina di Firenze quella che ha in mano?

SIG.NA EVANS: Sí, la mando a un mio cugino in California.
È una veduta di Firenze. Ora ritorniamo in città?
SIG.NA RENOIR: Sí, io sono pronta. Prendiamo il tram, o
andiamo[1] a piedi?
SIG.NA EVANS: Come desidera. Ecco il tram.   5

*Le due ragazze prendono il tram e scendono vicino al Ponte Vecchio. La
signorina Evans ritorna alla biblioteca, e la signorina Renoir va alla pensione.*

Vocabulary

NOUNS

il **campanile** belltower
la **cartolina** postcard
la **chiesa** church
la **collina** hill
la **cupola** dome
Giotto *Florentine artist (1266–1322)*
la **mattinata** morning (*descriptive*)
il **palazzo** palace, building; **Palazzo della Signoria** *the city hall of Florence*
Piazzale Michelangelo *a large open terrace overlooking Florence*
il **ponte** bridge; **Ponte Vecchio** *most famous of the bridges of Florence*
la **torre** tower
la **veduta** view, sight
la **volta** time (*in the sense of "occurrence"*); **questa volta** this time; **altre volte** other times

ADJECTIVES

magnifico magnificent

nazionale national; **Biblioteca Nazionale** *a library in Florence*
primo first
santo saint, holy; **Santa Croce, Santa Maria Novella** *and* **Santa Maria del Fiore** *three churches in Florence*

VERBS

chiamare to call
godere†† to enjoy
mandare (a) to send
scendere to descend, go down (*conjugated with* **essere**)

IDIOMS

a destra to the right
a sinistra to the left
a piedi on foot
lí vicino near there
vero? (*colloquial abbreviation of* **non è vero?**) isn't that right? isn't it? *etc.*

la campana (church bell)
il campanello (small bell)

[1] See Lesson 7, I, 5.

BASIC ITALIAN

GIARDINO DI BOBOLI, FIRENZE

Grammatica

I. DEMONSTRATIVE ADJECTIVES

The common demonstrative adjectives are: **questo,** *this;* **quello,** *that.*

(1) Like all adjectives in **-o, questo** has four forms: **questo, questa, questi** and **queste.** Before a vowel **questo** and **questa** may drop the final **-o** or **-a.**

questa città	*this* city
questi assegni	*these* checks
quest'abito	*this* suit
quest'isola	*this* island

(2) The forms of **quello,** which always precedes the noun it modifies, are similar to those of the definite article combined

with **di** (see Lesson 5, section I): **quẹl (del), quei (dei), quello (dello), quẹll' (dell'), quella (della), quegli (degli), quelle (delle).**

Quẹl ponte è vẹcchio.	*That* bridge is old.
Quelle torri sono alte.	*Those* towers are high.
Quegli sportelli sono aperti.	*Those* tellers' windows are open.

II. DEMONSTRATIVE PRONOUNS

(1) **Questo** and **quello** are also demonstrative pronouns. The forms of **questo** are the same as those given above. **Quello,** as a pronoun, has these four forms: **quello, quella, quelli** and **quelle.**

Mi dispiace, ma preferisco **questo (questa).**	I am sorry, but I prefer *this* one,
Non sta a **quest'**albergo; sta a **quello.**	She is not staying at *this* hotel; she is staying at *that* one.

(2) **Quello** also translates English "one's" meaning *the one of.*

Il libro di Maria e **quello di Giovanni.**	Mary's book and *John's.*

NOTE: Not stressed in the present grammar is a third demonstrative adjective and pronoun: **cotesto** (or **codesto**), *that* which, in Tuscany especially, is used to refer to an object near the person addressed: **cotesti libri,** *those books,* (near you). The corresponding adverb of place is **costí** (or **costà**), *there.*

III. EMPHATIC ADVERBS OF PLACE

The following adverbs of place correspond to the demonstrative adjectives and pronouns **questo** and **quello: quị** (also **quạ**), *here;* **lí** (also **là**), *there.*

IV. SPECIAL CONSTRUCTION WITH THE POSSESSIVE ADJECTIVES

The Italian equivalent of the English expressions *a . . . of mine* (*yours, his,* etc.), *this* (or: *two, some, many,* etc.) *. . . of mine* (*yours,* *his*, etc.) are **un mio (tuo, suo, ecc.)** . . . , **questo** (or: **due, alcuni,** etc.) **mio (miei o mie)** . . .

Un mio cugino.	*A* cousin *of mine.*
Tre tuoi libri.	*Three* books *of yours.*
Alcuni nostri amici.	*Some* friends *of ours.*

Note that with the above construction, the definite article is not needed before the possessive adjective.

V. PRESENT INDICATIVE: **ANDARE, VENIRE**

andare, *to go*

Vado con un amico.   *I'm going with a friend.*

vado	I go, etc.
vai	
va	
andiamo	
andate	
vanno	

venire, *to come*

Vengo dalla biblioteca.   *I come from the library.*

vengo	I come, etc.
vieni	
viene	
veniamo	
venite	
vẹngono	

Esercizi

A. IL PRESENTE INDICATIVO DEI VERBI IRREGOLARI **andare** E
venire. *Ripetete le frasi seguenti facendo i cambiamenti indicati.*

a. Quando *vado* alla Biblioteca Nazionale *vado* sempre a piedi.
 1. noi   2. Lei   3. tu   4. voi   5. Loro
b. *Maria viene* quị tutti i giorni.
 1. io   2. essi   3. Lei   4. voi   5. tu
c. *Noi veniamo* e *loro vanno.*
 1. io . . . tu   2. Maria . . . Giovanni   3. Voi . . . noi
 4. Lei . . . essi

B. AGGETTIVI E PRONOMI DIMOSTRATIVI (Demonstrative adjectives and pronouns).

(**1**) *Ripetete le frasi seguenti facendo i cambiamenti indicati.*

a. Preferisco quẹl *palazzo.*
 1. libro   2. ponte   3. cugino   4. campanile
b. Non ho mai veduto quello *stụdio.*
 1. studente   2. spettạcolo   3. spẹcchio   4. zio
c. Conosco quella *casa.*
 1. scuola   2. via   3. villa   4. città
d. Quanto costa quell' *ombrello?*
 1. automọbile   2. ạbito   3. insalata   4. edifịcio
e. Quei *ragazzi* sono italiani.
 1. signori   2. cugini   3. pianoforti   4. musei
f. Parla sempre di quegli *invitati.*
 1. amici   2. edifici   3. uọmini   4. ombrelli
g. Preferiamo quelle *riviste.*
 1. amiche   2. cartoline   3. cụpole   4. torri

(**2**) *Mettete al plurale le frasi seguenti.*

1. Questa cartolina è illustrata.   2. Visiteremo quella chiesa.
3. Quẹl ponte è molto bello.   4. Quell'ạbito è nuovo.   5. Scriverà quell'assegno.   6. Desideriamo vedere quell'automọbile.
7. Non sono mai stato in quẹl salotto.   8. Questo ponte è bello.
9. Come canta bene quella ragazza!   10. Quest'ombrello è nero.

(3) *Ripetete usando la forma corretta di* **questo** *e di* **quello** *facendo i cambiamenti indicati.*

ESEMPIO: Non preferisco *questo libro* qui, preferisco *quello* là.
1. cupola 2. cupole 3. albero 4. alberi 5. torre 6. torri

C. USO IDIOMATICO DELL'AGGETTIVO POSSESSIVO (Special construction with the possessive adjective).
Ripetete facendo i cambiamenti indicati.

a. un *mio* zio e una *mia* zia
  1. tuo 2. suo 3. nostro 4. vostro 5. loro
b. dei *miei* invitati
  1. tuo 2. suo 3. nostro 4. vostro 5. loro
c. alcune *mie* cugine
  1. tuo 2. suo 3. nostro 4. vostro 5. loro

D. *Traducete in italiano:*

1. Fiesole is a little town on a hill near Florence.   2. Is it true that from that hill there is a beautiful view of Florence?   3. Yes. Miss Ricci and I go to Fiesole often. Why don't you come too some time?   4. Yesterday you did not come to my pension; where did you go?   5. To the library. And from the library Jean and I went to buy a few postcards for our cousins.   6. We bought some views of Florence from Piazzale Michelangelo. 7. I see that you have one of those postcards in that book.   8. No, this is another one. This is a view from the tower of Giotto. 9. It is very beautiful. I have never been to the top of (**sul**) Giotto's tower. And you?   10. Many times with an uncle of mine.   11. Is Giotto's tower to the right or to the left of Santa Maria Novella?   12. You do not remember because it is neither to the right nor to the left of Santa Maria Novella; it is to the right of Santa Maria del Fiore.   13. I prefer Santa Maria Novella, but it is true that all the churches of Florence are interesting. 14. How many churches are there in Florence?   15. I have never counted them! (*to count*, **contare**).

Da imparare a memoria

A destra c'è la veduta della città.
Se andiamo a sinistra arriviamo presto.
Io preferisco andare a casa a piedi.
Lí vicino c'è una bella chiesa, vero?

Conversazione

Rispondete alle seguenti domande:

1. Lei è mai stato a Firenze? 2. Ci sono colline vicino a Firenze? 3. Che cosa è Fiesole? 4. Dov'è Fiesole? 5. Che cosa vediamo da Piazzale Michelangelo? 6. Ci sono ponti famosi a Firenze? 7. C'è un ponte famoso nella nostra città? 8. La porta di questa classe è a destra o a sinistra del professore? 9. Lei viene a scuola a piedi? 10. Lei abita qui vicino?

INCONTRO DI DANTE CON BEATRICE

12

NEL RISTORANTE

Le ragazze che stanno alla pensione della signorina Evans si alzano presto.
Dopo che si sono alzate, si lavano, si vestono, e poi vanno nella sala da pranzo
dove fanno la prima colazione.
    Anche la signorina Evans s'alza presto. Oggi, però, è domenica e si alza
5 *molto tardi. Quando è pronta va a Piazza del Duomo dove ha un appuntamento*
con Giovanni. Giovanni non è ancora arrivato, ma arriva dopo poco. Si scusa e,
dopo che s'è scusato, vanno a un ristorante dove faranno colazione insieme.
Entrano nel ristorante e si siedono a una tavola. Un cameriere dà una lista alla
signorina Evans, e una lista al signor Andrei.

10 CAMERIERE: Buon giorno, signori. Desiderano vino bianco o
    vino rosso?
    GIOVANNI: Bianco. *(alla signorina Evans)* Va bene?
    SIG.NA EVANS: Sí, sí.
    GIOVANNI: È il mio ristorante preferito. Qui tutto è buono. Io
15   ho pranzato qui molte volte.
    SIG.NA EVANS: E poi è un ristorante molto carino. Ecco il
    cameriere col vino e col pane.
    CAMERIERE: Desiderano un po' d'antipasto, una minestra? . . .
    SIG.NA EVANS: Io preferisco una minestra.
20   GIOVANNI: E io tagliatelle.
    CAMERIERE: Benissimo. E poi, carne o pesce?
    SIG.NA EVANS: Lei che cosa prende, signor Andrei?
    GIOVANNI: Un po' di fritto misto.
    SIG.NA EVANS: Che cosa c'è nel fritto misto?

CAMERIERE: Pollo, cervello...

SIG.NA EVANS: Cervello? No, grazie, io prendo del vitello arrosto e piselli.

GIOVANNI: (*al cameriere*) E dopo, una macedonia di frutta.

CAMERIERE: Abbiamo anche una torta squisita. 5

GIOVANNI: Benissimo. (*alla signorina Evans*) E ora, signorina, perché non parliamo un po' in inglese? Se non parlo inglese quando sono con Lei non lo imparerò mai.

SIG.NA EVANS: Ma sí, volentieri! I mean, of course, gladly!

Vocabulary

NOUNS

l'**antipasto** hors d'oeuvre
l'**appuntamento** date, appointment
il **cameriere** waiter
la **carne** meat
il **cervello** brains
la **colazione** lunch, breakfast; **prima colazione** breakfast
la **domenica** Sunday
il **fritto misto** mixed grill
la **lista** menu
la **macedonia di frutta** fruit cocktail (*served as a dessert*)
la **minestra** soup
il **pane** bread
il **pesce** fish
Piazza del Duomo *a square in Florence*
il **pisello** pea
il **pollo** chicken
la **sala da pranzo** dining room; *pl.* le **sale da pranzo**
la **tavola** table
la **torta** cake
il **vino** wine
il **vitello** veal; **vitello arrosto** roast veal

ADJECTIVE

squisito exquisite

VERBS

alzarsi to get up, rise
bere to drink
divertirsi†† to amuse oneself, have a good time
lavarsi to wash oneself
pranzare to dine, have dinner
scusarsi to excuse oneself, apologize
vestirsi†† to dress oneself, get dressed

OTHERS

ancora yet, still
dopo after, afterwards; **dopo che** (*with an inflective verb*) after
tardi late

IDIOMS

dopo poco *or* **poco dopo** a little after
fare colazione to have lunch, breakfast

Grammatica

I. REFLEXIVE PRONOUNS

Italian has the following reflexive pronouns:

	mi	myself
SINGULAR	**ti**	yourself (*familiar*)
	si	himself, herself, itself, yourself (*polite*)
	ci	ourselves
PLURAL	**vi**	yourselves (*familiar*)
	si	themselves, yourselves (*polite*)

Mi, ti, si and **vi** may drop the **i** before another vowel or an **h** and replace it with an apostrophe. **Ci** may drop the **i** only before an **i** or an **e**.

II. REFLEXIVE VERBS

(1) Here is the conjugation of a typical reflexive verb in the present indicative:

> **divertirsi,** *to amuse oneself, have a good time*
> **La domęnica (io) mi diverto.**   *On Sundays I have a good time.*

> **io mi diverto**   I amuse oneself, etc.
> **tu ti diverti**
> **lui (lei) si diverte**
> **Lei si diverte**
>
> **noi ci divertiamo**
> **voi vi divertite**
> **loro si divęrtono**
> **Loro si divęrtono**

Note that in the infinitive form a reflexive verb ends in **-si** (**alzarsi, sedersi, vestirsi,** etc.), but that when a verb is conjugated, **-si** is replaced by the appropriate reflexive pronoun which is placed *before* the verb.

> Anna **si** diverte.   Ann amuses *herself*.
> Noi non **ci** divertiremo.   We shall not amuse *ourselves*.

(2) In general, when a verb is reflexive in Italian it is also reflexive in English. Certain verbs, however, are reflexive in one language but not necessarily in the other.

> **Mi vesto** in cįnque minuti.   *I get dressed* in five minutes.
> Giovanni **s'alzerà** presto.   John *will get up* early.

(3) In the compound tenses (we have met only the present perfect so far) reflexives always take the auxiliary **ęssere,** and therefore the past participle agrees with the subject.

> Non mi **sono divertito (-a).**   *I* did not have a good time (I
>   did not amuse myself).
> Si **sono lavati (-e).**   *They* washed themselves.

(4) The plural reflexive pronouns are also used with the reciprocal meaning of *each other* or *one another*.

Maria e Carlo **si scrìvono.**	Mary and Charles *write to each other.*
Ci vediamo tutti i giorni.	*We see one another* every day.
Vi siete mandati molte cartoline?	*Did you send each other* many postcards?
Si sono veduti la settimana scorsa.	*They saw one another* last week.

III. FEMININE NOUNS AND ADJECTIVES

Feminine nouns and adjectives ending in **-ca** and **-ga** take an **h** in the plural.

ami**ca** (*sing.*)	friend	lun**ga** (*sing.*)	long
ami**che** (*pl.*)	friends	lun**ghe** (*pl.*)	long

IV. PRESENT INDICATIVE: **SEDERSI**

sedersi, *to sit down*

Io mi siedo a questa tàvola.   *I'm going to sit down at this table.*

io mi **siedo**   I sit down, etc.
tu ti **siedi**
lui, lei (Lei) **si siede**

noi ci **sediamo**
voi vi **sedete**
loro (Loro) si **sièdono**

BASSORILIEVO
DI BRONZO (*Ghiberti*)

Esercizi

A. PRONOMI E VERBI RIFLESSIVI (Reflexive pronouns and verbs).

(1) *Rispondete alle domande seguenti.*

ESEMPIO: Si veste Lei? — Sí, mi vesto

1. Si lava Lei?   2. Si vestono essi?   3. Si siede Maria?
4. Ti siedi tu?   5. Vi vestite voi?

(2) *Ripetete e poi date la forma negativa.*

ESEMPIO: Mi alzo. — Non mi alzo.

1. Ti vesti.   2. Si siede.   3. Ci sediamo.   4. Vi vestite.
5. Si lavano.

(3) *Cambiate le frasi seguenti alla forma reciproca.*

ESEMPIO: Carlo *guarda* Maria.
Carlo e Maria si guardano.

1. Luisa parlerà a Giovanni.   2. Mario scrive a Luigi.
3. Giuseppe saluta il professore.   4. Elena incontrerà Maria.
5. Giovanni ha parlato a Carlo.   6. Elena ha incontrato Maria.
7. Giuseppe ha salutato il professore.   8. Luisa ha telefonato a Elena.

(4) *Mettete le frasi seguenti al passato prossimo.*

ESEMPIO: Mi *alzo* presto.
Mi sono alzato (-a) presto.

1. Maria si *alza* presto.   2. Noi ci *sediamo*.   3. Carlo e Giovanni si *siedono*.   4. Lei si *scusa?*   5. Loro si *divertono?* 6. Voi vi *sedete*.   7. Mia cugina si *veste*.   8. Mio padre e mia madre si *alzano*.   9. Ci *alziamo* e poi ci *vestiamo*.   10. Maria si *alza* e poi si *lava*.   11. Io mi *diverto*, ma Gina non si *diverte*. 12. Si *scusano* i tuoi cugini?   13. Si *parlano* Carlo e Giovanni? 14. La signora Rossi e la signora Bianchi non s'*invitano* mai.

(5) *Rispondete alle domande seguenti.*

1. Si alza presto Lei?   2. S'è alzata presto Maria?   3. Si lava Lei tutti i giorni?   4. Si sono seduti gli studenti?   5. Chi si è divertito?

B. *Studiate il plurale dei nomi e degli aggettivi in* **-ca** *e* **-ga.** *Mettete le frasi seguenti al plurale.*

1. Questa è una banca commerciale. 2. Preferisco la domęnica. 3. Quella torre è bianca. 4. È lunga questa lezione? 5. La biblioteca di Firenze ha molti libri. 6. Hanno mangiato una bistecca. 7. Non ho incontrato la tua amica. 8. Questa fuga di Vivaldi è bella.

C. *Traducete in italiano:*

1. Today John got up early. He went to meet Miss Evans at Piazza del Duomo. 2. Where did they go? 3. They went to have lunch together at a restaurant. They always sit together, and have a good time when they are together. 4. Do they see each other often? 5. Yes. John wishes to learn English well, and Miss Evans is an American! It's a long story. 6. Your stories are all long! Miss Evans wishes to speak Italian with an Italian, and John is an Italian! 7. I am an Italian too! 8. But that's another story. 9. Here is Sabatini; it is an excellent restaurant. Have you ever dined here? 10. No; and you? 11. Many times. Here is the menu near the door. 12. I do not have any money, but we can (**possiamo**) read the menu just the same. 13. Antipasto, soup, chicken, roast veal, cake. 14. Shall we go in? 15. I do not have any money either! (Translate "not even I have any money.")

Da imparare a memoria

Poco dopo il cameriere ha portato la lista.
Mi ha invitato a fare colazione a casa sua.

Conversazione

Rispondete alle seguenti domande:

1. Perché la signorina Evans non fa colazione alla pensione? 2. Dove s'incǫntrano la signorina Evans e il signǫr Andrei?

3. Quando la signorina Evans arriva in Piazza del Duomo, è già arrivato Giovanni? 4. Quando entrano nel ristorante che cosa fanno? 5. Che cosa fa il cameriere? 6. Lei ha pranzato in un ristorante italiano? 7. Ha mai mangiato fritto misto? 8. Quando Lei va a un ristorante dove si siede? 9. In un ristorante americano il cameriere domanda se desideriamo vino bianco o rosso? 10. Perché Giovanni desidera parlare inglese?

IL DUOMO DI FIRENZE

RIPETIZIONE 3

I. *Rispondete alle domande seguenti:*

1. Dove riscuote i Suoi assegni Lei? 2. Come è venuto a scuola Lei oggi? 3. Si alza presto Lei? 4. Prende il tram per venire a scuola? 5. In quale città è il Piazzale Michelangelo? 6. È mai stato a Montecatini? 7. Ci sono sempre molte persone alla banca? 8. Preferisce la carne o il pesce? 9. Legge molte riviste Lei? 10. Mangia spesso al ristorante Lei? 11. È necessario avere il passaporto per riscuotere un assegno? 12. Com'è il servizio di autobus nella nostra città? 13. La nostra scuola è su una collina? 14. È americano il fritto misto? 15. Lei ha la carta d'identità?

II. *Leggete ad alta voce i numeri seguenti:*

17; 48; 93; 21; 100; 57; 18; 88; 64; 70; 50; 72; 45; 14; 49; 37; 66; 28; 34; 75; 59.

III. *Ripetete gli esempi seguenti facendo i cambiamenti necessari:*

ESEMPI: *questo* libro — quel libro
questi ragazzi — quei ragazzi

1. questa lista 2. questa colazione 3. quest'antipasto 4. questo pranzo 5. questi palazzi 6. questo ponte 7. queste torri 8. quest'insalata 9. questi bicchieri 10. questi passaporti.

IV. *Ripetete gli esempi seguenti facendo i cambiamenti necessari:*

ESEMPI: *quella* lezione — questa lezione
quegli studenti — questi studenti

1. quel pollo 2. quei tavoli 3. quella bottega 4. quei vini
5. quelle vedute 6. quei ponti 7. quei campanili 8. quegli
alberi 9. quell'autobus 10. quella domenica

V. *Ripetete gli esempi seguenti cambiando le parole indicate:*

a. *Noi veniamo* spesso a questo ristorante.
1. voi 2. tu 3. Lei 4. loro 5. io 6. lei 7. Loro
8. lui 9. esse.
b. *Giovanni va* a visitare quella magnifica chiesa.
1. tu 2. Lei 3. noi 4. io 5. lei 6. loro 7. esse
8. Loro 9. voi.
c. *Io mi siedo* a tavola con la famiglia.
1. voi 2. Loro 3. essi 4. loro 5. lei 6. lui 7. noi
8. Lei 9. tu.

VI. *Sostituite all'infinito del verbo la forma corretta del passato prossimo* (present perfect).

1. Noi *accompagnare* la signorina alla banca. 2. Tu *lavarsi* e poi
vestirsi. 3. Voi non *alzarsi* presto oggi. 4. Grazie lo stesso, ma
io *mangiare*. 5. I signori *venire* al ristorante. 6. Lei *scusarsi* e
andare via. 7. Le signorine *mandare* delle cartoline. 8. Loro
divertirsi a casa sua. 9. Io *riportare* la rivista a Anna. 10. Lei
assaggiare le tagliatelle? 11. L'impiegato *vedere* il suo amico.
12. Giovanni *andare* da casa a scuola a piedi.

VII. *Traducete le frasi seguenti.*

1. They got up and they dressed, and afterwards they went
into the dining room. 2. This is the first time that I have eaten
at this restaurant. 3. I am sorry, but in order to cash your
check I must see your identification card. 4. I have never
tasted a beefsteak. 5. Why did you come to Montecatini?
6. She has neither traveler's checks nor money. 7. That bridge

to the left is a new bridge. 8. No, thanks just the same, but we do not eat fish. 9. I have enjoyed the view from the Piazzale. It is excellent. 10. After he excused himself he sat down. 11. I have brought back those magazines to the library. 12. In this class there are thirty-eight foreign students. 13. Is this a post card of Florence?—Yes, it is the dome of the Church of Santa Maria del Fiore. 14. The number of that passport is ninety-three. 15. I have met them (*f.*) at lunch at my friend's (*f.*) villa.

SANTA MARIA DEL FIORE

13

ANDIAMO AL CINEMA?

GIOVANNI: Buona sera.
CAMERIERA: Buona sera, signor Andrei. S'accomodi.

La cameriera della pensione riconosce subito il signor Andrei. Non è la prima volta e, a quanto pare, non sarà l'ultima, che Giovanni viene a trovare la signorina Evans. Mentre Giovanni aspetta, la cameriera bussa alla porta della signorina 5 *Evans e le dice: "È arrivato il signor Andrei, signorina." "Vengo subito," le risponde la signorina Evans. Poco dopo la signorina Evans entra nel salotto; Giovanni s'alza e le parla.*

GIOVANNI: Buona sera, signorina.
SIG.NA EVANS: Buona sera, Giovanni (*gli dà la mano*). 10
GIOVANNI: Andiamo al cinema? C'è un documentario molto interessante su Napoli.
SIG.NA EVANS: Volentieri. Non conosco Napoli. Lei è stato mai a Napoli?
GIOVANNI: Sí, molti anni fa visitai Napoli e Capri. Fu una gita 15 breve ma interessante.
SIG.NA EVANS: Andò solo?
GIOVANNI: No, andai con mio padre e con mia madre e ci divertimmo molto. I miei genitori restarono a Napoli e non visitarono Capri, ma io andai a Capri per cinque giorni. 20 Poi c'incontrammo a Napoli e ritornammo a Firenze insieme.
SIG.NA EVANS: Visitarono anche Amalfi?

GIOVANNI: No, non avemmo tempo. Come Le ho detto fu una vịsita breve e dovemmo ritornare sụbito.

SIG.NA EVANS: Presto farò anch'io una gita a Capri.

GIOVANNI: Conosco molte persone a Nạpoli e se mi dice quando
5   partirà, scriverò loro.

SIG.NA EVANS: Grạzie. Lei è sempre cosí gentile. Le Sue lẹttere mi saranno molto ụtili. (*E la signorina Evans gli sorride.*)

GIOVANNI: Le pare . . . andiamo?

SIG.NA EVANS: Sí, mi cạmbio in cịnque minuti e andiamo.
10 GIOVANNI: Benịssimo, L'aspetto quị.

I cịnque minuti fụrono veramente venti, ma Giovanni aspettò lo stesso . . . e volentieri.

Vocabulary

NOUNS

Amalfi *f. a town on the rugged coast south of Naples*
la **camerịẹra** maid, waitress
il **cịnema** (*abbrev. of* **cinematọgrafo**) cinema, movies
il **documentạrio** travelogue, documentary
il **genitore** parent
la **gita** excursion
la **mano** (*pl.* **le mani**), hand
Nạpoli *f.* Naples
il **padre** father

ADJECTIVES

solo alone
ụltimo last
ụtile useful

VERBS

bussare to knock

cambiare to change; **cambiarsi** to change one's clothes
detto said (*p.p. of* **dire**)
dovere must
riconọscere to recognize
sorrịdere to smile
trovare†† to find; *also* to call upon
vuọle he (she, it, you) want(s)

OTHERS

sụbito immediately, at once

IDIOMS

a quanto pare apparently, as far as one can see
dare la mano (**a**) to shake hands (with)
fa ago; **molto tẹmpo fa** a long time ago
s'accọmodi please come in, make yourself comfortable
Le pare! don't mention it! not at all!

NAPOLI

Grammatica

I. INDIRECT OBJECT PRONOUNS

Like reflexive (Lesson 12) and direct object pronouns (Lesson 6), the indirect object pronouns are used in conjunction with verbs and are also called conjunctive pronouns. Italian has the following indirect object pronouns.

	mi	to me
	ti	to you (*familiar*)
SINGULAR	**gli**	to him, to it (*masculine*)
	le	to her, to it (*feminine*)
	Le	to you (*polite, masculine and feminine*)

	ci	to us
PLURAL	vi	to you (*familiar*)
	loro	to them (*masculine and feminine*)
	Loro	to you (*polite, masculine and feminine*)

Mi, ti, vi may drop the vowel before another vowel or an **h**, and replace it with an apostrophe **m', t', v'**. **Ci** may drop the vowel only before an **i**, or an **e** (**c'**). Like the direct object and reflexive pronouns, the indirect object pronouns generally precede the verb; **loro** (**Loro**), however, always follows it.

Gli parlo in classe.	I speak *to him* in class.
Portiamo **loro** dei libri.	We bring *them* some books.
C'insegna la lezione.	She teaches *us* the lesson.
Le scriverò da Palermo.	I will write *you* from Palermo.
Maria telefonerà **Loro** domani.	Mary will telephone *you* tomorrow.
Mi presentò sua zia.	He introduced his aunt *to me*.

II.   THE PAST ABSOLUTE TENSE – Preterite Tense (simple Past)

parlare, *to speak*

Gli parlai al telefono.	*I spoke to him on the phone.*
parlai	I spoke, I did speak, etc.
parlasti	
parlò	
parlammo	
parlaste	
parlarono	

ripetere, *to repeat*

Le ripetei la stessa cosa.	*I repeated the same thing to her.*
ripetei	I repeated, I did repeat, etc.
ripetesti	
ripeté	
ripetemmo	
ripeteste	
ripeterono	

capire, *to understand*

Capii che era tardi.	*I understood that it was late.*

capii	I understood, I did under-
capisti	stand, etc.
capí	
capimmo	
capiste	
capirono	

Like the present perfect (Lesson 10), the past absolute is used to express an action completed in the past. However, while the present perfect expresses an action completed in the *recent past* (in Italian it is called **passato prossimo,** *near past*), the past absolute indicates an action completed in the distant past (in Italian it is called **passato remoto,** *remote past*). In conversational Italian the past absolute is not very frequently used, except when the speaker is referring to historical events in the distant past, or is relating or narrating an event or story far in the past.

Molti anni fa **visitai** Roma.	Many years ago I *visited* Rome.
Michelangelo **lavorò** a Roma per molti anni.	Michelangelo *worked* in Rome for many years.
Pinocchio **entrò** nel teatro di Mangiafoco.	Pinocchio *entered* the theater of Fire-eater.

BUT

Quando **è partito** per l'Italia?	When *did* he *leave* for Italy?—
—**È partito** l'altro giorno.	He *left* the other day.

III. PAST ABSOLUTE: **AVERE, ESSERE**

avere, to have

Ebbi un invitato.	*I had a guest.*
ebbi	*I had, etc.*
avesti	
ebbe	
avemmo	
aveste	
ebbero	

ẹssere, *to be*

Fui in ritardo.   *I was late.*

fui   *I was, etc.*
fosti
fu

fummo
foste
fụrono

CAPRI

Esercizi

A. IL PRONOME COME COMPLEMENTO DI TẸRMINE (Indirect object pronoun).

(1) *Ripetete facendo i cambiamenti indicati.*

Luisa *mi* ha scritto una lẹttera.

1. ti 2. gli 3. le 4. ci 5. vi 6. loro

(2) *Ripetete sostituendo alle parole in corsivo* (in italics) *la forma corretta del pronome.*

EsẸMPIO: Ho parlato *al professore.* — Gli ho parlato.

1. Abbiamo scritto *a Maria.* 2. Telefonerò *a mio padre.* 3. Ha mandato una cartolina *ai suoi cugini.* 4. Il professore ripete la domanda *a Carlo.* 5. Carlo ripete la risposta *agli studenti.*

(3) *Ripetete traducendo* (translating) *in italiano il pronome in corsivo* (italics).

EsẸMPIO: Maria parla *to him* — Maria gli parla.

1. Maria parlò *to me.* 2. Mandạrono *to us* una cartolina. 3. Egli dice *to her* la stọria. 4. Noi parlammo *to him* tre anni fa. 5. Lei ripeté le domande *to them.* 6. Passo il pane *to you* (**tu**). 7. Spiegạrono le rẹgole *to her* 8. Comprammo una cravatta *to him.*

B. *Studiate il passato remoto* (past absolute).

(1) *Ripetete gli esempi facendo i cambiamenti indicati.*

a. Io salutai il professore.
   1. la signora 2. Mạrio 3. un amico 4. le ragazze
b. Tu parlasti con Enzo non è vero?
   1. Giovanni 2. l'impiegato 3. il cameriere 4. la zia
c. Lei pagò il cameriere non è vero?
   1. il tassí 2. la gita 3. la cameriera 4. il vino
d. Carlo arrivò presto.
   1. Maria 2. lei 3. il mio amico 4. mia zia.
e. Noi entrammo *nel salotto.*
   1. in casa 2. nella banca 3. nell'albergo 4. nel cịnema

f. Voi trovaste *la cravatta.*

    1. l'abito   2. la camicia   3. il libro   4. la chiesa.

g. Loro cambiarono casa.

    1. essi   2. i nostri amici   3. Elena e Maria   4. i vostri zii.

(2)   *Ripetete gli esempi facendo i cambiamenti indicati.*

  a. Io finii la lezione prima di Carlo.

    1. noi   2. tu   3. Maria   4. voi   5. essi

  b. Noi non credemmo la cameriera.

    1. io   2. Lei   3. voi   4. loro   5. tu

(3) *Sostituite all'infinito del verbo la forma corretta del passato remoto.*

    1. Giovanni le *parlare* volentieri.   2. Lei *essere* con il professore.   3. Noi *trovare* delle amiche.   4. Lei *alzarsi* presto.   5. Noi *divertirsi* molto a casa di Maria.   6. Gli studenti *visitare* la chiesa. 7. Tu ci *incontrare* sul ponte.   8. Noi non *avere* molto tempo. 9. Lei *essere* in ritardo.

(4) *Sostituite al presente indicativo del verbo la forma corretta del passato remoto.*

    1. *Ritorniamo* da Capri.   2. Li *vendono* la domenica.   3. L'*incontri* in giardino.   4. Gli *telefono* dopo colazione.   5. Le *parlo* ogni giorno.   6. Si *divertono* molto.

C. *Traducete in italiano:*

    1. John asked me if you will return to Capri. 2. I shall answer him gladly, but I do not know (**so**) when you will return to Capri. 3. While you are listening to me, you are smiling at those young ladies. Why do you smile at them? Do you know them? 4. Yes, I see them every day, and I speak to them every day. 5. They have seen an interesting travelogue twice, and wish to go to Amalfi. 6. My excursion to Amalfi was brief but very interesting. 7. If you go to Amalfi alone this book will be very useful to you. 8. Thank you. I do not know many people in Naples. 9. I know many people in Naples and in Amalfi, and if you tell me when you leave, I shall write them a letter. 10. Now I must (**devo**) go to the house of my friend, Miss Evans. Good-bye. 11. "Please come in, Miss Evans is waiting for

you."—said (**disse**) the maid in a loud voice. 12. "Apparently you do not recognize me," John repeated twice. 13. A little later Miss Evans enters, and she says: "I am not ready, John. I'll change my clothes in two minutes." 14. "Do you shake hands with her every time (that) you see her?" the maid asked. 15. John waited . . . five, seven, ten minutes . . . but he waited gladly.

Da imparare a memoria

A quanto pare c'è un documentario interessante al cinema.
Quando lo vede gli dà sempre la mano.
Visitammo Napoli molto tempo fa.
S'accomodi, signora, il professore L'aspetta.

Conversazione

Rispondete alle domande seguenti:

1. Che cosa dice Giovanni quando la cameriera apre la porta?
2. Che gli risponde la cameriera? 3. Perché la cameriera riconosce subito Giovanni? 4. Dove aspetta Giovanni? 5. Perché desidera andare al cinema Giovanni? 6. Conosce Napoli la signorina Evans? 7. Visitò Capri Giovanni? 8. Con chi andò a Napoli Giovanni? 9. Perché Giovanni e suo padre non visitarono Amalfi? 10. Che cosa farà Giovanni se la signorina Evans va a Napoli?

14

A UN BAR

La signorina Evans è seduta a un tavolo di un bar in Piazza della Repubblica.
Passa Enzo Falchi, uno studente che la signorina Evans conosce, e che conosce la
signorina Evans. La vede, e s'avvicina al tavolo.

SIG. FALCHI: Buon giorno, signorina, come sta?
5 SIG.NA EVANS: Buon giorno, signor Falchi.
SIG. FALCHI: Le dispiace se mi siedo al Suo tavolo?
SIG.NA EVANS: Prego! S'accomodi! Ho ordinato una granita di
caffè. Prende qualcosa anche Lei?
SIG. FALCHI: Volentieri. (*a un cameriere che è lì vicino*) Cameriere,
10 un'altra granita di caffè, per favore. (*alla signorina Evans*)
Mi ha detto Giovanni che Lei va a Venezia per qualche
giorno. Quando parte?
SIG.NA EVANS: Domani.
SIG. FALCHI: Di mattina o nel pomeriggio?
15 SIG.NA EVANS: Di mattina. C'è un treno che parte alle otto e
trenta.
SIG. FALCHI: È una buon'idea. I treni del pomeriggio arrivano
tutti troppo tardi a Venezia.
SIG.NA EVANS: Sí. Infatti c'è un treno che parte da Firenze alle
20 sei di sera, o, come mi ha detto l'impiegato alla stazione,
alle diciotto, e arriva a Venezia alle ventiquattro, cioè a
mezzanotte.
CAMERIERE (*con le granite*): Chi ha ordinato la granita con
panna?

SIG.NA EVANS: Io. Il signore ha ordinato quella senza panna.

SIG. FALCHI: Con chi va a Venẹzia, con la signorina Renoir?

SIG.NA EVANS: No, sola. A Venẹzia incontrerò una signorina americana con cui ho viaggiato altre volte.

SIG. FALCHI: Scusi, signorina, non ho capito bene quello che ha detto . . . questa granita è squisita.

SIG.NA EVANS: Ho detto che a Venẹzia incontrerò un'amica con la quale ho viaggiato altre volte.

SIG. FALCHI: Benịssimo. Sono sicuro che si divertirà molto. Be', sono le cịnque meno venti, e alle cịnque meno un quarto devo incontrare un amico in Piazza del Duomo. (*ad alta voce*) Cameriere, il conto per favore. (*alla signorina Evans*) Allora, buọn viạggio, signorina, e buọn divertimento.

Vocabulary

NOUNS

il **bar** café, coffeeshop
il **conto** check, bill
Ęnzo *masculine, proper name*
la **granita di caffè** coffee ice
la **mezzanǫtte** midnight
la **panna** cream (*whipped*)
Piazza della Repụbblica *a square in Florence*
la **stazione** station
il **tạvolo** (*café, bar*) table
il **tręno** train
Venęzia Venice

ADJECTIVE

sicuro sure, certain

VERBS

avvicinarsi (**a**) to approach
ordinare to order
passare to pass, go by
viaggiare to travel (*conjugated with* **avere**)

OTHERS

cioè namely; that is
infatti in fact
per favore please
qualcǫsa something
seduto seated
sęnza without
trǫppo too
volentięri willingly, gladly

IDIOMS

bę'! (*colloquial from* bęne) well!
buǫn divertimento! have a good time!
buǫn viạggio! bon voyage! have a fine trip!
di mattina in the morning
di sera in the evening
Le dispiace? do you mind? (*lit.* "does it displease you?")
pręgo! I beg you! Please! You are welcome!

STAZIONE FERROVIARIA

Grammạtica

I. RELATIVE PRONOUNS

(1) The most common relative pronouns are **che, cui, quale.**

a. **che** (*who, whom, that, which*) is invariable, and is never used with prepositions.

Il signore **che** parla è italiano.	The gentleman *who* is speaking is Italian.
La signorina **che** abbiamo incontrato (-a) è una studentessa.	The young lady *whom* we met is a student.
I vini **che** abbiamo assaggiato (-i) sono squisiti.	The wines we tasted are exquisite.

NOTE 1: As we saw in Lesson 10, in a relative clause introduced by **che**, the agreement of the past participle of a transitive verb is optional.
NOTE 2: (last example): The relative pronoun is never omitted in Italian as it frequently is in English.

b. cui (*whom, which*) is also invariable and may be used only after a preposition.

Questa è la signora **di cui** ti ho parlato.	This is the lady *of whom* I spoke to you.
La casa **in cui** ạbita è in una piazza.	The house *in which* she lives is in a square.

c. quale (*who, whom, that, which*) is variable and is always preceded by the definite article: **il** (**la**) **quale, i** (**le**) **quali.** This form is not common in speech: it is occasionally used after a preposition, and to avoid ambiguity.

La signorina **con la quale** stụdio l'italiano è fiorentina.	The young lady *with whom* I study Italian is a Florentine.
Ha veduto la sorella di Giovanni, **la quale** è arrivata ieri?	Did you see John's sister, *who* (the sister) arrived yesterday?

(2) *He who, him who, the one who* are translated by **chi.**

Chi stụdia, impara.	*He who* studies, learns.
Darò questo libro **a chi** finirà prima.	I shall give this book *to him who* finishes first.

(3) *What* with the meaning of *that which* is expressed by **quello che** (or its shortened form **quẹl che**) and also by **ciò che.**

È **quello che** le ho detto.	It's *what* I told her.

II.   THE INTERROGATIVE PRONOUN "DI CHI?"

(See Lesson 8, section II.) The interrogative adjective *whose?* is expressed by *di chi.*

Di chi è quest'ạbito?	*Whose* suit is this?

VENEZIA

A UN BAR

III. TIME OF DAY

(1) The Italian equivalent of the question "What time is it?" is either **che ora è?** or **che ore sono?** The reply, or statement, is (*a*) singular for *one o'clock*, *noon*, and *midnight;* (*b*) plural for the other hours.

È l'una.	*It is* one o'clock.
È mezzogiorno.	*It is* noon.
È mezzanotte.	*It is* midnight.
Sono le due (le tre, le cinque, etc.)	*It is two* (*three, five, etc.*) *o'clock.*

It should be noted that the word for *time* (**ora** in the singular, **ore** in the plural) is implied but not expressed in giving the time of day.

(2) The following idiomatic constructions are used to express fractions of time.

È l'una **e dieci (quindici, venti,** *etc.*)	It is one *ten* (*fifteen, twenty, etc.*)
Sono le tre e un quarto.	It is *a quarter past* three.
Sono le cinque e mezzo (*or:* **e mezza**).	It is five-*thirty*.
Sono le otto meno venti. (*lit.* "eight minus twenty")	
or: **Mancano venti minuti** alle otto. (*lit.* "twenty minutes are lacking to eight")	It is *twenty minutes to* eight.
È mezzogiorno **meno un quarto.**	
or: **Manca un quarto a** mezzogiorno.	It is *a quarter to* twelve (noon).
A che **ora?**	At what *time?*
A mezzogiorno, alle sei, alle nove e mezzo (*or:* **e mezza**).	At noon, at six, at nine-thirty.
Sono le tre in punto.	It is *exactly* three o'clock.

(3) In referring to train (boat, *etc.*) schedules, theatrical performances, and office hours, Italians sometimes continue counting after twelve (noon) to twenty-four (midnight). In everyday conversation, however, when clarification is needed, it is more common to count from 1 to 12 and to use: **di mattina** A.M. (lit. "of the morning"), **del pomeriggio** early P.M. (lit. "of the afternoon"); and **di sera,** late P.M. (lit. "of the evening").

Il treno parte **alle venti.**	The train leaves at *8 P.M.*
I cugini sono arrivati **alle sette di mattina (di sera).**	The cousins arrived at *7 A.M.* (*P.M.*).

IV.   PRESENT INDICATIVE: **DOVERE**

dovere, *to have to, must*

Devo prendere il treno di mezzogiorno.	*I must take the noon train.*

devo	I have to, I must, etc.
devi	
deve	
dobbiamo	
dovete	
devono	

Esercizi

A. IL PRONOME RELATIVO (The relative pronoun).

(1) *Completate le frasi con un pronome relativo.*

ESEMPIO: Questa è la signorina ... ci ha scritto.

Questa è la signorina *che* ci ha scritto.

1. Questo è il conto ꞓꞮe. ho pagato.   2. Ecco la cravatta Che desidero.   3. Le persone di ꞓꞮui parli.   4. La via in ꞓꞮui abitiamo.   5. Non capiscono quello io dico.   6. Il treno con ꞓꞮui andiamo a Venezia.   7. Le maestre con ꞓꞮui abbiamo studiato l'italiano.   8. La granita che il cameriere ci ha servita.   9. Non conosco la cugina di Carlo, la quale abita a Roma.   10. Mio padre dice sempre che chi dorme troppo non studia mai.

(2) *Ripetete sostituendo* **Ecco il** (*la, i, ecc.*) . . . (*a, per, con, ecc.*) **cui** (*or:* **il quale**, *ecc.*)

> ESEMPIO: Sono andato(-a) al cinema con quella signorina.
> **Ecco** la signorina **con cui** (**con la quale**) sono andato(-a) al cinema.

1. Ho parlato a quel signore. 2. Abbiamo mandato dei libri a quella ragazza. 3. Hanno dato la mano a quello studente. 4. Maria è partita con quel giovanotto. 5. Hai fatto una gita con quelle persone. 6. Abbiamo pranzato in quel ristorante.

(3) *Rispondete alle domande cominciando con* **Questo è quello che** (*o:* **quel che**, *o* **ciò che**) . . .

> ESEMPIO: Che hanno comprato?
> **Questo è quello che** hanno comprato.

1. Che cosa hanno scritto? 2. Che cosa vi ha insegnato? 3. Che cosa ha ordinato Lei? 4. Che avete cambiato? 5. Che hanno mangiato?

(4) *Ripetete sostituendo la parte in corsivo come è indicato.*

a. Di chi è *questa rivista?*
  1. quella granita 2. quel palazzo 3. questo bicchiere 4. quel passaporto 5. quello specchio.

b. Ricorda di chi sono *queste riviste?*
  1. quei bicchieri 2. quegli assegni 3. queste camicie 4. queste torte 5. quelle cartoline.

B. L'ORA (Time of Day).
Ripetete facendo i cambiamenti indicati.

a. Che ora è?

> ESEMPIO: 8:20 — Sono *le otto e venti.*

1. 7:15	*3.* 10:30	*5.* 8:55	*7.* 1 p.m.
2. 9:10	*4.* 10:40	*6.* 12 a.m.	*8.* 12 p.m.

b. A che ora arrivano a casa?

> ESEMPIO: 1:00 — Arrivano *all'una* in punto.

1. 3:00	*3.* 10:00	*5.* 9:00	*7.* mezzanotte.
2. 11:00	*4.* 4:00	*6.* 7:00	

C. *Studiate il presente indicativo del verbo* **dovere.** *Completate le frasi con il verbo* **dovere.**

1. Maria *deve* partire alle otto e dieci. 2. Prima di andare alla stazione Loro *devono* cambiare l'assegno. 3. Voi *dovete* ripetere questa lezione. 4. *Devo* ordinare qualcosa anch'io? 5. Lei *deve* accompagnare Giovanni alla stazione. 6. Tu *devi* studiare tutti i giorni.

D. *Traducete in italiano:*

1. I must go to the bank. Do you wish to go too? 2. Gladly. But what time is it? I must return home early. 3. It is a quarter to three. Is that all right? 4. Yes. I must return home at four o'clock sharp. 5. Who is that gentleman near the door? 6. Which one? There are two gentlemen at the door. 7. That gentleman who is wearing a green tie. 8. He must be a friend of the lady with whom he is talking. 9. That's right! But *you* do not know him. 10. No. Why? 11. Because I have seen him many times, and I do not know him either (translate "Not even I know him."). 12. I shall introduce you. 13. But you said that you do not know him. 14. It's true, but I know the lady with whom he is talking and *she* knows him. 15. Enough! It is three-thirty already, and I must go to the station. 16. An aunt of mine is going to Venice and she wants to see me, but I do not know (**so**) what she wants.

Da imparare a memoria

Quando parte il prossimo treno per Roma, di mattina o di sera?

Se non La rivedo prima della Sua partenza, buon viaggio, e buon divertimento.

Prego! S'accomodi!

Conversazione

Rispondete alle domande seguenti:

1. Dov'è seduta la signorina Evans? 2. Chi passa lí vicino?
3. Che cosa ha ordinato la signorina Evans? 4. Lei ha mai
assaggiato una granita di caffè con panna? 5. Quanto tempo
resterà a Venezia la signorina Evans? 6. È vero che tutti i treni
per Venezia partono di mattina? 7. La signorina Evans va a
Venezia con la signorina Renoir? 8. Chi chiama il cameriere
per pagare il conto? 9. Che ore sono ora? 10. Lei ha capito
quello che ho detto?

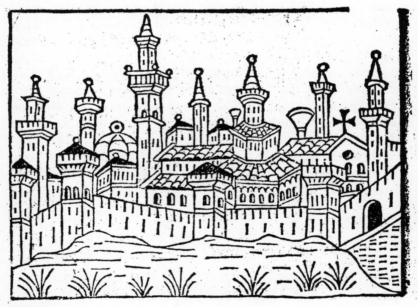

VENEZIA

15

JOAN È PARTITA

Maria Bianchi è venuta in città per andare all'ufficio della CIT. Mentre esce dall'ufficio incontra la signorina Renoir, che ha conosciuta a un ricevimento all'Università.

MARIA: Ciao, Jacqueline!

5 JACQUELINE: Buon giorno, Maria. È molto tempo che non ci vediamo.

MARIA: È vero. Non esco molto spesso e vengo in città raramente . . . ma tu, cosa fai da queste parti?

JACQUELINE: Sono andata alla stazione ad accompagnare Joan

10 Evans.

MARIA: È partita? È ritornata in America?

JACQUELINE: No, no! È partita per Venezia. Là s'incontrerà con un'amica che viene dall'Inghilterra, da Londra.

MARIA: Ritornerà a Firenze?

15 JACQUELINE: Certamente. Vuole continuare gli studi qui a Firenze; ma prima farà un viaggio in Francia con la sua amica. Ma vedo che esci dall'ufficio della CIT; parti anche tu?

MARIA: Magari! Sono venuta a vedere un'amica che è im-

20 piegata alla CIT. Tu come ti trovi a Firenze? Sono già tre mesi che sei qui, non è vero?

JACQUELINE: Sí, non sembra possibile. Il tempo vola qui a Firenze; forse perché la vita è cosí bella in Italia e gl'Italiani sono cosí gentili.

MARIA: Gl'Italiani o . . . un Italiano?

JACQUELINE: Gl'Italiani . . . almeno per ora.

MARIA: Be', auguri, e se puoi venire a casa mia un giorno, usciremo insieme se vuoi.

JACQUELINE: Volentieri. Se posso lo farò. Arrivederci, Maria. 5

MARIA: Arrivederci, Jacqueline.

Vocabulary

NOUNS

l'**Amèrica** America
CIT *abbreviation for* **Compagnia Italiana del Turismo,** *the largest travel organization in Italy*
l'**Euròpa** Europe
l'**Inghiltèrra** England
Londra London
Maria Mary
il **mese** month
la **vita** life

ADJECTIVE

possìbile possible

VERBS

continuare (a) to continue
sembrare to seem
volare to fly

OTHERS

ad (*often used instead of* **a** *before a word beginning with* **a**) at, to, in
almeno at least
certamente certainly
forse perhaps
prima first, before (*adverb*)
raramente rarely

IDIOMS

arrivederci good-bye (*familiar*)
auguri best wishes
continuare gli studi to continue one's education
da queste parti in this neighborhood
fare un viàggio to take a trip
in città downtown, into town, in the city
magari! I wish it were so!
trovarsi†† (**bène**) to get along (well) (*in a place*)

(*A destra*) VENEZIA

BASIC ITALIAN

VENEZIA

Grammatica

I. SPECIAL USES OF THE DEFINITE ARTICLE

(1) Contrary to English usage the definite article is required in Italian before a noun used in a general or abstract sense.

Gli assegni sono utili.	*Checks* are useful.
Il denaro è necessario.	*Money* is necessary.
Preferisco **le riviste ai giornali.**	I prefer *magazines to newspapers.*
La vita è breve.	*Life* is brief.

(2) The name of a continent, country, region or large island is always preceded by the definite article.

L'Itạlia è una nazione.	*Italy* is a nation.
L'Europa ha molti paesi.	*Europe* has many countries.
Vuole visitare **la Sicịlia.**	He wants to visit *Sicily.*
Sono venuti **dall'Inghilterra.**	They came *from England.*
I laghi **della Svịzzera.**	The lakes *of Switzerland.*
BUT	
Capri è una pịccola ịsola.	*Capri* is a small island.

The article, however, is dropped when the name of an un-modified feminine continent, country, region, or large island is preceded by the preposition **in** which means both *in* and *to.*

L'Itạlia è **in Europa.**	I taly is *in Europe.*
Vado **in Frạncia.**	I am going *to France.*
BUT	
Roma è **nell'Itạlia centrale.**	Rome is *in central Italy.*

When the name of a country, region or island is masculine, the article is usually retained after **in.**

Acapulco è **nel Mẹssico** (*but also:* **in Mẹssico.**)	Acapulco is *in Mexico.*
Siamo stati **nel Giappone** (*but also:* **in Giappone.**)	We have been *in Japan.*
Torino è **nel Piemonte** (*but also:* **in Piemonte.**)	Turin is *in Piedmont.*
(EXCEPTION)	
Sono **in Egitto.**	They are *in Egypt.*

For phonetic reasons the article is always retained with the two Italian regions, **Vẹneto** and **Lạzio.**

Venẹzia è **nel Vẹneto.**	Venice is *in Veneto.*
Roma è **nel Lạzio.**	Rome is *in Latium.*

II.   THE PREPOSITION **A** WITH NAMES OF CITIES

The Italian preposition **a** translates English *to* and *in* when they are used in connection with the name of a city.

Vado **a Venẹzia.**	I am going *to Venice.*
Ạbitano **a Venẹzia.**	They live *in Venice.*

III. SPECIAL USE OF THE PRESENT TENSE

The present indicative is used to express an action or condition which began in the past and is still going on in the present.

Sono due anni che non ci **vediamo**.	We *have* not *seen* each other for two years.
È un anno che **abita** a Firenze.	He *has been living* in Florence one year.

IV. PRESENT INDICATIVE: **POTERE, VOLERE, USCIRE**

potere, *to be able, can, may*

Non posso partire stasera.	*I can't leave tonight.*
posso	I can, am able, may, etc.
puoi	
può	
possiamo	
potete	
possono	

volere, *to want*

Voglio ritornare a casa.	*I want to return home.*
voglio	I want, etc.
vuoi	
vuole	
vogliamo	
volete	
vogliono	

uscire, *to go out*

Esco prima delle undici.	*I go out before eleven.*
esco	I go out, etc.
esci	
esce	
usciamo	
uscite	
escono	

V. THE PREPOSITION **A** WITH INFINITIVES

Certain verbs such as **andare, continuare, imparare, incominciare,** and **venire,** require the preposition **a** before an infinitive.

Voglio **imparare a parlare** italiano.	I want *to learn to speak* Italian.
Sono venuti a vedere Giovanni.	*They have come to see* John.

Esercizi

A. *Studiate gli usi speciali dell'articolo determinativo.*

(1) *Ripetete gli esempi facendo i cambiamenti necessari.*

a. *La vita* vola.

1. tempo   2. giorni   3. denaro   4. mesi   5. mattinate
6. minuti *volano*

b. Preferisco *la salute* (health) *al denaro.*

1. Latte . . caffè   2. treni . . automobili   3. notte . . . giorno   4. carne . . pesce   5. vitello . . pollo   6. torta . . minestra

c. La *Francia* è in Europa.

1. California . . . America   2. Portogallo è . . . Europa
3. Messico . . . America   4. Egitto . . . Africa   5. India
. . . Asia   6. Algeria . . . Africa

d. Abitano in *Italia.*

1. Francia   2. Inghilterra   3. Messico   4. California
5. Giappone (*m.*)   6. Argentina

e. Sono andati in *Italia*, sono a Roma.

1. Francia . . . Parigi   2. Spagna . . . Madrid   3. Messico
. . . Acapulco   4. India . . . Calcutta   5. California . . .
San Francisco   6. Inghilterra . . . Londra

(2) Dica che (*Say that*):

1. Venice is in Italy.   2. Laredo is in Mexico.   3. Oxford is in England.   4. Mary is in France.   5. John is in London.   6. Louise and Charles are in Rome.   7. John and Maria live in Florence.   8. Professor Rossi has been in Europe three months.   9. Mary has been living in Venice two years.   10. Your uncle and your aunt have not seen each other for five months.

B.   *Studiate l'uso speciale del presente indicativo.*
Ripetete facendo i cambiamenti indicati.

   a. È un mese che non ci telefoniamo.
     1. anno   2. settimana   3. giorno   4. molto tempo
   b. Sono tre mesi che abitano a Venezia.
     1. anni   2. giorni   3. settimane   4. molti anni

C.   *Studiate il presente indicativo dei verbi* **potere, volere, uscire.**
Ripetete facendo i cambiamenti indicati.
   a. Maria non *vuole* uscire perché non *può* camminare.
     1. io   2. noi   3. Lei   4. voi   5. essi   6. tu
   b. Quando *io posso* uscire, *esco* volentieri.
     1. Carlo   2. tu   3. voi   4. noi   5. Mario e Luisa   6. Lei

D.   *Ripetete facendo i cambiamenti indicati.*
   a. Se *io incomincio* a scrivere, *continuo* a scrivere per un'ora.
     1. Maria   2. noi   3. loro   4. voi   5. tu
   b. *Abbiamo* imparato a nuotare.
     1. io   2. Giovanni   3. Giovanni e Maria   4. tu   5. voi

E.   *Traducete in italiano:*

1. Maria and Miss Renoir want to go to Venice together. 2. They are coming out of the CIT office now. They have been at the CIT office for thirty-five minutes.   3. "Do you think that our trip to Venice will be interesting?" asks Miss Renoir. 4. "Yes, a trip to Venice is always interesting," replies Maria Bianchi.   5. Perhaps we can also take a short trip to Trieste. 6. Why do you want to go to Trieste?   7. Because many persons have told me that it is a beautiful city.   8. Did you say the train

for Venice leaves at eight?   9. No, at eight-forty in the morning;
we must buy our traveler's checks today.   10. Oh yes; must we
go to the bank for the checks?   11. No, we can buy them at the
CIT; we must go back.   12. Do you have your passport? We
can't buy traveler's checks without a passport.   13. Yes, I have
mine; I have learned one thing in Italy and that is that passports
are very useful!   14. Fine, but it is also necessary to have
money to (**per**) buy traveler's checks.   15. Certainly: I have
my passport, and here is my money. We shall have a good time;
life is beautiful!

Da imparare a memoria

Arrivederci, ora devo ritornare a casa.
Mi dispiace, ma non posso fare un viaggio quest'anno.
C'è una banca in città.
Mio fratello si trova molto bene a Palermo.

Conversazione

Rispondete alle domande seguenti:

1. Chi è venuto in città?   2. Dove s'incontrano Maria e
Jacqueline?   3. Chi è partita per un viaggio?   4. Perché è
stata alla stazione la signorina Renoir?   5. Che cosa vuole fare
Joan? 6. Parte anche Maria? 7. Chi è venuta a vedere
Maria? 8. Quanto tempo è che è a Firenze Jacqueline?
9. Perché vola il tempo a Firenze?   10. Vola il tempo qui
all'università?

16

UNA LETTERA DA VENEZIA

Giovanni è a casa. Ha ricevuto una lettera da Venezia. È di Joan Evans.
Giovanni apre la busta e legge:

Venezia, 10 aprile

Caro Giovanni,

volevo scrivere ieri l'altro ma non ho potuto perché ero 5
troppo occupata. Quando arrivai a Venezia erano già le due,
perché il treno era in ritardo. Alla stazione m'aspettava la mia
amica Edith. Quando eravamo bambine io e Edith andavamo
alla stessa scuola. Edith allora abitava con sua zia perché i suoi
genitori erano in Europa. Poi anche lei andò in Europa e non 10
l'ho riveduta fino a qualche mese fa.

Andammo subito all'albergo, in gondola. Era un pomeriggio
magnifico, e il sole splendeva sul Canal Grande; era uno spettacolo incantevole che ricorderò sempre. Dopo cena, mentre
camminavamo in Piazza San Marco, incontrammo delle amiche 15
di Edith che andavano al Lido. C'invitarono. Veramente io ero
stanca e volevo ritornare all'albergo, ma andai al Lido lo stesso.

Il giorno dopo visitammo la chiesa di San Marco e il Palazzo
dei Dogi. Era una bella giornata e sembrava estate. Ieri siamo
andate a Murano e oggi ho passato quasi tutta la giornata a fare 20
delle spese. Domani partirò per Trieste; voleva venire anche

Edith ma oggi ha ricevuto una lęttera da una signora che conosceva in Amęrica e che arriverà a Venęzia fra due giorni. Peccato!

Cosa c'è di nuovo a Firenze? Se mi scrive, il mio indirizzo a Trieste sarà: presso Baldini, Via San Giusto 25.

5   Saluti cordiali, Sua

Joan

Vocabulary

NOUNS
l'**aprile** *m.* April
il **bambino** child, baby
la **busta** envelope
il **Canąl Grande** the Grand Canal (*the largest canal in Venice*)
la **cena** supper
la **giornata** day, whole day (*descriptive*)
la **gǫndola** gondola; **in gǫndola** in a gondola
il **Lido** Lido, *a beach in Venice*
  Murano *f. an island near Venice* (*famous for its glass works*)
  Palazzo dei Dǫgi Ducal Palace
  Piazza San Marco St. Mark's Square (*main square in Venice*)
il **saluto** greeting; **saluti cordiali** kindest regards
il **sole** sun
lo **spettącolo** spectacle
la **stanza** room

ADJECTIVES
caro dear
cordiale cordial

incantęvole enchanting
occupato busy
stanco tired

VERBS
ricęvere to receive
rivedere to see again
splęndere to shine

OTHERS
facilmente easily
fra in, within (*of time*)
ięri yesterday
naturalmente naturally
quasi almost

IDIOMS
a casa mia (tua, sua, etc.) at (to, in) my (your, his, etc.) house
cǫsa c'è di nuǫvo? what's new?
fino a until
ięri l'altro (*also* **l'altro ięri**) day before yesterday
il giorno dopo the next day
peccato! too bad!
pręsso in care of (*in addresses*)

IL CANAL GRANDE

Grammatica

I. THE PAST DESCRIPTIVE TENSE

This tense is often called the imperfect. The past descriptive of the three model verbs is:

parlare, *to speak*

Parlavo a Maria ogni giorno.　　*I used to speak to Mary every day.*

parl-avo	I was speaking, used to speak,
parl-avi	spoke (habitually), etc.
parl-ava	
parl-avamo	
parl-avate	
parl-avano	

ripetere, *to repeat*

Ripetevo le stesse cose.　　*I was repeating the same things.*

ripet-evo	I was repeating, used to re-
ripet-evi	peat, repeated (habitually),
ripet-eva	etc.
ripet-evamo	
ripet-evate	
ripet-evano	

capire, *to understand*

Di solito non lo capivo.　　*I usually didn't understand him.*

cap-ivo	I was understanding, used to
cap-ivi	understand, understood
cap-iva	(habitually), etc.
cap-ivamo	
cap-ivate	
cap-ivano	

II. PAST DESCRIPTIVE: **AVERE, ẸSSERE**

avere, *to have*

Avevo i capelli neri.   *I used to have black hair.*

avevo	I was having, used to have,
avevi	had (habitually), etc.
aveva	
avevamo	
avevate	
avẹvano	

ẹssere, *to be*

La mattina ero sempre a casa.   *I was (habitually) always at home in the morning.*

ero	I was, used to be, etc.
eri	
era	
eravamo	
eravate	
ẹrano	

III. USES OF PAST DESCRIPTIVE

Like the present perfect and the past absolute, the past descriptive indicates a past time. However, while the first two tenses always indicate an action completed in the past (*what actually did happen*), the past descriptive does not, but is used instead as follows:

(1)   To describe or express a state of being in the past (not what happened, but what *was*).

Era una bella giornata.   *It was* a beautiful day.
Era giọvane.   *She was* young.

(2)   To express an action going on in the past, in progress but not completed (not what happened, but *what was happening*).

Parlava quando sono entrata.   *He was speaking* when I entered.
Giovanni leggeva ad alta   *John was reading* aloud.
voce.

(3)   To express an habitual or regularly recurring action in the past (not what happened, but *what used to happen*, or *would happen regularly*).

Mi alzavo presto ogni mattina.	*I used to get up* early every morning.
Se era tardi, **restavo** a casa.	If it was late, *I stayed (would stay)* home.
Leggeva il giornale ogni giorno.	*He read* the paper every day.

(4)   To express time of day in the past.

Ẹrano le sette.	*It was* seven o'clock.

IV.   THE PAST TENSES COMPARED

For a comparison of the present perfect, the past absolute and the past descriptive, study the following examples:

Arrivò in Itạlia **molto tempo fa.**	*He arrived* in Italy *long ago.*
È arrivato in Itạlia **recentemente.**	*He arrived* in Italy *recently.*
Arrivava in Itạlia nell'estate.	*He used to arrive* in Italy in summer.
Non **voleva** scrịvere.	*He (usually) did* not *want* to write.
Studiạvano quando **arrivai.**	*They were studying* when *I arrived.*
Gli **abbiamo detto** che lei **era** a casa.	*We told* him that *she was* at home.
Era molto giọvane quando sua madre **morí.**	*He was* very young when his mother *died.*

V.   ADVERBS AND THEIR FORMATION

Most Italian adverbs are formed by adding **-mente** (equivalent to English -ly) to the feminine singular of the adjective.

ADJECTIVE		ADVERB	
chiaro	clear	**chiaramente**	clearly
vero	true	**veramente**	truly
recente	recent	**recentemente**	recently

If the last syllable of the feminine adjective is **-le** or **-re,** and it is preceded by a vowel, the final **-e** is dropped before **-mente** is added.

facile	easy	**facilmente**	easily
regolare	regular	**regolarmente**	regularly

Esercizi

A. *Studiate l'imperfetto* (past descriptive) *dei verbi regolari.*

(1) *Ripetete le frasi seguenti sostituendo le parole indicate.*

a. Era una bella giornata e nella piazza c'ęrano *molte persone.*
1. cento persone 2. mille persone 3. alcune persone.

b. Quando Maria arrivò aspettavo *in salotto.*
1. in gondola 2. in automǫbile 3. in piazza 4. nella via

c. Quand'eri ragazzo ti lavavi *in poco tempo.*
1. in pochi minuti 2. in cinque minuti 3. spesso 4. quasi troppo.

d. Ęrano *le sette* ma i nostri amici non ęrano a casa.
1. le cinque 2. le undici 3. le dieci 4. le quindici

e. Dove abitava Lei *due anni fa?*
1. cinque anni fa 2. molto tempo fa 3. quando era a Roma

f. Scrivevate una lęttera *tutti i giorni?*
1. tutti i mesi 2. tutti gli anni 3. tutte le domęniche 4. tutte le sere

(2) *Sostituite all'infinito del verbo la forma corretta dell'imperfetto.*

1. Io *andare* al ristorante quando la *incontrare.* 2. Le ragazze *divertirsi* in giardino. 3. L'impiegato *ricęvere* molte lęttere. 4. Loro ci *incontrare* tutti i giorni alle quattro. 5. Il suo indirizzo *ęssere* Via Roma, 25. 6. La vostra amica *avere* molto denaro. 7. Il tempo *volare* quando io *ęssere* con Maria. 8. La lezione *ęssere* facile. 9. Noi non *ricordare* il suo nome. 10. Lei la *vedere* in Itąlia.

(3) *Mettete le frasi seguenti all'imperfetto.*

ESEMPIO: Essi *sono* a Napoli. — Essi erano a Napoli.

1. È *tardi.* [era] 2. Il sole brilla.° 3. Mario lo aspetta.° [tava] 4. Si alza [alzava] sempre alle otto. 5. Ordiniamo del caffè. [avamo] 6. Sono° le [erano] undici di mattina. 7. Tu vuoi mangiare. 8. Lei non mi risponde. [deva] 9. Siete stanchi. [eravate] 10. Scrivono° una lettera tutte le [vivano] domeniche. 11. Cosa c'è° di nuovo? [era] 12. Scrive a Joan presso [veva] sua zia.

(4) *Ripetete gli esempi seguenti cambiando le parole indicate.*

a. Quand'ero ragazzo *andavo* a scuola a piedi. [When I was a boy I used to go to school on foot]

1. noi 2. tu 3. essi 4. mio cugino 5. Lei 6. voi

b. Quando il treno arrivò *mia zia l'aspettava.*

1. tu 2. essi 3. voi 4. Lei 5. noi

c. *Mi sono divertito* mentre *ero* in Italia.

1. noi 2. Olga 3. voi 4. Carlo e Maria 5. tu

B. *Studiate la formazione degli avverbi* (adverbs) *in* **-mente.**
Transformate i seguenti aggettivi in avverbi.

1. possibile 2. sicuro 3. breve 4. interessante 5. gentile
6. utile 7. squisito 8. magnifico 9. favorevole 10. solo

C. *Traducete in italiano:*

1. Day before yesterday I was writing in the living room when Charles came. 2. He is a dear friend; we used to go to the same school when we were children. 3. He wanted to go to the movies. 4. I told him I could not go because I had to write a letter. 5. But he waited for me. It was two o'clock when we went out. 6. At the movies they had (trans. "there was") a very interesting travelogue, but I was tired and I did not enjoy myself. 7. Afterwards we stopped at the coffee shop to have (trans. "to take") a coffee ice. 8. While we were seated at the coffee shop Enzo passed by. He stopped and talked to us for ten minutes. 9. He wanted to go to London. 10. He asked me if I wanted to write a letter to one of my friends (**amici**). 11. Gladly, I said; I will do it tomorrow. 12. Then we all got up from the table and we went home together. 13. While we

walked, we talked of England. 14. I have never been in England. Too bad! I want to go to London soon. 15. Enzo was talking of Trafalgar Square, when we arrived at my house. He wanted to go back to town, but I was tired.

Da imparare a memoria

Cosa c'è di nuovo a casa Sua?
È partito ieri l'altro e non tornerà fino a domani.
La lettera arrivò il giorno dopo ed io ero già partito.
  Peccato!
Quando scrive a Joan, le scrive presso sua zia a Roma.

Conversazione

Rispondete alle domande seguenti:

1. Scrive molte lettere Lei? 2. A che ora arrivò a Venezia la signorina Evans? 3. Chi l'aspettava alla stazione? 4. Come andarono all'albergo? 5. Era bello il Canal Grande? 6. Chi incontrarono le due ragazze quella sera in Piazza San Marco? 7. Che cosa visitò Joan Evans il giorno dopo? 8. Perché Edith non poteva accompagnare Joan a Trieste? 9. Quale sarà l'indirizzo di Joan a Trieste? 10. Perché Giovanni aspettava una lettera da Joan?

RIPETIZIONE 4

I. *Rispondete alle seguenti domande:*

1. Conosce Lei qualche persona in Italia?   2. Fa spesso un viaggio Lei?   3. Che ora è?   4. Vola il tempo durante la lezione d'italiano?   5. A che ora esce Lei la mattina?   6. Che cosa è la CIT?   7. Dov'è Murano?   8. Con chi abita Lei?   9. È una bella giornata oggi?   10. È stanco Lei ora?   11. È in Francia Lei ora?   12. Splende il sole oggi?   13. Lei preferisce la granita di caffè con panna o senza panna?   14. Esce Lei spesso con qualche amico?   15. Dove va Lei con un Suo amico?

II. *Ripetete facendo i cambiamenti indicati.*

a. Quando Carlo *lo* vede *gli* dà la mano.
1. noi   2. voi   3. lei   4. essi   5. tu   6. io

b. Il professore *ci* parlò del suo viaggio.
1. io   2. voi   3. Lei   4. essi   5. tu   6. noi

III. *Dite che ora è.*

ESEMPIO: 5:10 = Sono le cinque e dieci.

(1) 4:15   (2) 3:05   (3) 7:40   (4) 12 p.m.   (5) 11:45

Dite che ora era.

ESEMPIO: 6:20 = Erano le sei e venti.

(1) 8:30   (2) 2:00   (3) 9:18   (4) 10:55   (5) 12 a.m.

IV. *Ripetete facendo i cambiamenti indicati.*

Sono stato *in Frąncia*, ma non sono stato *a Parigi*.
1. Itạlia . . . Nạpoli   2. Inghilterra . . . Londra   3. Europa
. . . Madrid   4. Portogallo . . . Lisbona

V. *Ripetete facendo i cambiamenti indicati.*

È un mese che non ci vediamo.
1. un anno   2. tre giorni   3. cịnque anni   4. dieci settimane

VI. *Completate con un pronome relativo.*

1. Questa è la casa in . . . ạbita Anna.   2. Ho visitato molte volte il Palazzo Ducale . . . è a Venẹzia.   3. Questo è il treno . . . viene da Bologna.   4. La stazione da . . . partiremo è nuova.   5. Dov'è l'impiegato con il . . . ha parlato?   6. Il cugino di Maria . . . è a Messina.   7. Desịdera parlare con la cameriera . . . fu molto gentile.   8. Non sono queste le ragazze . . . ạbitano in questo vicinato?

VII. *Completate le frasi seguenti in italiano.*

a. Passato remoto:
1. La cameriera *arrossire* quando io le *parlare*.   2. Mio padre *cambiarsi* prima di uscire.   3. Enzo *passare* mentre eravamo al caffè.   4. Quando il cameriere *avvicinarsi*, loro *ordinare* delle granite di caffè.   5. L'amico lo *invitare* ad andare in gọndola.   6. La signorina non *trovarsi* bene in Frạncia.

b. Imperfetto indicativo:
1. Quando arrivạrono alla stazione, *essere* mezzanotte.   2. Lui non *riconọscere* mai nessuno.   3. Loro *bussare* alla porta quando io arrivai.   4. Le ragazze non *viaggiare* mai sole.   5. *Ẹssere* le tre quando il treno arrivò.   6. La vita *sembrare* incantẹvole a Firenze.

c. *Presente indicativo:*

1. Noi *dovere* fare delle cose in città. 2. Tu non *potere* continuare a viaggiare. 3. Loro non *uscire* se è tardi. 4. Io *volere* certamente vedere Venęzia di nuovo. 5. Forse noi non *potere* fare colazione ora. 6. Loro *dovere* alzarsi presto oggi. 7. Noi *uscire* da casa alle otto. 8. *Volere* Lei mandare una cartolina?

VIII. *Traducete in italiano:*

1. The greetings did not seem cordial. 2. Apparently he was not smiling at us. 3. Life was enchanting in Venice. 4. They were sure that it was midnight. 5. Children always have a good time in a gondola. 6. The sun was shining on the Grand Canal; it was a beautiful day. 7. Day before yesterday I got up and I went immediately to see my father. 8. At least we can take a trip to France. 9. At three o'clock I was seated in the station. 10. She was changing when the maid knocked at the door. 11. I must go to the restaurant now; I have an appointment for lunch. 12. What is there on the menu today? 13. Many things: fish, chicken, soup, meat, cake, veal. . . . 14. Enough, I want only soup, bread, mixed grill, and wine. 15. I am too busy and I cannot go shopping (*trans.* "to shop") until four o'clock.

BASSORILIEVO BIZANTINO

17

CARTA DA LETTERE
E LIBRI

Sono le quattro del pomeriggio. La signorina Renoir ha bisogno di carta da lettere e va in una cartoleria in Via Cavour. Entra e si avvicina a un'impiegata.

IMPIEGATA: Buona sera, signorina. Che cosa desidera?

SIG.NA RENOIR: Ha della carta da lettere leggiera per posta aerea? 5

IMPIEGATA: Sí. Abbiamo questa scatola di cento fogli e cinquanta buste. Va bene?

SIG.NA RENOIR: I fogli sono un po' lunghi, ma non importa. E poi voglio due quaderni.

IMPIEGATA: Ecco dei quaderni magnifici. Li abbiamo ricevuti ieri. 10

SIG.NA RENOIR: Sí, sono proprio magnifici. Appena ritornerò a casa non dimenticherò di scrivere subito il mio nome sulla copertina.

IMPIEGATA: Ha bisogno di qualche altra cosa? 15

SIG.NA RENOIR: No, grazie. Quanto Le devo?

IMPIEGATA: Un momento; non ricordo il prezzo della carta da lettere . . . .

La signorina Renoir paga l'impiegata, esce dalla cartoleria, e va in una libreria vicino a Piazza del Duomo, dov'è già stata altre volte. Arriva, apre la porta ed entra. 20

IMPIEGATO: Ah, buona sera, signorina Renoir, come sta?

SIG.NA RENOIR: Buona sera, signor Centrone. Stamani ho ricevuto una lunga lettera dalla signorina Evans. Manda tanti saluti a tutti gli amici e, naturalmente, anche a Lei.

5 SIG. CENTRONE: Grazie. Quando ritornerà?

SIG.NA RENOIR: La settimana ventura. Signor Centrone, ha qualche catalogo di autori classici?

SIG. CENTRONE: I cataloghi sono su questo tavolo, signorina; e su quest'altro ci sono gli ultimi romanzi.

10 SIG.NA RENOIR: Ah, ecco il catalogo di Mondadori; l'ho riconosciuto subito perché l'ho visto altre volte. I cataloghi di Mondadori sono magnifici. Incomincerò con questo. Posso?

La signorina Renoir si siede e sfoglia due o tre cataloghi. Dopo circa venti minuti si alza, ringrazia l'impiegato, ed esce.

Vocabulary

NOUNS

l'**autore** *m.* author
la **carta** paper; **carta da lettere** stationery
la **cartoleria** stationery store
il **catalogo** catalogue
la **copertina** cover (*of a book, etc*)
il **foglio** (*pl.* **i fogli**) sheet (*of paper*)
la **libreria** bookstore
la **posta** mail; **posta aerea** air mail
il **prezzo** price
il **romanzo** novel
la **settimana** week

ADJECTIVES

classico classic
leggiero light (*in weight*)
tanto much, so much
ultimo latest
venturo next

VERBS

dimenticare (di) to forget
dovere to owe
ringraziare to thank
visto (*p.p. of* **vedere**) seen

OTHERS

appena as soon as
circa about, approximately
proprio truly, really, indeed
stamani this morning

IDIOMS

avere bisogno di to need (*lit.* "to have need of")[1]
non importa does not matter
qualche altra cosa something else, anything else
la settimana ventura next week

---

[1] The partitive formed with **di** plus the definite article cannot be used after expressions already containing **di**.

Grammạtica

I. PLURAL OF NOUNS AND ADJECTIVES IN -CO

If a noun or an adjective ends in **-co** and the stress falls on the syllable preceding it, in the plural it takes an **h** and retains the hard sound of the singular.

il rinfresco	the refreshment	**i rinfreschi**	the refreshments
bianco (*sing.*) white		**bianchi** (*plur.*) white	

The others form the plural in **-ci.**

il mẹdico	the physician	**i mẹdici**	the physicians
magnịfico (*sing.*) magnificent		**magnịfici** (*plur.*) magnificent	

There are, however, a few exceptions, the most common of which are **amico**, *friend*, **nemico**, *enemy*, **greco**, *Greek*, whose plurals are **amici, nemici, greci.**

II. PLURAL OF NOUNS AND ADJECTIVES IN -GO

These usually take an **h** to retain the hard sound of the **g.**

il catạlogo	the catalogue	**i catạloghi**	the catalogues
lungo (*sing.*) long		**lunghi** (*plur.*) long	

(There are a few exceptions: **geọlogi**, *geologists*, **radiọlogi**, *radiologists*, etc.)

III. PLURAL OF NOUNS AND ADJECTIVES IN -CIA AND -GIA

These words drop the **i** in the plural, unless the **i** is stressed in the singular.

l'arạncia	the orange	**le arance**	the oranges
la valịgia	the suitcase	**le valige**	the suitcases
grịgia (*sing.*) gray		**grige** (*plur.*) gray	
	BUT		
la bugia	the lie	**le bugie**	the lies

IV. ORTHOGRAPHIC (SPELLING) CHANGES IN VERBS

(1) Verbs whose infinitives end in **-care** and **-gare** add an **h** before **e** or **i**. Note, for instance, the following forms of **dimenticare** *to forget*, and **pagare** *to pay*.

Tu dimentichi.   *You forget.*   Io dimenticherò. *I shall forget.*
Noi dimentichiamo. *We forget.*   Pagheremo.   *We shall pay.*

(2) Verbs whose infinitives end in **-ciare** and **-giare** drop the **i** before an **e** or an **i**. Note the following forms of **incominciare** *to begin*, and of **mangiare** *to eat*

incomincio, **incominci**, incomincia, **incominciamo**, *etc.*
mangio, **mangi**, mangia, **mangiamo**, *etc.*
incomincerò, incomincerai, *etc.*
mangerò, mangerai, *etc.*

(3) Verbs whose infinitives end in **-cere** and **-scere** take an **i** before the **-uto** of the past participle.

piacere, *to please, to like:* **piaciuto**
conoscere, *to know:* **conosciuto**

BUSTO DI MICHELANGELO

Esercizi

A. IL PLURALE DEI NOMI E DEGLI AGGETTIVI IN *-co* E *-go*.
Ripetete gli esempi seguenti cambiando le parole indicate al plurale.

1. Carlo visita spesso *il giardino pubblico.* 2. Non dimenticheremo mai *il parco* di Roma. 3. Luigi è molto contento perché ha ricevuto *il pacco* della zia. 4. Questa libreria ha *un catalogo magnifico.* 5. Dalla finestra vediamo *il lago azzurro.* 6. Hai veduto *quel treno lungo?* 7. Conoscete *questo* autore *classico?* 8. Dobbiamo scrivere *al nostro amico italiano.* 9. Hanno ammirato molto *il monumento antico.* 10. Ringrazierò gli amici per *il pesce fresco.*

B. IL PLURALE DEI NOMI E DEGLI AGGETTIVI IN *-cia* E *-gia*.
Cambiate le frasi seguenti al plurale.

1. La bugia non è sempre pronta. 2. L'arancia siciliana è squisita. 3. Era una giornata grigia. 4. Ecco la mia valigia! 5. In quella via c'è una bella farmacia.

C. *Studiate le forme irregolari dei verbi in* *-care, -gare, -ciare, -giare, -cere, -scere. Usando la frase italiana come modello traducete le frasi inglesi.*

1. Loro pagano il cameriere.	*We are paying the waiter.*
2. Non la dimentico mai.	*I shall never forget her.*
3. La riconoscerò subito.	*I recognized her at once.*
4. Oggi incominciamo il libro nuovo.	*Tomorrow we shall begin the new book.*
5. Pagate voi?	*Are you (tu) paying?*
6. Viaggio con i miei compagni.	*I shall travel with my companions.*
7. Conosce molte persone.	*He has met many persons.*
8. Assaggiano tutto.	*We taste everything.*
9. Significa che non vogliono venire.	*It will mean that they do not want to come.*
10. Chi spiega la lezione al ragazzo?	*Who will explain the lesson to the boy?*
11. Pagano ogni giorno.	*They will pay every day.*

D.   *Traducete le frasi seguenti:*

1. In our lesson for today, Miss Renoir, who is always writing long letters to her friends, needs some stationery.   2. She has to write a letter to her friend, Miss Evans, who is in France.   3. She wants to write her a very long letter.   4. She will begin it in the afternoon, but she will not finish it until tomorrow.   5. She knows one of the clerks; she met (*use* **conoscere**) him recently at the house of her friends Mario and George.   6. The first time she went to that bookstore the clerk said (**disse**): Good afternoon, Miss, what can I do for you (*trans:* "What do you wish?")? 7. May I see a few catalogues?   8. Gladly! They are on this table near the door.   9. This catalogue is not good; but these two white [ones] are magnificent.   10. What do you want to buy, one of the latest novels?   11. Yes, but I do not remember the name of the author.   12. Was it an American or a foreign author?   13. An Italian author . . . Valpolicella, I think. 14. It cannot be, Miss. Valpolicella is the name of a wine. 15. It does not matter, thank you just the same; I shall come back some other (*trans.* "another") time.

Da imparare a memoria

Entrò in una cartoleria perché aveva bisogno di carta da
  lettere.
Se i piselli non sono buoni, prenderò un'altra cosa.
Non importa se non posso studiare oggi. Studierò la settimana ventura.

Conversazione

Rispondete alle seguenti domande:

1. Che ore sono quando la signorina Renoir va in una cartoleria?   2. Di che cosa ha bisogno?   3. Deve essere leggiera la carta per la posta aerea?   4. Che cosa vuole fare la signorina

Renoir appena ritornerà a casa? 5. Anche Lei scrive il Suo nome sulla copertina dei Suoi quaderni? 6. Scrive il Suo nome anche sui libri della biblioteca? 7. Che cosa non ricorda l'impiegata? 8. Dove va la signorina Renoir quando esce dalla cartoleria? 9. Che cosa cerca nella libreria? 10. Lei ha qualche romanzo italiano a casa Sua?

RITRATTO DI DANTE

18

AL MERCATO DEI FIORI

"Signorina, La vogliono al telefono," dice la cameriera alla signorina
Renoir che è in salotto dove scrive delle lettere.
"Vengo subito, grazie," le risponde la signorina Renoir. "Finisco l'indirizzo
su questa busta e vengo. È la terza lettera che scrivo oggi, e per ora basta!"
S'alza e va in sala da pranzo al telefono.   5

JACQUELINE: Pronto!
MARIA: Pronto! Come va, Jacqueline?
JACQUELINE: Maria, che bella sorpresa!
MARIA: Oggi vengo in città; vado al mercato dei fiori, vuoi
    venire con me?   10
JACQUELINE: Volentieri, ma aspettavo un'amica, Luisa
    Neroni . . . .
MARIA: La conosco. Siamo vecchie amiche.
JACQUELINE: Bene, porterò anche lei. A che ora c'incontriamo?
MARIA: Alle tre, o se vuoi alle due e mezza.   15

Alle tre precise Jacqueline, Maria e Luisa s'incontrano in Piazza del Duomo.

JACQUELINE: Dov'è il mercato dei fiori?
MARIA: È proprio vicino a Piazza della Signoria, all'aperto.
    Non l'hai mai visto?
JACQUELINE: No, questa è la prima volta che lo visito.   20
LUISA: È molto bello; c'è ogni settimana, il giovedí.

JACQUELINE: Ma non c'è un altro mercato vicino a San Lorenzo?

MARIA: Sí, ma quello c'è tutti i giorni eccetto la domęnica, e non è il mercato dei fiori.

5 JACQUELINE: E che mercato è?

LUISA: È un mercato dove vęndono ogni cosa, libri, ạbiti, stoffe.

MARIA: Hai notịzie di Joan?

JACQUELINE: Ho ricevuto una lunga lęttera stamani. È la quinta lęttera che ricevo da lei. Ritornerà mercoledí.

10   *Mentre le ragazze pạrlano, arrịvano al mercato. È uno spettạcolo veramente magnịfico. Ci sono fiori di tutti i colori: rose, garọfani, violette.*

Vocabulary

NOUNS

il **colore** color
il **fiore** flower
il **garọfano** carnation
il **mazzo** bouquet
il **mercato** market; **mercato all'a-pęrto** open air market; **mercato dei fiori** flower market
la **notịzia** news
   Piazza della Signoria *a square in Florence*
la **rosa** rose
   San Loręnzo Saint Lawrence (*a church in Florence*)
la **sorpresa** surprise
la **stọffa** material; **stọffe** textiles
la **violetta** violet

ADJECTIVES

contęnto glad, satisfied

preciso precise; exactly, "on the dot" (*in telling time of day*)

VERBS

bastare to be enough
scritto (*p.p. of* **scrịvere**) written

OTHERS

eccętto except

IDIOMS

all'apęrto in the open air, outdoors
che ... ! what! what a ... ! **che bęlla sorpresa!** What a lovely surprise!
come va? how goes it?
fare il giro to go around, to make the rounds
prọpio vicino quite near
quị vicino near here, nearby

VILLA ABITATA DA GALILEO

Grammatica

I. THE DISJUNCTIVE PRONOUNS

	me	me
	te	you (*familiar*)
SINGULAR	lui	him
	lei	her
	Lei	you (*polite*)
	sé	himself, herself, itself, yourself, (*polite*)
	noi	us
	voi	you (*familiar*)
PLURAL	loro	them
	Loro	you (*polite*)
	sé	themselves, yourselves (*polite*)

BASIC ITALIAN

These pronouns are used as follows:

(1) As object of prepositions.

Enzo viạggia **con me.**	Enzo travels *with me*
Lei ha molti amici **fra noi.**	You have many friends *among us.*
Mạrio lo fa **per Lei.**	Mario is doing it *for you.*
Parla spesso **di te.**	He speaks often *of you.*
L'ha fatto **da sé.**	She did it *by herself.*
Stụdiano **da sé.**	They study *by themselves.*

(2) In place of the object pronouns for emphasis, contrast, or when the verb has two or more objects.

CONJUNCTIVE USE

Mi vede.	He sees me.
Ci riconọscono.	They recognize us.
L'invitò.	He invited her.

DISJUNCTIVE USE

Vede **me.**	He sees *me.*
Riconọscono **noi,** non **lui.**	They recognize *us,* not *him.*
Invitò **lei** e **me.**	He invited *her* and *me.*

II. ORDINAL NUMERALS THROUGH *TENTH*

primo	1st	**sesto**	6th
secondo	2nd	**sẹttimo**	7th
terzo	3rd	**ottavo**	8th
quarto	4th	**nono**	9th
quinto	5th	**dẹcimo**	10th

Since ordinal numerals are adjectives, they must agree with the noun they modify. They usually precede the noun.

la **prima** lezione	the first lesson
la **terza** volta	the third time
i **primi** pochi minuti	the first few minutes

III. DAYS OF THE WEEK

lunedí, *Monday;* **martedí,** *Tuesday,* **mercoledí,** *Wednesday,* **giovedí,** *Thursday;* **venerdí,** *Friday;* **sạbato,** *Saturday;* **domẹnica,** *Sunday.*

With the exception of **domęnica,** which is feminine, all the others are masculine. Days of the week are not capitalized in Italian.

Il lunedí vado a scuola.	*On Mondays,* I go to school.
La domęnica non stųdia.	*On Sundays,* she does not study.
Parto **martedí.**	*On Tuesday* I am leaving.

Note that the English expressions *on Mondays, on Tuesdays, etc.* are rendered in Italian by the singular name of the day preceded by the definite article; and that *on Monday, on Tuesday, etc.* when only one day is meant (or when the word *"last"* or *"next"* is understood), are rendered by the name of the day without the article.

Esercizi

A. PRONOMI COMPLEMENTARI (The disjunctive pronouns).
Studiate le forme dei pronomi indiretti.

(1) *Ripetete gli esempi seguenti cambiando le parole indicate.*

   a. Le ragazze faranno il giro del mercato con *te*.
      1. lui 2. loro 3. lei 4. me 5. noi 6. voi 7. Lei
      8. Loro

   b. La notizia è stata una sorpresa per *lui*.
      1. loro 2. lei 3. me 4. noi 5. voi 6. Lei 7. Loro
      8. te

   c. I bambini ringraziarono *te* non *lui*.
      1. noi . . . voi 2. Loro . . . te 3. lei . . . me 4. Lei . . .
      loro 5. lui . . . noi 6. loro . . . lei

   d. Perché Gina ha invitato solamente *lui?*
      1. loro 2. me 3. noi 4. voi 5. Lei 6. Loro 7. te
      8. lei

   e. C'era molta differenza fra *loro* e *voi*.
      1. lui . . . noi 2. Loro . . . te 3. Lei . . . loro 4. voi . . .
      noi 5. Loro . . . lei 6. lei . . . me

(2) *Ripetete gli esempi seguenti cambiando le parole indicate.*

   a. *L'autore* ha scritto le lettere da sé in italiano.
      1. lo studente 2. la signora 3. il padre 4. la zia 5. lui
      6. il Rettore 7. la cameriera 8. l'impiegato

   b. *Le signorine* comprarono un mazzo di fiori per sé.
      1. loro 2. i genitori 3. i bambini 4. le signore 5. le
      persone 6. le studentesse 7. gli stranieri 8. gli amici

B. NUMERI ORDINALI (Ordinal numerals).
Ripetete sostituendo i numeri indicati.

   a. Lunedí è il *primo* giorno di scuola.
      (1) 3° (2) 5° (3) 8° (4) 6° (5) 4° (6) 7° (7) 10°
      (8) 9° (9) 2°

   b. Questa è la *terza* domenica dell'anno.
      (1) 10ᵃ (2) 8ᵃ (3) 7ᵃ (4) 2ᵃ (5) 4ᵃ (6) 9ᵃ (7) 6ᵃ
      (8) 5ᵃ (9) 1ᵃ

c. Apriranno le *dęcime* finestre.

(1) 8e (2) 3e (3) 7e (4) 2e (5) 4e (6) 1e (7) 5^e
(8) 6e (9) 9^e

d. I ragazzi della nostra scuola sono arrivati *noni.*

(1) 10^i (2) 6^i (3) 5^i (4) 1^i (5) 4^i (6) 8^i (7) 3^i
(8) 7^i (9) 2^i

C. *Usando la frase italiana come modello traducete le frasi inglesi.*

1. Mercoledí incontrerò loro non voi.

   On Tuesday I will meet her not him.

2. Giovedí prossimo pranzeremo all'aperto.

   Next Friday they will dine outdoors.

3. Sabato viaggeranno con lui per la prima volta.

   On Monday they are going to travel with us for the third time.

4. In Italia la domęnica è il sęttimo giorno della settimana.

   In Italy Saturday is the sixth day of the week.

5. Il venerdí i ragazzi stųdiano da sé.

   On Sundays Louise studies by herself.

6. Questo è l'ųltimo martedí del mese.

   This is the last Sunday of the month.

7. Ritorneranno venerdí.

   We will return on Thursday.

8. C'è un negozio quị vicino?

   Is there a ~~stop~~ fermata near here?

9. Che magnịfici fiori! Quante violette!

   What enchanting colors! How many flowers!

10. Vęndono fiori nel mercato all'aperto.

    Do you ~~sell~~ vende materials in the open-air market?

11. Ci vestivamo quando sentimmo la notịzia.   *we were getting dressed*

    ~~You were getting dressed~~ Le vestiva quando la notizia the news.

12. Tutti ricevęrono una telefonata eccetto Giovanni.

    Each one received a telephone call except her.

D. *Traducete in italiano:*

1. Have you ever seen the flower market? 2. Yes, this is my fourth visit; it is interesting, isn't it? 3. Yes, but I prefer the market near San Lorenzo; they sell everything there. 4. But

I only need some flowers today. 5. Are the flowers for you?
6. No, they are not for me, they are for a girl; it is a surprise.
7. Oh, I understand; do you always buy flowers for her? 8. No,
this is the first time; I met her Saturday. 9. And you are already sending her flowers? 10. I saw her for the second time
on Sunday. She said (**disse**) to me, "Hello, how goes it?" Then
she went to the movies with me. 11. What kind of (**che**)
flowers are you going to buy? 12. I am not sure; on Monday I
received a letter from her and on the stationery there were some
violets, perhaps. . . . 13. Yes, you must buy violets for her. By
the way, did you see her on Tuesday also? 14. Yes, and on
Wednesday too, and I am seeing her today. 15. That will be
the fifth time. Now I understand why you can't come with me
to Fiesole.

Da imparare a memoria

Che bella sorpresa! Oggi pranzeremo all'aperto.
Hai ancora fatto il giro del mercato?
Ciao, Giulio, come va?
Il mercato è qui vicino.

Conversazione

Rispondete alle seguenti domande:

1. Perché Jacqueline non risponde subito al telefono?
2. Dov'è il mercato dei fiori? 3. C'è il mercato dei fiori il
venerdí? 4. Chi telefona alla signorina Renoir? 5. Quante
lettere ha ricevute Jacqueline da Joan? 6. Quando ritornerà
Joan? 7. C'è un altro mercato a Firenze? 8. Quanto tempo
restano le ragazze al mercato dei fiori? 9. Vanno a un caffè le
tre signorine? 10. Ci sono mercati nella nostra città? Dove
sono?

19

BEN TORNATA!

Ieri Giovanni ha ricevuto un telegramma da Parigi: "Parto stasera con il treno delle ventitré. Arriverò domani, domenica, alle diciassette. Joan." Oggi è domenica. Sono le quattro e quaranta del pomeriggio, e Giovanni va alla stazione a incontrare Joan. Alla stazione c'è molta gente: davanti alla biglietteria, nelle sale d'aspetto, dappertutto. Ci sono impiegati, facchini, persone che partono, 5 *persone che arrivano, valige, e bagagli di tutte le specie. Giovanni finalmente trova gli orari degli arrivi e delle partenze. Il treno di Joan è in orario. Infatti, dopo pochi minuti il treno arriva, e Giovanni, che vede Joan fra la gente, la chiama ad alta voce: "Joan, Joan!"*

JOAN: Oh, Giovanni, è venuto! Grazie. Come sta? 10

GIOVANNI: Bene, grazie. Ben tornata! Ha fatto un buon viaggio?

JOAN: Sí, sí. Da Parigi a Milano ho dormito quasi sempre. A Milano sono saliti degli artisti molto simpatici, e mi sono divertita molto.

UN FACCHINO: Facchino, signore? 15

GIOVANNI: No. (*a Joan*) La valigia la porto io. Allora, si è divertita questi giorni?

JOAN: Molto. Ho veduto molte belle città, e ho riveduto la mia vecchia amica.

GIOVANNI: A Venezia che cosa vide? 20

JOAN: Vidi Piazza San Marco, il Palazzo dei Dogi, il Ponte dei Sospiri . . . insomma, tante belle cose, ma non tutto: i musei non li ho visitati. Un giorno ritornerò a Venezia e vedrò quello che non ho veduto questa volta. E Jacqueline come sta? 25

GIOVANNI: Benissimo, vedrà. Non è venuta alla stazione perché è andata a Siena con Enzo Falchi. Lo conosce, non è vero?

JOAN: Sí, sí. L'ho veduto il giorno prima della mia partenza.

GIOVANNI: (*ad alta voce*) Tassí!

5   *I due amici prẹndono un tassí e vanno alla pensione dove ạbita Joan.*

Vocabulary

NOUNS

l'**arrivo** arrival
l'**artista** *m. and f.* artist
il **bagạglio** baggage[1]
la **biglietteria** ticket office
il **facchino** porter
la **gẹnte** people[2]
l'**orạrio** timetable
Parigi *f.* Paris
la **partẹnza** departure
il **Ponte dei Sospiri** the Bridge of Sighs (*a famous bridge in Venice*)
la **sala d'aspẹtto** waiting room
Siẹna *a city south of Florence*
la **spẹcie** kind
il **tassí** taxi
il **telegramma** telegram
la **valịgia** suitcase

ADJECTIVES

pọco little; *pl.* few

simpạtico charming, pleasant
vẹcchio old

VERBS

fatto (*p.p. of* **fare**) done
salire to climb, go up, get on (*train*) (*conjugated with* **ẹssere**)

OTHERS

dappertutto everywhere
insomma in short
stasera this evening, tonight

IDIOMS

bẹn tornato (-a, -i, -e)! welcome back!
in orạrio on schedule (*of trains, etc.*)
prima di *plus noun* before *plus noun;* **prima della mia partẹnza** before my departure

---

[1] Although il **bagạglio** has a collective meaning, its plural, **i bagagli**, is also used.
[2] The noun **gẹnte** takes a verb in the singular, but has a collective meaning.

CENTRO PIRELLI, MILANO

Grammatica

I. IRREGULAR PLURAL OF NOUNS AND ADJECTIVES

(1) Masculine nouns and adjectives ending in unstressed **-io** have only one **i** in the plural.

il **figlio**	the *son*	i **figli**	the *sons*
un **vecchio** libro	an *old* book	dei **vecchi** libri	some *old* books

BUT

lo **zio**	the *uncle*	gli **zii**	the *uncles*

(2) Masculine nouns ending in **-a** (they are not too numerous), form the plural in **-i**, the typical masculine plural ending.

il **programma**	the *program*	i **programmi**	the *programs*
il **telegramma**	the *telegram*	i **telegrammi**	the *telegrams*
il **poeta**	the *poet*	i **poeti**	the *poets*

EXCEPTION: **il cinema, i cinema**

The student should learn these nouns as he meets them.

(3) Several nouns, which usually refer to professions, end in **-ista** in the singular. These nouns are masculine if they refer to a man, feminine if they refer to a woman. The masculine forms the plural in **-i,** the feminine in **-e.**

il **violinista**	(*Plural*) i **violinisti**	the (man) violinist
la **violinista**	(*Plural*) le **violiniste**	the (woman) violinist

(4) Nouns ending in: (a) an accented vowel (including the two monosyllables **il re,** *king,* and **il tè,** *tea*); (b) a consonant; (c) **-ie** (except **la moglie,** *wife,* whose plural is **le mogli**); (d) and nouns in **-i** are invariable.

l'**università**	the university	le **università**	the universities
il **re**	the king	i **re**	the kings
lo **sport**	sport	gli **sport**	sports
la **serie**	the series	le **serie**	the series
la **crisi**	the crisis	le **crisi**	the crises

II. POSITION OF SUBJECT IN EMPHATIC STATEMENTS

When the subject of a verb is especially stressed, it is placed after the verb.

Lo farò **io.**	*I* will do it.
Lo dice **lui.**	*He* says it.
L'ha mandato **Carlo.**	*Charles* sent it.

III. SPECIAL USE OF THE CONJUNCTIVE PRONOUN

When, for emphasis, a noun object is placed before the verb the conjunctive pronoun which corresponds to the direct object is also expressed right after the noun object, and the subject follows the verb. In a negative sentence, **non** comes before the object.

Il telegramma lo manderà Maria.	Mary will send *the telegram.*
La carta da lęttere la compro io.	I am buying *the stationery.*
La carta da lęttere non la compro io.	I am *not* buying *the stationery.*

IV. PAST ABSOLUTE AND FUTURE: **VEDERE**

vedere, *to see*

PAST ABSOLUTE

Vidi il telegramma. *I saw the telegram.*

vidi	I saw, etc.
vedesti	
vide	
vedemmo	
vedeste	
vịdero	

FUTURE

Lo vedrò all'università. *I'll see him at the university.*

vedrò	I shall see, etc.
vedrai	
vedrà	
vedremo	
vedrete	
vedranno	

Esercizi

A. PLURALE IRREGOLARE DI SOSTANTIVI E AGGETTIVI (Irregular plural of nouns and adjectives).

Mettete le frasi seguenti al plurale.

a. 1. Il bagaglio è vicino alla porta. 2. Quell'artista è violinista. 3. Non conosce nostro zio. 4. Ho bisogno di un tassí. 5. Quella signorina è una brava pianista. 6. Il caffè di Piazza San Marco è nuovo. 7. Ieri ho veduto il mio vecchio amico. 8. Stasera vedrò quel simpatico artista. 9. Quel violinista e quella pianista sono amici. 10. L'orario degli arrivi e delle partenze.

b. 1. Il facchino scriveva su questo foglio. 2. Il nome dell'artista è scritto sul programma. 3. Quella città è molto vecchia. 4. È partita con l'autobus verde? 5. Il telegramma sarà già arrivato. 6. Il mio amico non voleva vedere l'ultimo documentario. 7. L'artista italiana era simpatica. 8. Hai mai veduto quel vecchio ponte? 9. In questo caffè ci sono molti artisti. 10. Tuo cugino preferisce lo studio letterario.

B. IL PASSATO REMOTO E IL FUTURO DI **vedere** (Past absolute and future of *vedere*).

a. Sostituite il passato remoto al presente indicativo del verbo **vedere**.
1. Non *vedo* il programma. 2. Gli artisti *vedono* il vecchio ponte. 3. La gente *vede* il treno. 4. Non *vediamo* i nostri bagagli. 5. *Vedete* dei tassí dappertutto. 6. *Vedi* quanta gente?

b. Nelle frasi della parte **B**(a) *sostituite il futuro al presente indicativo del verbo* **vedere**.

C. COSTRUZIONE IDIOMATICA (Idiomatic construction. Sections II and III of grammar).

Cambiate le frasi seguenti secondo l'esempio.

ESEMPIO: Io lo chiamerò. — Lo chiamerò io.

1. Stasera lei lo leggerà. 2. Voi venderete i programmi. 3. Giorgio portava la valigia. 4. Noi lo abbiamo fatto. 5. Tu pagherai il tassí. 6. Le signore riceveranno i fiori. 7. Io chiamai il facchino. 8. L'artista leggeva il romanzo.

D. *Traducete le frasi seguenti:*

1. And so Joan has returned from her long trip. 2. The day before her departure from Paris, she sent a telegram to John in Florence. 3. John wanted to go to the station to meet Joan with Miss Renoir, but Jacqueline was in Siena with her friend Enzo. 4. Joan arrived on Sunday in the afternoon. 5. On Sunday John got up late; he ate at noon, and then, since (**dato che**) he did not have any plans until four o'clock, he went to Piazza della Repubblica. 6. There were many people everywhere, but he found a table at one of the cafes, and he sat down. 7. At three-thirty he called the waiter, paid the check, and went to the station. 8. The train was on schedule. In fact it arrived at four. 9. Joan saw many cities, however she wishes to return to Venice, to Milan, and to Paris. 10. Joan did not have much baggage; she had only one suitcase. 11. They did not go to Joan's boarding house on foot because it was far from the station. 12. John called one of the taxis which were in front of the station. 13. This evening many friends will go to see Joan. When they see her, they will say (*to say*, **dire**), "Welcome back!" 14. Tomorrow Joan and John will have lunch with some artists whom Joan met (*use* **conoscere**) on the train (**in treno**). 15. Joan says that they will have a good time because those artists are very charming.

Da imparare a memoria

Ben tornata, signorina, quando è arrivata?
Il treno era in orario, siamo arrivati alle due.
Prima di colazione ho telefonato a Olga.

Conversazione

Rispondete alle domande seguenti:

1. Che cosa ha ricevuto Giovanni? 2. Da dove ha mandato un telegramma Joan? 3. Come viaggia da Parigi a Firenze

Joan? 4. Arriva la mattina dopo la partenza Joan? 5. C'è
uno studente in questa classe che ha fatto il viaggio da Parigi a
Milano? 6. C'è una stazione in questa città? 7. La valigia di
Joan chi la porta? 8. Come vanno alla pensione di Joan?
9. Chi ha conosciuto in treno Joan? 10. Che giorno è oggi?

IL DUOMO DI SIENA

BEN TORNATA!

UNA CORSA A PISA

GIOVANNI: Allora, siamo pronti? Voi, andate avanti, e noi vi seguiremo.

ENZO: Lei, Joan, è pronta?

JOAN: Sí, sono pronta ma . . .

GIOVANNI: (*sorride*) Ha paura di viaggiare in Vespa.   5

JOAN: Macché paura; ho sonno. Sono andata a letto tardi ieri sera.

JACQUELINE: Dormirai stasera; ora, andiamo!

I quattro giovani sono in Piazza della Repubblica e stanno per partire per Pisa. Joan e Giovanni vanno con la Vespa di Giovanni, e Jacqueline e Enzo con 10 *la Lambretta di Enzo. Sono le nove di una chiara mattina di ottobre. Poco dopo partono, e in pochi minuti corrono velocemente sull'autostrada che da Firenze va a Migliarino. Là prenderanno la strada per Pisa.*

JOAN: Per piacere! Vada piano!

GIOVANNI: Non abbia paura.   15

JOAN: Le ho già detto che non ho paura della Sua Lambretta.

GIOVANNI: La mia è una Vespa; quella di Enzo è una Lambretta.

JOAN: Vespa, Lambretta . . . per me sono lo stesso; non mi sembrano molto sicure. Aveva ragione Jacqueline; perché 20 non siamo andati col treno?

In due ore arrivano a Migliarino. Jacqueline e Enzo sono già arrivati.

JACQUELINE: Finalmente! Hai ancora sonno Joan?

BASIC ITALIAN

LA TORRE PENDENTE

JOAN: Dopo la corsa in Vespa sono sveglia, ma ho sete.
JACQUELINE: Prendi una delle aranciate che abbiamo portate.
JOAN: Sí, volentieri. E tu hai fame?
JACQUELINE: No. Nessuno ha fame.
5 ENZO: Mangeremo a Pisa.
GIOVANNI: Avevo ragione io che . . .
JOAN: Va bene, "Signor Avevo Ragione Io"; venga qui e mi
faccia un favore.
GIOVANNI: Sono ai Suoi ordini, "Signorina Non Ho Paura."

10 *Tutti ridono.*

IL PALIO DI SIENA

BASIC ITALIAN

JOAN: Non faccia il pagliaccio. Ci parli un po' di Pisa, invece.

GIOVANNI: Pisa è una città molto simpatica. Tutte le case sono pendenti come la Torre . . .

JOAN: La ho già detto: non faccia il pagliaccio.

5 GIOVANNI: Ha ragione! Ma perché non partiamo?

JACQUELINE: È vero; è inutile perdere tempo. Saremo a Pisa in mezz'ora.

E dopo pochi minuti i quattro giovani sono in viaggio verso Pisa.

Vocabulary

NOUNS

l'**aranciata** orangeade

l'**autostrada** freeway, highway

la **corsa** race, fast trip

il **favore** favor

il **giovane** youth, young man; **i quattro giovani** the four young people

    Lambretta *a well-known Italian motor scooter*

il **letto** bed

Migliarino *f. a town near Pisa*

l'**ottobre** *m.* October

    Pisa *a city in Tuscany*

    Vespa *a popular Italian motor scooter*

    Viareggio *f. a city and seaside resort on the Tyrrhenian Sea*

ADJECTIVES

chiaro clear

inutile useless

pendente leaning

sicuro safe

sveglio awake

VERBS

correre to speed

gridare to shout, scream

perdere to lose; to waste (*time*)

ridere to laugh

OTHERS

di nuovo again

ieri sera last night

piano slowly

piú forte louder

velocemente rapidly, fast

verso toward

IDIOMS

andare avanti to go ahead

avere fame to be hungry

avere paura to be afraid

avere ragione to be right

avere sete to be thirsty

avere sonno to be sleepy

essere in viaggio to be traveling, be on one's way

fare il pagliaccio to clown, be a clown

in treno (automobile, in Vespa, *etc.*) by (on) train (automobile, Vespa, etc.)

macché! nonsense! **macché paura!** nonsense, I'm not afraid!

per piacere please

stare per to be about to

IL PALIO DI SIENA

Grammạtica

I. THE IMPERATIVE

FIRST CONJUGATION: **parlare,** *to speak*

(tu) **Parla ad alta voce!** *Speak up (aloud)!*

(tu)	**parl-a**	speak
(Lei)	**parl-i**	speak
(noi)	**parl-iamo**	let us speak
(voi)	**parl-ate**	speak
(Loro)	**pạrl-ino**	speak

SECOND CONJUGATION: **ripętere,** *to repeat*

(tu) **Ripeti questa parola!** *Repeat this word!*

(tu)	**ripet-i**	repeat
(Lei)	**ripet-a**	repeat
(noi)	**ripet-iamo**	let us repeat
(voi)	**ripet-ete**	repeat
(Loro)	**ripęt-ano**	repeat

THIRD CONJUGATION: **dormire,** *to sleep;* **capire,** *to understand*

(tu) **Dormi in questo letto!** *Sleep in this bed!*

(tu)	**dorm-i**	sleep
(Lei)	**dorm-a**	sleep
(noi)	**dorm-iamo**	let us sleep
(voi)	**dorm-ite**	sleep
(Loro)	**dọrm-ano**	sleep

(tu) **Capisci, è un ọrdine!** *Understand, it's an order!*

(tu)	**cap-isci**	understand
(Lei)	**cap-isca**	understand
(noi)	**cap-iamo**	let us understand
(voi)	**cap-ite**	understand
(Loro)	**cap-ịscano**	understand

The imperative is used in direct commands and its usage in Italian is much the same as in English. Subject pronouns are not used with the imperative. Note that in the second and third conjugations the forms for **tu, noi,** and **voi** are the same as for the present indicative. In the first conjugation, the forms for **noi** and **voi** only are the same as for the present indicative forms.

II. THE IMPERATIVE: **AVERE, ẸSSERE**

avere, *to have*

(tu) **Abbi pazienza!** *Have patience! Be patient!*

(tu)	**abbi**	have
(Lei)	**ạbbia**	have
(noi)	**abbiamo**	let us have
(voi)	**abbiate**	have
(Loro)	**ạbbiano**	have

ẹssere, *to be*

(tu) **Sii buono!** *Be good!*

(tu)	sii	be
(Lei)	sia	be
(noi)	siamo	let us be
(voi)	siate	be
(Loro)	sịano	be

III. THE NEGATIVE IMPERATIVE

The negative imperative of the familiar singular (**tu**) is an infinitive.

(tu)	**Non parlare.**	Do not speak.
(tu)	**Non lẹggere.**	Do not read.
	BUT	
(Lei)	**Non scriva.**	Do not write.
(voi)	**Non aprite.**	Do not open.
(Loro)	**Non rispọndano.**	Do not answer.

IV. SOME IRREGULAR IMPERATIVES

fare	**venire**

(tu) **Fa' presto!** *Hurry up!* (Lit. *Do quickly!*)   (tu) **Vieni sụbito!** *Come at once!*

(tu)	fa'	do	(tu)	vieni	come
(Lei)	fạccia	do	(Lei)	venga	come
(noi)	facciamo	let us do	(noi)	veniamo	let us come
(voi)	fate	do	(voi)	venite	come
(Loro)	fạcciano	do	(Loro)	vẹngano	come

andare

(tu) **Va' a casa!** *Go home!*

(tu)	va'	go
(Lei)	vada	go
(noi)	andiamo	let us go
(voi)	andate	go
(Loro)	vạdano	go

Esercizi

A. *Studiate le forme dell'imperativo* (the imperative). *Ripetete gli esempi seguenti cambiando le parole indicate.*

  a. *Abbi* pazienza!
    1. (noi)   2. (Lei)   3. (voi)   4. (Loro)
  b. *Andiamo* avanti!
    1. (Loro)   2. (voi)   3. (tu)   4. (Lei)
  c. Non *fate* i pagliacci!
    1. (Lei)   2. (tu)   3. (noi)   4. (Loro)
  d. *Vęngano* presto!
    1. (voi)   2. (noi)   3. (tu)   4. (Lei)
  e. *Siate* in orạrio!
    1. (Loro)   2. (Lei)   3. (tu)   4. (noi)

B. L'IMPERATIVO.
Ripetete gli esempi cambiando le parole indicate.

  a. Carlo, *prendi* il telegramma!
    1. mandare 2. lęggere 3. finire 4. scrịvere 5. aprire
  b. Cari giọvani, non *telefonate* è inụtile!
    1. rịdere 2. chiamare 3. ringraziare 3 pulire 5. partire
  c. Signori, *pạrlino* piú forte!
    1. cantare 2. spiegare 3. bussare 4. rispọndere 5. ringraziare
  d. Amici, *partiamo* stasera!
    1. venire 2. finire 3. andare 4. arrivare 5. passare
  e. Signorina, per favore, *scriva* a Suo zio!
    1. telefonare 2. sorrịdere 3. spiegare 4. insegnare
    5. aprire

C. *Sostituite all'infinito del verbo la forma corretta dell'imperativo.*

  1. Per favore, Carlo, *lęggere* questo libro! 2. Signore, mi *fare* un favore, non *parlare* con lui! 3. È tardi; per favore, ragazzi, *andare* a letto! 4. Signorina Bianchi, non *parlare* ad alta voce! 5. Ragazzo, non *chiamare* l'impiegato! 6. Bambine, *lęggere* piú forte quando vi ascolto. 7. Giovanni, non *venire* a casa tardi.

8. Abbiamo ancora tempo, *mandare* un telegramma a Giovanni!
9. Signor Verdi, l'ascolterò ma non *gridare!* 10. Signori viaggiatori, *aspettare* nella sala d'aspetto fino alle quattro!

D. *Usando la frase italiana come modello, traducete le frasi inglesi.*

1. La strada da Pisa a Firenze è breve.	The highway from Rome to Venice is long.
2. Sono svęglie, ma hanno ancora sonno.	I am awake but I am still sleepy.
3. Stavate per rįdere mentre loro riposavano.	I was about to laugh while he was resting.
4. Abbiamo ragione; la torre pendente è a Pisa.	You are right; the leaning tower is in Pisa.
5. I giorni sęmbrano lunghi.	The trip seems short.
6. L'altra sera sono andati a letto tardi.	Last night they went to bed early.
7. Fa sempre il pagliaccio.	They are always clowning.
8. Che bell' autostrada!	What beautiful surprises!
9. Se andate avanti vi seguirà.	If you (Lei) go ahead, they will follow you.
10. La Vespa correva velocemente verso Migliarino.	The trains were traveling fast toward Migliarino.

E. *Traducete le frasi seguenti:*

1. Are you afraid to (**di**) go to Pisa on a Lambretta? 2. No, I am not afraid but it does not seem very safe to me. 3. Don't be afraid; we shall take the highway, and we shall be in Pisa in two hours. 4. Is Enzo coming with us? 5. No, he went to bed late last night, and he is sleepy this morning. 6. Too bad! It is a clear morning, isn't it? 7. Yes! Let us go now, it is already nine o'clock. 8. Why don't we go on the (**in**) train? 9. I was right; you are afraid. 10. What did you say? Please speak slowly! 11. Come here, please! I said that you are afraid. 12. It's not true. But first, let us eat something. 13. No, let us eat at Viareggio. I know a restaurant there. 14. Please be good, I am hungry and I am thirsty now. 15. All right; there is a coffee-shop in that square; come with me!

Da imparare a memọria

Non ho fatto colazione ed ora ho fame.
Non ạbbia paura! La strada è buona.
Nessuno può avere ragione sempre.
Se avete sete bevete qualcosa.
Vado a letto presto perché ho sọnno.
I miei amici sono in viạggio per l'Amẹrica.
Mio zio viạggia sempre in treno.

Conversazione

Rispondete alle domande seguenti:

1. Come vanno a Migliarino i nostrị amici, in treno? 2. Lei
ha mai veduto uno scooter italiano? 3. Perché ha sonno Joan?
4. Lei a che ora va a letto? 5. Va piano Giovanni sull'autostrada? 6. Arrịvano tutti insieme a Migliarino? 7. Che cosa
fanno quelli che arrịvano prima? 8. Lei quando ha sete che
cosa prende? 9. Quando mạngia Lei? 10. È vero che a Pisa
tutte le case sono pendenti?

LA SIBILLA CUMANA

RIPETIZIONE 5

I. *Rispondete alle seguenti domande:*

1. Quando Lei ha bisogno di carta da lettere dove va? 2. Lei ricorda qualche autore classico italiano? 3. Quali sono i giorni della settimana? 4. Che ore sono ora? 5. Quale giorno della settimana preferisce Lei? Perché? 6. Dove troviamo gli arrivi e le partenze dei treni? 7. Quando abbiamo bisogno di un facchino? 8. C'è solamente un'università in questa città? 9. Lei va mai a letto tardi? 10. Quando Lei va a letto tardi, ha sonno il giorno dopo?

II. *Mettete al plurale le frasi seguenti:*

1. Questo lenzuolo è molto bianco. 2. Preferisco leggere un autore classico. 3. Ho comprato una scatola di carta da lettere. 4. Questo è un nuovo cinema. 5. Non conosco quella persona. 6. Quell'artista americana è molto famosa. 7. Per andare alla stazione abbiamo bisogno di un tassí. 8. Questa non è la mia valigia, la mia valigia è quella. 9. Non hanno veduto l'ultimo documentario. 10. Ho fotografato la torre pendente. 11. Ho letto un libro interessante sul re d'Italia. 12. Quel violinista ha suonato alla Scala. 13. Le poesie di questo poeta classico sono molto difficili. 14. Ho comprato questo catalogo in quella cartoleria.

III. *Ripetete la frase facendo i cambiamenti indicati.*

Se Giovanni non può telefonare, *telefonerò io.*
    1. tu 2. Lei 3. Maria 4. noi 5. lei 6. voi 7. loro

IV. *Ripetete la frase facendo i cambiamenti indicati.*

Questa è la *seconda* volta che mi parla.

(1) 1ᵃ (2) 8ᵃ (3) 3ᵃ (4) 4ᵃ (5) 10ᵃ (6) 7ᵃ (7) 5ᵃ

V. *Ripetete la frase facendo i cambiamenti indicati.*

Maria mi telẹfona sempre *il martedí.*

1. on Sundays 2. on Saturdays 3. on Wednesdays 4. on Fridays.

VI. *Traducete in italiano:*

1. We shall pay the waiter. 2. They will eat at six o'clock. 3. They recognized me (*present prefect*) at once. 4. (**tu**) You are eating little. 5. I shall see them tomorrow. 6. They will see me tomorrow. 7. She saw (*past absolute*) him yesterday. 8. We saw her two days ago.

VII. *Ripetete facendo i cambiamenti indicati.*

a. Parla di me, non di *noi.*
   1. tu 2. lui 3. voi 4. lei 5. Loro
b. Lo fanno per *voi.*
   1. io 2. tu 3. loro 4. egli 5. ella

VIII. *Dite a qualcuno* (someone) *in italiano*

   Esẹmpio: di lẹggere un libro.
       (*Lei*) Legga questo libro.

1. (*Lei*) di ẹssere pronto alle due. 2. (*tu*) di ẹssere pronto alle due. 3. (*voi*) di aprire il telegramma. 4. (*tu*) di aprire il telegramma. 5. (*Lei*) di fare questa lezione. 6. (*tu*) di fare attenzione. 7. (*voi*) di avere pazienza. 8. (*Lei*) di non fare il pagliạccio. 9. (*tu*) di venire a colazione. 10. (*Loro*) di parlare adạgio. 11. (*Loro*) di andare avanti. 12. (tu) di ẹssere buono.

IX. *Sostituite all'infinito del verbo la forma corretta dell'imperativo.*

1. (*Lei*) *Finire* questa lẹttera prima delle sei! 2. (*tu*) *Mandare* un telegramma, non *mandare* una lẹttera! 3. (*Loro*) Mi *fare* il favore di rispọndere. 4. (*tu*) *Ẹssere* buono; *andare* in una cartoleria e *comprare* della carta per me! 5. (*Lei*) Non *pẹrdere* quẹl libro, non è mio! 6. (*noi*) Non *gridare*, *parlare* piano! 7. (*tu*) *Riposare* un po' prima di mangiare! 8. (*noi*) Non *dimenti-care* di ringraziare il professore! 9. (*voi*) *Ripẹtere* le parole nuove! 10. (*Loro*) *Prẹndere* un quaderno e *scrịvere* queste frasi!

X. *Sostituite all'infinito del verbo la forma corretta del verbo.*

1. Lunedí prọssimo noi *incominciare* la nuova lezione. 2. Domani sera Giovanni *mangiare* a casa nostra. 3. L'ho veduta ieri ma non la *riconọscere*. 4. Quando il cameriere porterà il conto noi lo *pagare*. 5. Partiranno domani mattina e li *vedere* domani sera.

XI. *Traducete in italiano:*

1. I want a box of light stationery for air mail. 2. There were about fifteen people in the bookstore. 3. She does not remember how much she owes me. 4. My friend Louise bought this novel for me. 5. On Sundays they get up late. 6. Let us go to bed! I am sleepy. 7. We shall see what they want to do. 8. When I am not at home, do not open (*tu*) the door. 9. (*Lei*) Come with me! Let us go to the movie! 10. Let us go to a restaurant! I am hungry and I am thirsty.

21

LA VIGILIA DI NATALE

È la vigilia di Natale, e le vie di Firenze sono affollate come le vie di tutte le altre città d'Italia. Ma anche se le vie, i tram e i filobus sono pieni di gente, non sono così affollati come i negozi, specialmente le pasticcerie. Anche le chiese sono piene di persone che vanno da una chiesa all'altra per visitare i presepi. Per
5 *festeggiare il Natale, tutte le chiese hanno un presepio che rappresenta la nascita di Gesú in una grotta con i Re Magi, gli angeli, eccetera. Fra le persone che vanno in giro per la città, ci sono anche Joan e Jacqueline. Le troviamo davanti alla vetrina di una grande pasticceria dove guardano i dolci.*

JACQUELINE: Com'è bello quel panettone! Hai mai assaggiato
10   il panettone, Joan?

JOAN: Sí, ma di tutti i dolci italiani di Natale preferisco il torrone. Il panettone mi sembra piú bello che buono. E tu?

JACQUELINE: Io preferisco il panforte; trovo che il panforte è piú buono del torrone.

15 JOAN: Sono buoni tutti e due. Perché non entriamo in questa pasticceria e non compriamo dei dolci?

JACQUELINE: No, andiamo in un'altra qui vicino. Conosco una delle impiegate.

JOAN: Benissimo. E poi andiamo a vedere il presepio di Santa
20   Maria Novella, vuoi?

JACQUELINE: Certamente. Ecco l'altra pasticceria.

IMPIEGATA: Buon giorno; buon giorno, signorina Renoir. Ha veduto quanta gente?

LA VERGINE E IL DIVIN FIGLIO (*Fra Filippo Lippi*)

JACQUELINE: Sí, sí dappertutto è lo stesso. Senta, ci dia due
    torroni e un panforte grande.

JOAN: Perché non un torrone solamente e un panforte piccolo?

JACQUELINE: Perché domani vengono gli amici, e un torrone e
    un panforte piccolo non bastano.   5

IMPIEGATA: Vogliono un panforte come questo?

JACQUELINE: No, un po' piú grande; grande come quello che
    ho veduto nella vetrina.

JOAN: No, Jacqueline; questo basta per quattro persone; è piú
    grande di quel che credi.   10

JACQUELINE: Va bene, allora. E ora ci dia due torroni, per
    favore.

186

IMPIEGATA: Abbiamo un nuovo torrone che è squisito. Ecco, l'assaggino!

JOAN: Assaggialo anche tu, Jacqueline; è squisito. Va bene, signorina; metta i due torroni con il panforte, e faccia il conto.

5   *Le due amiche pagano ed escono.*

JOAN: Da' i dolci a me, li porto io.

JACQUELINE: No, i dolci li porto io. Domani li mangeremo insieme, ma ora li porto io.

JOAN: Fa' come vuoi! Ma fammi un favore: cammina più
10   piano, sono stanca.

JACQUELINE: Senti; quando vedi Giovanni, non gli dire nulla. Non gli dire che abbiamo comprato i dolci. Domani gli facciamo una sorpresa; va bene?

Vocabulary

NOUNS

l'angelo angel
il dolce sweet, dessert
Gesú Jesus
la grotta grotto, cave
la nascita birth
il Natale Christmas
il panettone *an Italian cake, somewhat like sweet raisin bread*
il panforte *a kind of hard fruit cake, usually eaten in Italy at Christmas time*
la pasticceria pastry shop, sweet shop
il presepio manger, Nativity Scene
i Re Magi the Magi, the Three Wise Men
il torrone *an Italian nougat candy*
la vetrina display window
la vigilia eve

ADJECTIVES

affollato crowded
pieno (di) full (of), filled (with)

VERBS

festeggiare to celebrate
guardare to look, look at (*English "at" is contained in the Italian verb.*)
rappresentare†† to represent
sentire†† to listen

OTHERS

eccetera (*abbreviated* ecc.) and so on, etc.

IDIOMS

andare in giro (per) to go around
fare il conto to add up the total
fare una sorpresa (a) to surprise
tutti e due both

Grammạtica

I. MORE IRREGULAR IMPERATIVES

<table>
<tr><td colspan="3">dare</td><td colspan="3">stare</td></tr>
<tr><td colspan="3">(tu) Da' questo libro a Maria!
Give this book to Mary!</td><td colspan="3">(tu) Sta' a Firenze un'altra settimana!
Stay in Florence another week!</td></tr>
</table>

(tu)	**da'**	give	(tu)	**sta'**	stay
(Lei)	**dia**	give	(Lei)	**stia**	stay
(noi	**diamo**	let's give	(noi)	**stiamo**	let's stay
(voi)	**date**	give	(voi)	**state**	stay
(Loro)	**dịano**	give	(Loro)	**stịano**	stay

dire

(tu) **Di' a Carlo che arriverò domẹnica!**
Tell Charles I'll arrive next Sunday!

(tu)	**di'**	tell, say
(Lei)	**dica**	tell, say
(noi)	**diciamo**	let's tell, say
(voi)	**dite**	tell, say
(Loro)	**dịcano**	tell, say

II. CONJUNCTIVE PRONOUNS AND THE IMPERATIVE

(1) The conjunctive pronouns, we have learned, almost always precede an inflected verb. But they precede or follow the imperative forms as will be explained below.

(a) They precede all forms of the negative imperative, and the affirmative forms of **Lei** and **Loro**. (b) They follow the affirmative of **tu, noi, voi** and are directly attached to the verb. (**Loro** is the only exception and is not attached to the verb.)

Non ci alziamo, è troppo presto.	*Let us not get up*, it is too early.
Ecco il mio libro; **lo legga.** (**non lo legga.**)	Here is my book; *read it.* (*do not read it.*)

Ecco il mio libro, Giovanni; **lęggilo. (non lo lęggere.)**	Here is my book John; *read it.* (*do not read it.*)
Alziạmoci; è tardi.	*Let us get up;* it is late.
Sono a Roma; **scrivete loro.**	They are in Rome; *write to them.*

(2) In combining with a monosyllabic imperative (**da', fa', sta', di', va'**), the initial consonant of the conjunctive pronoun is doubled (**gli** being the only exception).

Ecco il mio libro; **dallo** a Maria!	Here is my book; *give it* to Mary.
Fammi questo favore!	*Do me* this favor.
BUT	
Quando vedi Giovanni, **dagli** questo libro!	When you see John, *give him* this book!

III.   COMPARISON OF ADJECTIVES

(1)   Comparison of Equality. The English *as* (*so*) . . . *as* is translated by **cosí . . . come** (also: by **tanto . . . quanto**). It should be noted, however, that the first part of the comparison is often omitted.

Questa chiesa è (**cosí**) **vęcchia come** quella.	This church is *as old as* that one.
Stụdio (**tanto**) **quanto** lui.	I study *as much as* he.

NOTE: The form **tanto . . . quanto** usually implies *as much . . . as.*

(2)   Comparison of inequality: *more* (or *less*) . . . *than*. *More* is translated by **piú;** *less* by **meno**. *Than* is translated as follows:

(a)   In general, by **di.**

È piú bella **di** sua sorella.	She is more beautiful *than* her sister.
A Firenze ci sono piú **di** tre musei.	There are more *than* three museums in Florence.

(b) By **che** when the two items which are compared (two nouns, two adjectives, or two adverbs) are both related to the same verb.

| A Venẹzia ci sono piú ponti **che** canali. | In Venice there are more bridges *than* canals. |
| È piú ricca **che** bella. | She is more rich *than* beautiful. |

(c) By **di quẹl che** before a conjugated verb, namely when *than* introduces a clause.

| È piú vicino **di quẹl che** sembra. | It is nearer *than it seems*. |
| È piú alta **di quẹl che** credevo. | She is taller *than I thought*. |

CANTORIA (*Luca della Robbia*)

Esercizi

A. *Studiate le forme dell'imperativo di* **dare, stare, dire,** *e la posizione dei pronomi congiuntivi con l'imperativo.*

(**1**) *Ripetete facendo i cambiamenti indicati.*

    a. [Lei] *Dia* il torrone a me, non lo *dia* a Maria.
        1. Loro 2. voi 3. noi 4. tu

    b. [Tu] *Sta'* qui, non *entrare* nella pasticceria.
        1. voi 2. Lei 3. noi 4. Loro

    c. [Lei] Per favore *mi dica* che ore sono.
        1. tu 2. voi 3. Loro 4. Lei

    d. [Noi] *Vestiamoci,* la colazione è pronta.
        1. Lei 2. tu 3. Loro 4. voi

    e. [Noi] *Facciamogli* una sorpresa.
        1. tu 2. Lei 3. voi 4. Loro

    f. [Loro] *Si riposino* un momento.
        1. tu 2. voi 3. noi 4. Lei

(**2**) *Mettete all'imperativo le frasi seguenti.*

    ESEMPIO: (Lei) Le *dice* che è presto.
                Le dica che è presto.

1. Lei gli dice che non mi ha visto. 2. Tu non gli dici che mi hai visto. 3. Lo compreremo oggi. 4. Non lo compriamo domani. 5. Lo scrivete sulla busta. 6. Loro lo scrivono sulla busta. 7. Gli dici che lo aspetto. 8. Lei le dice che io l'aspetto. 9. Voi vi vestite subito. 10. Lei s'alza alle nove. 11. Lo dici a me, non lo dici a Maria. 12. Lei sta a casa nostra, non sta a casa di Carlo.

B. IL COMPARATIVO (Comparison of Adjectives).

(**1**) *Ripetete gli esempi seguenti facendo i cambiamenti indicati.*

    a. Questo *vino* non è cosí buono come quello.
        1. pane 2. panforte 3. panettone 4. ragazzo 5. caffè
        6. dizionario

    b. Questa *casa* è tanto alta quanto quella.
        1. ragazza 2. torre 3. collina 4. cameriera 5. porta

c. Questa *ragazza* è piú bella di quella.
   1. casa   2. stanza   3. torre   4. biblioteca   5. valigia.
d. Questo *albergo* è piú caro di quello.
   1. romanzo   2. vino   3. tassí   4. negozio
e. Questa *chiesa* è meno vecchia di quella.
   1. signora   2. torre   3. biblioteca   4. università
f. In questa città ci sono piú *chiese* che *case*.
   1. vie . . . piazze   2. torri . . . alberghi   3. automobili . . .
   biciclette
g. Quel ragazzo *studia* piú di quel che credi.
   1. dorme   2. mangia   3. cammina   4. va in giro
   5. viaggia

(2) *Completate le seguenti frasi comparative.*

1. Maria è piú bella . . . Luisa.   2. Le due ragazze hanno piú
amici . . . crediamo.   3. Questa chiesa è piú interessante . . .
quella.   4. In quella pasticceria ci sono piú signori . . . signore.
5. Mario è meno gentile . . . lui.   6. Ci sono meno libri nel suo
studio . . . nel mio.   7. A Venezia ci sono piú . . . quattrocento
ponti.   8. Quella cameriera è piú buona . . . simpatica.   9. Lo
farò non piú tardi . . . domani.   10. Abbiamo fatto meno . . .
trenta lezioni.

C. *Traducete in italiano:*

1. The week before Christmas stores are more crowded in
America than in Italy.   2. Everybody writes cards to his friends.
We all have more friends than we think.   3. In Italy also, people
write cards to their friends.   4. In Italy, at Christmas, people
go to visit the churches where they can see the magnificent
Nativity Scenes.   5. Many Italian families buy a "panettone"
for the Christmas dinner (*dinner*, **pranzo**).   6. Two years ago
two of my friends, John and Joan, were in Rome at Christmas
and wanted to shop together.   7. The streetcars, the shops and
the streets were full of people.   8. They were walking in one of
the important streets, and they were looking at (**in**) the display
windows.   9. "Let us not go into this shop," said Joan; "let us
go to a shop I know. It is larger than this one, and they have more
things."   10. Where is it? Is it on this street?   11. No, it is

near the station. Let us ask (**a**) that lady where we can take a streetcar that goes to the station. 12. Pardon me, madam; please tell us, is there a streetcar here that goes near the station? 13. No, but there is a trackless trolley; it is number (*trans.* "the number") nineteen. 14. Thank you. Look, Joan, here is number nineteen. Let us get on! 15. How many people! This trolley is not as crowded as number twenty-one, but, after all, all trolleys are crowded on (**la**) Christmas week.

Da imparare a memoria

La doménica Luisa spesso va in giro per la città.
Cameriere, mi fa il conto per favore?
Volevamo fare una sorpresa a Maria, ma non era a casa.

Conversazione

Rispondete alle seguenti domande:

1. La vigília di Natale sono affollate solamente le strade?
2. Perché in Itália molte persone vanno da una chiesa all'altra?
3. Che cosa rappresenta il presépio?   4. Lei ha mai veduto un presépio?   5. Perché Joan e Jacqueline éntrano in una pasticceria?   6. Lei conosce qualche dolce italiano?   7. Chi ha comprato dolci italiani in un negózio italiano di questa città?   8. C'è un dolce di Natale quí in América?   9. Con chi mangeranno i dolci che hanno comprato le due signorine?   10. Perché non vógliono dire niente ai loro amici?

22

ALLA POSTA

Manca un quarto alle sei e Joan cammina in fretta verso la posta. La posta chiude alle sei e Joan ha molte lettere che vuole impostare. Entra e mentre aspetta il suo turno allo sportello dove vendono i francobolli, un giovane le dice:—Quante lettere! Lei deve avere molti ammiratori!

JOAN: Enzo! 5

ENZO: Scusi se sono stato impertinente, signorina, ma ha tante lettere!

JOAN: Certo che ne ho tante; sono cartoline di Natale.

ENZO: Ah, ora capisco; ne ha mandata una anche a me?

JOAN: No, a Lei non gliela mando perché gli auguri glieli farò 10 personalmente. Lei non ne manda?

ENZO: No, mi dispiace. È una simpatica usanza, ma io non la seguo.

IMPIEGATO ALLO SPORTELLO: Lei, signorina, desidera . . .

JOAN: Per favore mi dia dei francobolli. 15

IMPIEGATO: Quanti ne vuole?

JOAN: Novantacinque francobolli per posta aerea, e ottanta-quattro per posta regolare.

IMPIEGATO: Scusi, ha detto che ne vuole novantacinque per posta aerea, e ottantaquattro per posta regolare? 20

JOAN: Sí. (*a Enzo*) Anche l'impiegato sembra sorpreso.

ENZO: Già, qui in Italia non mandiamo tante cartoline di Natale.

JOAN: In America invece ogni anno ne mandiamo sempre piú.

BOLOGNA

(*all'impiegato*) Questa lettera la voglio mandare raccomandata.

IMPIEGATO: Benissimo. Ecco i francobolli ed ecco la ricevuta.

JOAN: Grazie. Enzo, sia buono, m'aiuti ad attaccare i francobolli
5   alle buste.

ENZO: Subito; ma prima devo comprare anch'io un francobollo.

Dopo un quarto d'ora Joan e Enzo hanno finito ed escono.

JOAN: Ho dimenticato di comprare un francobollo espresso.

ENZO: Non importa, lo compreremo al Sale e Tabacchi qui
10   vicino.

JOAN: Mi spieghi una cosa, Enzo. Perché chiama Sale e
Tabacchi il negozio dove vendono anche le sigarette?

ENZO: (*ride*) È molto semplice. La vendita del sale e del tabacco è monopolio dello stato in Italia, e cosí il sale e il tabacco li vendono solamente in negozi speciali che chiamiamo Sale e Tabacchi.

Vocabulary

NOUNS

l'**ammiratore** *m*, admirer
l'**espresso** special delivery letter
il **francobollo** stamp; **francobollo espresso** special delivery stamp
il **monopolio** monopoly
la **posta** mail, post office; **posta aerea** air mail
la **ragione** reason
la **ricevuta** receipt
    Sale e Tabacchi salt and tobacco store; **il sale** salt; **il tabacco** tobacco
la **sigaretta** cigarette
lo **stato** state
l'**usanza** custom
la **vendita** sale

ADJECTIVES

impertinente impertinent
raccomandato registered (*of mail*)
regolare regular
sorpreso surprised
speciale special

VERBS

aiutare (a) to help
attaccare to attach, to put
chiudere to close (*p.p.* **chiuso**)
impostare†† to mail
pensare†† (**di**) to think; **pensare a** to think of (*a person or thing*)
salutare to greet; **salutarsi** to greet one another

OTHERS

già of course
personalmente personally

IDIOMS

certo che to be sure
da ora in poi from now on
fare gli auguri to offer one's best wishes
in fretta in a hurry, hastily
per favore please
prego you are welcome
sempre piú more and more

PIAZZA DEGLI UFFIZI

Grammatica

I. THE CONJUNCTIVE PRONOUN NE

(1) The pronoun **ne** is used when referring back to a noun modified by the preposition **di** plus an article, or by the preposition **di** alone. Its meaning, therefore, is *of it, of him, of her, of them, some of it, some of them, any, a few, etc.*, according to the meaning of the antecedent.

Vuole **del pane.**	He wants *some bread.*
Ne vuole.	He wants *some of it.*
Vuole **del vino?**	Do you want *some wine?*
No, non **ne** voglio.	No, I do not want *any.*
Parliamo **di Giorgio.**	We are speaking *of George.*
Ne parliamo.	We are speaking *of him.*
Ha parlato **del viaggio.**	He has spoken *of the trip.*
Ne ha parlato.	He has spoken *of it.*

(2)   In English *of it, of them*, etc., is often not expressed. The Italian equivalent **ne** MUST ALWAYS BE EXPRESSED.

Ne ho sei.	I have six (*of them*).
Quanto **ne** vuole?	How much do you want (*of it*)?
Ne compriamo molti.	We buy many (*of them*).

(3)   The position of **ne** in the sentence is the same as that of any other conjunctive pronoun. When **ne** is used with a compound tense in place of a direct object, the past participle agrees with it in number and gender.

Parla**ne** a Giovanni.	Speak *of it* to John.
Ne ho visti molti.	I have seen many (*of them—* books).
Ne ho assaggiata una.	I have tasted one (*of them—* cakes).

II.   DOUBLE OBJECT OF VERBS

When a verb has two objects, contrary to English usage, the indirect object comes before the direct, and both precede or follow the verb according to the rules given for a single object pronoun. (See Lessons 6, 13 and 21.) Note, however, that the indirect object pronouns:

(a) mi, ti, si, ci, vi, when followed by the direct object pronouns **lo, la, li, le, ne,** change the final **-i** to **-e** and become respectively **me, te, se, ce, ve.**

Ci danno un libro.	They give *us* a book.
Ce lo danno.	They give *it to us.*
Mi parla.	He speaks *to me.*
Me ne parla.	He speaks *of it to me.*
Vi legge la lettera.	He reads *you* the letter.
Ve la legge.	He reads *it to you.*
Non **c'è** pane.	*There is* no bread.
Non **ce n'è**.	*There isn't any.*
Ci sono molti libri.	*There* are many books.
Ce ne sono molti.	There are many (of them).

(*voi*) Leggeteci la lettera.	Read the letter *to us*.
(*voi*) Leggetecela.	Read *it to us*.

Comprami un orario.	Buy *me* a timetable.
Compramelo.	Buy *it for me*.

(**b**) **gli, le,** when followed by the direct object pronouns **lo, la, li, le, ne,** become **glie** and combine with the following pronoun: **glielo, gliela, glieli, gliele, gliene.**

Gli parlo **dell'Italia.**	I speak *to him of Italy*.
Gliene parlo.	I speak *of it to him*.

Le scrivo **queste lettere.**	I write *her these letters*.
Gliele scrivo.	I write *them to her*.

(*Lei*) Spieghi la lezione **a Giovanni.**	
(*tu*) Spiega la lezione **a Giovanni.**	Explain the lesson *to John*.

(*Lei*) **Gliela** spieghi.	
(*tu*) Spiega**gliela.**	Explain *it to him*.

(**c**) **Loro** (*to you, to them*) always follows the verb.

Ne parlo **loro.**	I speak *of it to them*.
Ne parlo **Loro.**	I speak *of it to you*.

(*tu*) Da' **la lettera ai tuoi amici.**	Give *the letter to your friends*.
(*tu*) Da**lla loro.**	Give *it to them*.

Esercizi

A. *Studiate l'uso del pronome congiuntivo* **ne** (the conjunctive pronoun **ne**).

(**1**) *Ripetete le frasi seguenti sostituendo le parole indicate, e sostituendo poi ai sostantivi il pronome* **ne.**

ESEMPIO: Ho comprato *del pane*.
Ne ho comprato.

1. della carta 2. del vino 3. dei libri 4. del caffè
5. dei francobolli 6. delle sigarette

(2) *Ripetete sostituendo **ne** alle parole in corsivo* (in italics).

1. Maria ha *dei fratelli*.   2. Non abbiamo *sigarette americane*.
3. Ha Lei *dei cugini*?   4. Quanti *soldi* aveva Lei?   5. Desidera *alcuni libri*.   6. Impareremo tre *di queste poesie*.   7. Ha parlato *di Giovanni*?   8. Scriviamo quattro *lettere!*
9. Quanto *pane* vuole?   10. Abbiamo comprato venti *francobolli*?

B. *Studiate la forma e la posizione dei pronomi oggetti e di termine* (Direct and indirect object pronouns).

(1) *Ripetete le frasi seguenti sostituendo le parole indicate, e sostituendo poi ai sostantivi i pronomi corrispondenti.*

ESEMPIO: Maria mi ha dato *il francobollo*.
Maria me l'ha dato.

a. Carlo mi ha mandato *un pacco*.
1. i soldi   2. la carta   3. il torrone   4. i bagagli
b. Ti abbiamo comprato *un libro*.
1. una cravatta   2. un abito   3. le sigarette   4. i francobolli
c. Gli ho mandato *il giornale*.
1. la lettera   2. le camicie   3. il pacco   4. i fiori
d. Le ordineranno *una rivista*.
1. un giornale   2. un caffè   3. un'aspirina   4. un'aranciata
e. Avete mandato loro *una lettera*.
1. un telegramma   2. un espresso   3. una rivista   4. i giornali

(2) *Ripetete la frase facendo i cambiamenti indicati.*

ESEMPIO: *Mi* parlava *di Carlo*.
Me ne parlava.

1. *Ti* parlava *di Carlo*.   2. *Gli* parlava *di suo padre*.   3. *Ci* parlava *dell'Italia*.   4. *Le* parlava *della scuola*.   5. *Vi* parlava *di Enzo*.   6. Parlava *loro della sua famiglia*.   7. Non c'erano *francobolli*.   8. *Vi* vendeva *le sigarette*.

C. *Sostituite i pronomi ai complementi oggetti e di termine.*

ESEMPIO: L'impiegato *mi* ha dato tre *ricevute.*
L'impiegato me ne ha date tre.

1. Ho fatto gli auguri a lui.   2. Ci sono sempre piú vendite.
3. Mio padre mi manderà una lettera raccomandata.   4. Non
vendere i francobolli a Enzo!   5. Mi parli di Giorgio.   6. Ha
spiegato le ragioni a Luisa.   7. Ci scriva una lettera.   8. Le
parli del viaggio.   9. Non dimenticare, manda un telegramma a
Giovanni.

D. *Traducete in italiano:*

1. In Italy they do not send many Christmas cards, but in
America we send many.   2. It is a nice custom but we do not
follow it.   3. Enzo went to the post office this morning.   4.
There was an American lady who was buying stamps.   5. Did
she buy many (of them)?   6. Yes, she bought eighty or ninety;
special delivery stamps, regular mail stamps and air mail
stamps.   7. What did the clerk say?   8. He seemed surprised,
but he sold them to her.   9. Was he impertinent?   10. Oh, no!
He helped her to put the stamps on the envelopes.   11. Now I
am surprised; he must be a special clerk.   12. Well, she was a
very beautiful lady!   13. Now I understand!—Well, I must go
to the tobacco store; I need some cigarettes.   14. I have some;
they are American, my sister sent them to me.   15. But you
have only three. However, if you wish, I shall take one. Thank
you.

Da imparare a memoria

È tardi e devo fare gli auguri agli amici.
Da ora in poi non manderò piú cartoline di Natale.
Certo che le città sono sempre piú affollate.

Conversazione

Rispondete alle seguenti domande:

1. Mandano molte cartoline di Natale in Italia? 2. Le sembra simpatica questa usanza? 3. Perché Enzo non segue quest'usanza? 4. Che cosa è un Sale e Tabacchi? 5. Chi ha il monopolio del tabacco e del sale in Italia? 6. Con chi passerà il Natale Joan? 7. Sembrava sorpreso l'impiegato quando Joan comprò tanti francobolli? 8. Che cosa ci dà l'impiegato quando mandiamo una lettera raccomandata? 9. Joan ha mandato una cartolina di Natale anche a Enzo? 10. Perché?

NATALE A ROMA

23

BUON ANNO!

Oggi è il primo gennaio, è Capodanno. È festa. È quasi mezzogiorno, e le vie sono affollate. Joan arriva a casa di Giovanni dove è stata invitata a colazione. È un po' agitata perché non conosce ancora i genitori di Giovanni. Suona il campanello e Giovanni viene ad aprire.

5 GIOVANNI: Buon Anno! Venga, s'accomodi. È molto tempo che mio padre e mia madre desiderano di[1] fare la Sua conoscenza.

JOAN: Scusi se sono un po' in ritardo. Volevo comprare un piccolo calendario per l'anno nuovo ma tutti i negozi sono chiusi.

10 GIOVANNI: Le presento mia madre... e mio padre... Joan Evans, la signorina americana di cui vi ho parlato tante volte.

I GENITORI: Piacere, signorina!

JOAN: Piacere!

15 LA MADRE: È molto tempo che è a Firenze, signorina?

JOAN: Tre mesi. Sono arrivata il cinque ottobre. Come passa il tempo!

IL PADRE: Io conosco bene il Suo paese, signorina. Quando ero giovane ho fatto due viaggi in America: la prima volta nel
20 1940 e la seconda, insieme a mia moglie, nel 1945. La prima volta restai a New York da maggio a luglio; e la seconda da febbraio a settembre.

---

[1] **desiderare** may be followed by **di** before an infinitive.

JOAN: Allora Lei parla inglese?

IL PADRE: Un po', ma non molto bene. Una volta però lo sapevo bene.

LA MADRE: Giovanni ha detto a me e a mio marito che ieri sera siete andati a un ballo. C'era molta gente? 5

JOAN: Circa centocinquanta persone. Abbiamo ballato fino a mezzanotte. Scusino, ma è vero che il sei gennaio è festa?

LA MADRE: Naturalmente. È l'Epifania, o come dicono i ragazzi, la Befana. Il sei gennaio è una specie di secondo Natale, e molti bambini ricevono dolci e altri regali. 10

IL PADRE: La Befana è una specie di Santa Claus italiano; ma è una donna, non un uomo.

GIOVANNI: Paese che vai, usanza che trovi, cara Joan. Per i bambini quello che importa è che ricevono dei regali, non importa se il 25 dicembre o il 6 gennaio! 15

LA CAMERIERA: Signora, è pronto.

Vocabulary

NOUNS

il **ballo** dance, ball
il **calendario** calendar
il **campanello** bell (*of a door, office*)
il **Capodanno** New Year's Day
la **donna** woman
l'**Epifania** (*also* **la Befana**) Epiphany
la **madre** mother
il **marito** husband
il **paese** country
il **regalo** present, gift
l'**uomo** man (*pl.* **gli uomini**)

ADJECTIVES

agitato excited, nervous
chiuso closed

VERBS

ballare to dance
scusare to excuse, pardon
suonare†† to ring

IDIOMS

Buon Anno! Happy New Year!
è festa it is a holiday
fare la conoscenza (**di**) to meet, make the acquaintance (of).
Paese che vai, usanza che trovi (*proverb*) "When in Rome, do as the Romans to."
piacere! How do you do! Happy to meet you!

BASIC ITALIAN

I VIGILI URBANI RICEVONO DOLCI E
ALTRI REGALI IL SEI GENNAIO

Grammatica

I. CARDINAL NUMERALS (*continued*)

100 cento
101 cento uno
102 cento due
103 cento tre
110 cento dieci
121 cento ventuno
130 cento trenta
143 cento quarantatré
200 duecento

300 trecento
400 quattrocento
1000 mille
1200 mille duecento
1500 mille cinquecento
2000 due mila
100,000 cento mila
1,000,000 un milione

II. USE OF CARDINAL NUMERALS

(1) We saw (Lesson 9, section I, 2) that the English *one* is not translated before **cento;** the same is true of **mille,** which means *one thousand*.

(2) The English *eleven hundred, seventeen hundred, twenty-four hundred, etc.,* are always broken down into *thousands and hundreds*.

Quest'automobile costa **tre mila novecento dollari.**
This car costs *thirty-nine hundred dollars*.

(3) **Milione** and its plural, unless followed by another numeral, takes the preposition **di.**

Quella città ha due **milioni d'abitanti.**
That city has *two million* inhabitants.

BUT

La nostra città ha un **milione seicento mila** abitanti.
Our city has *one million six hundred thousand* inhabitants.

III. DATES

(1) When used alone, the year requires the definite article.

Il mille novecento cinquantasette. 1957
Nel mille trecento ventuno. *in* 1321

(2) In Italian a date which includes the month, the day and the year is expressed in this order: *day, month, year*. Except for the first day of the month, which is always **il primo,** the other days are expressed by the cardinal numerals. Note that the English *on* is translated by the definite article.

Partiremo **il primo luglio,** mille novecento ottanta.
We shall leave *on July 1*, 1980.

Colombo arrivò in America **il dodici ottobre,** mille quattrocento novantadue.
Columbus arrived in America *on October 12*, 1492.

(3) The expression *What's today's date?* is **Quanti ne abbiamo**

oggi? And the answer is either **Oggi ne abbiamo** . . . or **Oggi è il.** . . .

> **Oggi ne abbiamo** tre (*or:*   *Today is* the third.
> **Oggi è il** tre).
> **Ieri ne avevamo** dieci (*or:*   *Yesterday was* the tenth.
> **Ieri era il** dieci).

IV. MONTHS OF THE YEAR

The names of the months of the year are all masculine nouns and they are not capitalized.

gennaio	January	**maggio**	May	**settembre**	September
febbraio	February	**giugno**	June	**ottobre**	October
marzo	March	**luglio**	July	**novembre**	November
aprile	April	**agosto**	August	**dicembre**	December

V. PRESENT INDICATIVE: **SAPERE**

sapere, *to know*

So bene la strada.
I know the way (road) well.

so	I know, I can (*i.e.,* know how)
sai	
sa	
sappiamo	
sapete	
sanno	

Whereas **conoscere** means *to know a person, to be acquainted with, to meet,* **sapere** means *to know a fact, to know how (to do something).*

La conosco molto bene, **l'ho conosciuta** a Roma.	*I know her* very well, *I met her* (became acquainted with her) in Rome.
Mia madre **non conosce** Genova.	*My* mother *does not know* Genoa.
Sa quando parte?	*Do you know* when she is leaving?
Non so guidare.	*I do not know* how to drive.

Esercizi

A. *Studiate i numeri cardinali.*

(1) *Contate per dieci* (by tens) *fino a cento.*

(2) *Contate per cinque da cinquanta a cento.*

(3) *Dite in italiano:*

21; 31; 41; 51; 61; 71; 81; 91; 101; 1001.

(4) *Dite in italiano:*

11; 22; 33; 44; 55; 105; 116; 123; 132; 169; 189; 200; 203; 212; 245; 299; 304; 444; 509; 636; 719; 822; 954; 1000; 1265; 1492; 1957; 2500; 3725; 6035; 12,478; 875,632; 1,065,119; 5,000,000,

B. *Studiate il modo di esprimere la data. Dite in italiano:*

1. May 10th. 2. March 1st. 3. June 14th. 4. February 28th. 5. August 5th. 6. December 31st. 7. July 4th. 8. On October 22nd, 1821. 9. In 1920. 10. On January 3rd, 1960. 11. Today is the 5th. 12. Tomorrow will be the 6th. 13. In 1970. 14. On April 16, 1877. 15. May 24th. 16. On November 2nd. 17. On September 27, 1766.

C. *Completate le frasi seguenti con il presente indicativo di* **sapere** *o di* **conoscere.**

1. Noi non . . . quando partiranno. 2. La . . . bene, infatti ho ballato con lei molte volte. 3. Enzo non . . . quante cartoline ha ricevuto per Natale. 4. Non hanno ancora comprato il biglietto perché non . . . se Joan partirà con loro. 5. . . . benissimo che abita in Via Roma, ma non ricordo il numero. 6. Parla bene il francese, ma non lo . . . scrivere. 7. Gli ho aperto la porta perché ha detto che . . . mio padre. 8. Loro proprio non . . . mai quello che fanno. 9. Io . . . che Maria . . . bene i signori Martini, ma non . . . quando ha fatto la loro conoscenza. 10. Mia madre voleva . . . se avevamo ballato all'aperto.

D. *Traducete in italiano:*

1. Do you know at what time Joan will get there (arrive)?
2. She told me at three o'clock, but I see that it is already three-

twenty. Well, you know how girls are! Let us wait until three-thirty.   3. When I saw her this morning she was very excited.
4. Because tonight John will take her to that dance for foreign students?   5. Yes, but especially because tomorrow she will have lunch at John's house, and she will meet his parents. She has not met them yet.   6. It is not true! She met them on January 1st, on New Year's Day!   7. You are right, I didn't remember. Then, she was excited for some other reason: perhaps for that dance.   8. Perhaps, but that is not a good reason. John took her to a dance for foreign students on New Year's Eve.
9. Wait, here is Joan.   10. Where is she? I do not see her. Did she go into the stationery store?   11. No, no; she is getting off (*to get off* = **scendere da**) that streetcar. Do you see her?   12. Yes, but she is not alone, she is with a man.   13. Who is he? Do you know him?   14. I do not know him either (*translate*, "not even I"). I know that she has an aunt in Rome, but . . .   15. Yes, but she is not with her aunt now; she is with a man, not with a woman. . . . Look! We must be blind (*blind*, **cieco**), it is John!

Da imparare a memoria

Oggi è il primo gennaio, Buon Anno!
Domani non veniamo a scuola perché è festa.
In Italia molti bambini ricevono i regali il
    sei gennaio. Paese che vai, usanza che trovi!
Piacere di conoscerla, è molto tempo che desi-
    deravo di fare la Sua conoscenza!

Conversazione

Rispondete alle seguenti domande:

1. Perché non c'è nessuno per le vie la mattina di Capodanno?
2. Anche Lei va a letto tardi la vigilia di Capodanno?   3. Perché Joan è andata a casa di Giovanni?   4. Perché è agitata?
5. Quando Joan arriva, che cosa fa?   6. Perché è in ritardo

Joan? 7. Perché non ha comprato il calendario? 8. Quando Le presentano un signore o una signora italiana, che cosa dice Lei? 9. Quanti viaggi ha fatto in America il padre di Giovanni? 10. Quante persone c'erano al ballo? 11. Quando sono ritornati dal ballo Joan e Giovanni? 12. Quando ricevono regali molti bambini italiani?

MERCATO DELLA PAGLIA, FIRENZE

24

LA CHIESA DI SANTA CROCE

Il professore d'arte ha portato i suoi studenti a visitare la chiesa di Santa Croce. Il professore e gli studenti sono nella grande piazza in cui si trova la chiesa, e il professore ha appena incominciato a parlare.

IL PROFESSORE: Sono certo che molti di Loro hanno già veduto
questa chiesa, ma non importa. Vi sono delle cose che è bene
vedere piú di una volta. La chiesa di Santa Croce è una
chiesa molto antica. Il poeta fiorentino Dante, di cui
vediamo la statua in questa piazza, veniva spesso in questa
chiesa dove c'erano degli eccellenti maestri. Naturalmente
la chiesa oggi non è come era nel secolo di Dante. Allora era
piú piccola e piú semplice. L'interno della chiesa di Santa
Croce è molto bello e importante, non solo artisticamente,
ma anche perché vi sono le tombe di molti grandi Italiani:
Michelangelo, Niccolò Machiavelli, Galileo Galilei, Gioacchino Rossini, ecc. C'è anche un cenotafio, cioè una tomba
vuota, in onore di Dante. Nel 1302, quando Dante aveva
trentasette anni, andò in esilio, e morí a Ravenna dove è
sepolto. Quando Dante lasciò Firenze aveva già scritto
molto, ma non aveva ancora finito la *Divina Commedia*. E ora
entriamo in Santa Croce dove vedremo le tombe di cui vi
ho parlato, e alcuni affreschi di Giotto.

Dopo circa un'ora, il professore e gli studenti escono da Santa Croce. È quasi mezzogiorno, e molti studenti ritornano a casa. Due o tre restano a parlare con il professore. Joan e Jacqueline si avviano verso Piazza del Duomo. Joan dice alla sua amica: "Ma perché non prendiamo il tram? Io sono stanca."

JACQUELINE: Lo prenderemo alla fermata in Piazza del 5
Duomo. Ho mal di testa e voglio comprare dell'aspirina.
JOAN: Ma ci sarà una farmacia anche in questa piazza.
JACQUELINE: Lo so, ma io vado sempre alla stessa farmacia.
JOAN: Se è cosí!... È bella Santa Croce, vero?
JACQUELINE: Sí. Io l'avevo già veduta un'altra volta, ma non 10
avevo guardato bene gli affreschi di Giotto.
JOAN: Sapevi che Dante era morto a Ravenna?
JACQUELINE: Sí. Ce ne ha parlato il professore di letteratura
italiana. A quanto pare morí poco dopo che ebbe finito la
Divina Commedia. Ecco la farmacia. Entriamo! 15

Vocabulary

NOUNS

l'**affresco** fresco painting
l'**aspirina** aspirin
il **cenotafio** cenotaph
la **Divina Commedia,** the *Divine Comedy, Dante's main work*
la **farmacia** drugstore, pharmacy
la **fermata** stop (*streetcar, bus*)
l'**interno** interior
la **letteratura** literature
il **maestro** teacher
il **mal di testa** headache
l'**onore** *m.* honor
il **poeta** poet
Ravenna *a city in Northern Italy*
il **secolo** century
la **statua** statue
la **tomba** tomb, grave

ADJECTIVES

antico ancient
artistico artistic

importante important
sepolto buried
vuoto empty

VERBS

avviarsi to start out
lasciare to leave (*a person, place or thing*)
morire to die; *p.p.* **morto** (*conjugated with* **essere**)
trovarsi†† to be located

OTHERS

appena just
solo only

IDIOMS

andare in esilio to go into exile
a quanto pare apparently
se è cosí in that case

PIAZZA SANTA CROCE

213

Grammatica

I. THE PAST PERFECT TENSE

As in English, the past perfect is used in Italian to express what _HAD TAKEN PLACE_. Italian has, however, two past perfects.

(1) One past perfect (_trapassato prossimo_) is formed with the PAST DESCRIPTIVE OF THE AUXILIARY VERB plus the past participle of the verb which is being conjugated.

(a) **avere parlato,** _to have spoken_

Avevo parlato ad alta voce. _I had spoken aloud._

avevo		I had	
avevi		you had	
aveva		he had	
	parlato		spoken
avevamo		we had	
avevate		you had	
avevano		they had	

(b) **essere arrivato (-a),** _to have arrived, come_

Ero arrivato (-a) presto. _I had come early._

ero		I had	
eri	**arrivato (-a)**	you had	
era		he had	
			arrived
eravamo		we had	
eravate	**arrivati (-e)**	you had	
erano		they had	

(a) Sapevo che **avevano comprato** una casa.	I knew that _they had bought_ a house.
(b) **Era arrivato** alle tre.	_He had arrived_ at three o'clock.

The _trapassato prossimo_ is used also in a secondary clause — usually introduced by **quando,** _when;_ **dopo che,** _after;_ and **appena (che),** _as soon as_ — WHEN THE MAIN VERB IS IN THE PAST DESCRIPTIVE.

| Tutti i giorni, **quando aveva finito di studiare,** andava in giardino. | Every day, *when he had finished studying*, he went into the garden. |

(2) The other past perfect (*trapassato remoto*) is formed with the PAST ABSOLUTE OF THE AUXILIARY VERB and the past participle of the verb which is being conjugated.

(a) avere parlato, to have spoken

Appena ebbi parlato, uscii.   *As soon as I had spoken, I went out.*

ebbi		I had	
avesti		you had	
ebbe		he had	
	parlato		spoken
avemmo		we had	
aveste		you had	
ębbero		they had	

(b) ęssere arrivato (-a), to have arrived

Dopo che fui arrivato (-a), mangiai.   *After I had come, I ate.*

fui		I had	
fosti	**arrivato (-a)**	you had	
fu		he had	
			arrived
fummo		we had	
foste	**arrivati (-e)**	you had	
furono		they had	

The *trapassato remoto* is used ONLY in a secondary clause — usually introduced by **quando,** when; **dopo che,** after; and **appena (che)**, as soon as — WHEN THE MAIN VERB IS IN THE PAST ABSOLUTE.

| **Quando ebbe finito** la lezione, andò al cinema. | *When she had finished* the lesson, she went to the movies. |
| **Appena fu arrivato,** telefonò a casa. | *As soon as he had arrived,* he telephoned home. |

II.   ADVERBS OF PLACE: **CI** AND **VI**

Ci and **vi** (they are interchangeable, but the latter is not common in everyday speech) are used as unstressed adverbs of place, and mean *there*, *here*. They are used to refer to a place already mentioned in the sentence, and they precede or follow the verb according to the rule already given for **ci** and **vi** as conjunctive pronouns (see Lessons 6, 13 and 21).

Conosce molte persone quị a Los Angeles; **ci** viene tutti gli anni.	He knows many people here in Los Angeles; he comes *here* every year.
Sono andati alla stazione; andiạmo**ci** anche noi.	They went to the station; let us go *there* too.

III.   AGE

a. In Italian *to be . . . years old* is expressed by **avere . . . anni.**

Ho diciotto **anni.**	I am eighteen (years old).
Mia sorella **ha** sette **anni** e tre mesi.	My sister is seven years and three months old.
Quanti **anni ha** Lei? (*also:* Che età ha Lei? *lit.* "What age have you?")	How old are you?
Quanti **anni ha** Maria? (*also:* Che età ha Maria?)	How old is Mary?

b. In Italian *to be born* is expressed by **ẹssere nato (-a)**.

Quando **è nato (-a) Lei?**	When were you born?
Sono nato (-a) nel 1947.	I was born in 1947.

c. The past absolute of **nạscere** (*to be born*), **nạcque** (third person singular) and **nạcquero** (third person plural) is used only in historical reference.

Quando **nạcque** Dante?	When was Dante born?
Dante e Boccạccio **nạcquero** in Toscana.	Dante and Boccaccio were born in Tuscany.

BASIC ITALIAN

dire, *to say, tell*

Dico che è una st̲atua antica. *I say it's an ancient statue.*

dico	I say, I tell, etc.
dici	
dice	
diciamo	
dite	
d̲icono	

BASSORILIEVO (*Andreotti*)

Esercizi

A. Studiate il presente indicativo del verbo **dire**. Ripetete facendo i cambiamenti indicati.

a. [io] Dico che se è così accetto volentieri.
  1. Egli   2. noi   3. voi   4. tu   5. loro
b. [lui] Dice che aveva studiato la letteratura italiana.
  1. io   2. noi   3. tu   4. voi   5. essi

B. Studiate il trapassato prossimo e il trapassato remoto (past perfects).

(1) Mettete le frasi seguenti al trapassato prossimo.

  ESEMPIO: Ha finito di studiare.
           Aveva finito di studiare.

1. L'ha lasciata a casa. 2. Sono ritornati dall'università. 3. Non ha studiato la letteratura americana. 4. Hanno comprato un'antica statua. 5. Lo conosciamo, l'abbiamo conosciuto a Venezia. 6. Siamo andati là per pochi giorni. 7. Li abbiamo lasciati alla stazione.

(2) Completate le frasi seguenti con la forma corretta del trapassato remoto.

  ESEMPIO: Quando finire di mangiare, andò a scuola.
           Quando ebbe finito di mangiare, andò a scuola.

1. Appena arrivare, andarono all'albergo. 2. Dopo che finire la colazione, andò in biblioteca. 3. Appena il treno partire, Maria ritornò a casa. 4. Quando studiare la letteratura americana, studiò la letteratura italiana.

(3) Completate le frasi seguenti con la forma corretta del trapassato prossimo.

  ESEMPIO: Quando andavo a scuola, appena finire gli esami ritornavo a casa.
           Quando andavo a scuola, appena avevo finito gli esami ritornavo a casa.

1. Quand'eravamo ragazzi, appena finire di mangiare, andavamo a scuola. 2. Tutti i giorni, quando Maria studiare

l'italiano, studiava il francese. 3. A quanto pare, quando Carlo
era a Roma, dopo che *pranzare*, andava a prendere un espresso.
4. Quando Luisa *aprire* la radio, incominciava sempre a ballare.

C. L'AVVERBIO ci

(**1**) *Ripetete facendo i cambiamenti indicati.*

ESEMPIO: *Andavo a scuola* tutti i giorni.
Ci andavo tutti i giorni.

1. *Andavamo al cinema* tutte le domeniche. 2. *Andava a
Firenze* ogni estate. 3. *Andiamo al bar* ora! 4. *Non vada a
vedere quel film*, non è bello. 5. *Ritornate a casa* insieme.

(**2**) *Completate le frasi con l'avverbio di luogo* ci.

1. Mi hanno detto che quel ristorante è buono, . . . andrò
domenica. 2. Quand'ero ragazzo andavo spesso al cinema,
. . . andavo tutti i sabati. 3. Sono partiti per la spiaggia prima
di noi, e . . . arriveranno prima di noi. 4. Era una bella collina
verde, ma il sole non . . . splendeva mai.

D. *Studiate il modo di esprimere l'età* (age).

(**1**) *Rispondete a ciascuna* (each) *delle domande seguenti usando i
numeri indicati.*

a. Che età ha Maria? — Ha *dieci anni.*
1. otto anni   2. quindici anni   3. venti anni   4. ventitré
anni
b. Quanti anni aveva la maestra? — Aveva *ventidue anni.*
1. ventiquattro anni   2. venticinque anni   3. trent'anni
4. trentatré anni
c. Quanti anni avrà tuo padre? — Avrà *trentasett'anni.*
1. trentanove anni   2. quarant'anni   3. cinquantasei
anni   4. sessant'anni

(**2**) *Rispondete alle domande seguenti.*

1. Quando è nato Lei? 2. Quando è nato Suo padre?
3. Quando nacque Dante? 4. In che anno nacque Giorgio
Washington?

E. *Traducete in italiano:*

1. Many of the students had already seen the church of Santa Croce, but they were glad to (**di**) go with the art professor. 2. They did not all go together to Piazza Santa Croce, but when they arrived there, they found that the professor was waiting for them in front of the church. 3. When they had all arrived, the professor began to speak of the history of the church. 4. It is a very ancient church, and in it (there) are the tombs of many great Italians. 5. The professor spoke to them of Dante's statue, which is in the square, and of his cenotaph, which is in the church. 6. A cenotaph is an empty tomb. Dante is not buried in Florence; he is buried in Ravenna, where he died. 7. Dante went into exile in 1302. He wanted to return to Florence, but he never returned there. 8. In Santa Croce there are many interesting things, but Joan says that she prefers Giotto's frescoes. 9. When the professor and the students came out of the church, it was almost noon. 10. Some of the students went home on the streetcar, but Joan and Jacqueline started out towards Piazza del Duomo on foot. 11. Jacqueline wanted to go to a drugstore in order to buy some aspirin; she had a headache. 12. Do you know how old the professor of art is, Joan? 13. No, but he must be young. He probably is thirty-two or thirty-three. 14. Apparently he has two little children, but he never speaks of them. 15. I did not know it.

Da imparare a memoria

Dante andò in esilio e non ritornò piú a Firenze.
A quanto pare Dante voleva ritornare a Firenze.
Non so quanti anni ha, non ricordo quando è nato.

Conversazione

Rispondete alle domande seguenti:

1. Dove ha portato i suoi studenti il professore d'arte? 2. Che

cosa c'è nella piazza davanti alla chiesa?   3. Lei sa che cosa ha scritto Dante?   4. In che anno morí Dante?   5. Morí a Firenze?   6. Che cosa c'è in Santa Croce?   7. Chi di Loro sa quanti anni aveva Michelangelo quando morí?   8. Lei conosce qualche affresco di Giotto?   9. Perché Joan e Jacqueline vanno a Piazza del Duomo?   10. Quando prendiamo l'aspirina?

SAN FRANCESCO CIRCONDATO DAI SUOI FRATELLI (*Giotto*)

RIPETIZIONE 6

I. *Rispondete alle domande seguenti:*

1. Che cosa rappresenta un presẹpio? 2. Quando andiamo in una pasticceria? 3. Che cosa è il torrone? 4. Dove cọmprano le sigarette in Italia? 5. Quando andiamo alla posta? 6. Quando diciamo *"piacere"*? 7. Quando ricẹvono dei regali molti bambini italiani? 8. Quanti giorni ci sono fra Natale e l'Epifania? 9. Perché Dante è sepolto a Ravenna? 10. Quanti anni aveva Dante quando morí?

II. Esercizi

A. *Using the* Lei *form of address, ask someone to:*

1. give you a stamp 2. not to give them a stamp 3. give us a stamp 4. not to stay here 5. tell you when he (or: she) is coming 6. tell them when he (or: she) is coming

B. *Using the* tu *form of address, ask someone to:*

1. give you a present 2. give us two presents 3. not to give them presents 4. not to stay here 5. tell you when he (or: she) is leaving 6. tell you when John and Mary are leaving

C. *Mettete all'imperativo le frasi seguenti:*

1. Gli diamo un regalo. 2. Le (*a Luisa*) diamo un libro. 3. Noi diamo loro i regali. 4. Noi stiamo quị. 5. Non gli diciamo niente.

III. *Completate le frasi seguenti in italiano:*

1. Dice che il pane è buono, ma (*he never eats any*). 2. (*Let us speak of it*) a suo marito. 3. Hanno una zia in Italia, ma (*they never speak about her*). 4. Io ho tre fratelli; Lei (*how many do you have*)? 5. È una bella cravatta, (*who gave it to you*)? 6. Mia madre (*sent it* [*f.*] *to me*) per Natale. 7. (*I spoke of it to them*) stamani.

IV. Numeri

Dite questi numeri in italiano:

(1) 120; (2) 215; (3) 318; (4) 480; (5) 509; (6) 765; (7) 890; (8) 910; (9) 1215; (10) 1960; (11) 2,319; (12) 42,875; (13) 3,500,000.

V. Rispondete in italiano a queste domande:

1. In che anno è nato (-a) Lei? 2. Quanti ne abbiamo oggi? 3. Che giorno della settimana era ieri? 4. Che giorno della settimana sarà domani? 5. Che età ha Suo padre? 6. In che anno è nato Suo padre? 7. In che mese è nato (-a) Lei? 8. Qual è la data del Suo compleanno (*birthday*)? 9. Quando nacque Abramo Lincoln?

VI. Leggete le date seguenti:

1. Il 20 febbraio 1964. 2. Il 5 maggio 1821. 3. Il 1 agosto 1787. 4. Il 2 giugno 1945. 5. Il 12 ottobre 1492. 6. Il 4 luglio 1776.

VII. Traducete in italiano:

1. They did not know that Rome has more than two million inhabitants (**abitanti**). 2. She was already in Naples; she had arrived the day before. 3. As soon as I had finished the letter to my father, I went to buy a stamp. 4. January 1st is the first day of the year; it is a holiday. 5. Apparently, he does not know the literature of this century. 6. In 1908, when she came (**venne**) to America, she was very young; she was either six or seven years old. 7. They left in haste; they did not greet anybody. 8. This cake is delicious; do you want some? 9. Let us go into this store; it is not as crowded as that one. 10. He studies more than I thought; he studies more than I. 11. They invited us to a dance, but we did not go there. 12. In a year there are more weeks than months.

25

LEZIONE DI GEOGRAFIA

*Joan è a letto con un terribile raffreddore. La sua amica Jacqueline è venuta a
visitarla.*

JACQUELINE: Buon giorno, Joan, come ti senti?
JOAN: Non molto bene!
5 JACQUELINE: Peccato, mi dispiace!
JOAN: Oh, non è niente. Ma questi raffreddori possono essere
molto seccanti.
JACQUELINE: Lo so. Guarda, ecco gli appunti che volevi. E ora
scusa se vado via ma come sai fra mezz'ora c'è la lezione di
10 storia dell'arte.
JOAN: Ciao, Jacqueline, e grazie mille!
JACQUELINE: Ti pare. Ciao, ti telefono stasera.

*Rimasta sola la povera Joan prende gli appunti della lezione di geografia
che la sua amica le ha portato, e fra uno starnuto e l'altro, cerca di leggerli.*

15 "In una delle piú piccole città d'Italia una persona può, nella
stessa giornata, sciare, nuotare nel mare, fare un giro in un
aranceto, mangiare in un albergo che una volta era un convento
medioevale, o sedere all'aperto e godere lo spettacolo di un
famoso vulcano coperto di neve.

Questa città è Taormina, in Sicilia, ed è una delle molte città italiane che danno allo straniero l'impressione della varietà della vita in Italia. Questa è forse l'impressione piú precisa che uno straniero riceve in Italia quando ci arriva la prima volta, ed è questa varietà che dà all'Italia un carattere cosí interessante. 5

Sarebbe (*It would be*) difficile spiegare altrimenti perché ogni anno milioni di stranieri vanno a visitarla. Sarà stata la sua storia che ha dato all'Italia questa varietà? È difficile spiegarlo, ma è vero che questo è il carattere piú originale di questo paese.

L'Italia è una penisola circondata dal mare e dalle Alpi. Le 10

CARRETTO SICILIANO

Alpi, la piú grande catena di monti d'Europa, la separano dagli altri paesi d'Europa, mentre gli Appennini la traversano da nord a sud.[1] Il Po è il fiume piú grande d'Italia . . . ."

Joan continua a leggere ma è stanca e, a poco a poco, chiude gli occhi e s'addormenta. Che cosa avrà sognato? Taormina? Il Mare? Le Alpi? Il Po? Chi sa?

Vocabulary

NOUNS

le **Alpi** the Alps
gli **Appennini** the Apennines
l'**appunto** note
l'**araneto** orange grove
il **carattere** character
la **catena** chain
il **convento** convent, monastery
il **fiume** river
la **geografia** geography
l'**impressione** *f.* impression
il **mare** sea
il **monte** mountain
la **neve** snow
il **nord** north
l'**occhio** eye
la **penisola** peninsula
il **raffreddore** cold
la **Sicilia** Sicily
lo **starnuto** sneeze
il **sud** south
la **varietà** variety
il **vulcano** volcano

ADJECTIVES

circondato surrounded
famoso famous

originale original
povero poor
seccante bothersome, insufferable
terribile terrible

VERBS

addormentarsi to fall asleep
cercare (di) to seek, try
rimasto (*p.p. of* **rimanere**) remained
  (*conjugated with* **essere**)
sciare to ski
sentirsi to feel
separare to separate
sognare to dream
traversare†† to cross

OTHERS

altrimenti otherwise
stasera tonight, this evening

IDIOMS

andar via to go away, to leave
a poco a poco little by little
coperto (di) covered (with)

---

[1] Est, *East;* Ovest, *West. Familiarize yourself with the physical and political maps of Italy on the inside covers of this book.*

Grammatica

I. THE RELATIVE SUPERLATIVE CONSTRUCTION

(1) "*The most* interesting (beautiful, etc.), the tall*est* (great*est*, etc.)" is translated by **il piú, la piú, i piú, le piú** plus adjective; or, if the idea of *least* is implied, by **il meno, la meno, i meno, le meno** plus the adjective.

> Roma è **la piú grande** città d'Italia.   Rome is *the largest city* in Italy.
>
> Questa è **la** storia **meno interessante** del libro.   This is *the least interesting* story in the book.

(2) Notice that in a relative superlative construction the English preposition *in* is rendered in Italian by **di**.

(3) When the superlative follows the noun the definite article is omitted.

> Giovanni e **il piú giovane** studente della classe.   John is *the youngest* student in the class.
>
> BUT:
>
> Giovanni è lo studente **piú giovane** della classe.

II. THE FUTURE PERFECT TENSE

(a) **avere parlato (ripetuto, capito, etc.),** *to have spoken (repeated, understood,* etc.)

Gli avrò parlato prima di lunedí. *I shall have spoken to him before Monday.*

avrò		I shall have spoken (repeated, understood, etc.)
avrai		
avrà	parlato (ripetuto, capito, etc.)	
avremo		
avrete		
avranno		

(b) ẹssere andato (-a) (partito, uscito, etc.), *to have gone*
   (*left, gone out,* etc.)

Sarà partito prima di mezzanọtte. *He probably left before midnight.*

sarò		I shall have gone, etc.
sarai	**andato (-a)**	
sarà		
saremo		
sarete	**andati (-e)**	
saranno		

The future perfect is used according to the rules given for the future. Probability in the past is expressed by the future perfect.

(a) Gli darò il libro quando **l'avrò**   I shall give him the book when
   finito.   *I have finished it.*
(b) Sarà partito di mattina.   *He probably left* in the morning.

III.   FUTURE PERFECT: **AVERE, ẸSSERE**

avere avuto, *to have had*

Ne avrò avuto abbastanza.   *I shall have had enough* [*of it*].

avrò		I shall have had, etc.
avrai		
avrà		
	avuto	
avremo		
avrete		
avranno		

ẹssere stato, *to have been*

Quando Maria arriverà a Venẹzia, ci sarò stato una setti-mana. When Mary gets to Venice, I shall have been there a week.

sarò		I shall have been, etc.
sarai	**stato (-a)**	
sarà		
saremo		
sarete	**stati (-e)**	
saranno		

IV. CONJUNCTIVE PRONOUNS AND THE INFINITIVE

Conjunctive pronouns always follow the infinitive and, with the exception of **Loro, loro** (*to you, to them*), are directly attached to it. In such cases the infinitive drops the final **-e.**

È venuto per **vederla.**	He has come in order *to see her.*
Non posso **parlare loro** oggi.	I cannot *speak to them* today.
Vogliono **vendercene** cinque.	They want *to sell us* five (of them).
Ha telefonato per **spiegarglielo.**	He telephoned to *explain it to you* (*Lei*).

Esercizi

A. FUTURO ANTERIORE (Future perfect).
Studiate le forme del futuro anteriore. Cambiate il verbo delle frasi seguenti dal futuro semplice al futuro anteriore.

ESEMPIO: *Ballerà* fino a mezzanotte.
Avrà ballato fino a mezzanotte.

1. Si addormenterà presto. 2. Sogneranno il mare. 3. Traverseremo il parco. 4. Sarete contenti. 5. Avrà poco tempo. 6. Scierò per molte ore. 7. Proverai a leggerlo. 8. Maria separerà i libri dai quaderni. 9. Giorgio saluterà le signore. 10. Penseranno a un'altra cosa.

B. *Ripetete gli esempi seguenti sostituendo ai complementi la forma pronominale.*

ESEMPIO: Maria desidera parlare *di questo a lei.*
Maria desidera parlargliene.

1. Cercarono di vedere Maria. 2. Volevano aiutare la ragazza. 3. Dove dobbiamo mettere il libro? 4. Non è possibile parlare di questo a Lei. 5. Non hanno voluto lasciare gli appunti a te. 6. Saranno venuti al ricevimento per presentare la signora al professore. 7. Devi mandare ai compagni

almeno sette cartoline.   8. È molto diffịcile spiegare le lezioni a
voi.   9. Vuole riscuọtere tre o quattro assegni.   10. Non avrà
voluto vẹndere la mạcchina a me.

C.   IL SUPERLATIVO RELATIVO (The relative superlative).
Mettete le frasi seguenti al superlativo.

  EsẹMPIO: Questo è *un lungo fiume d'Itạlia.*
      Questo è il piú lungo fiume d'Itạlia.

 1. Roma è una grande città d'Itạlia.   2. Quello è un palazzo
famoso della città.   3. È un corso interessante dell'università.
4. Abbiamo visto un originale documentạrio italiano.   5. La
Sicịlia è un'ịsola grande del Mediterrạneo.   6. Le Alpi sono
un'alta catena di monti dell'Europa.   7. Per uno straniero
questa è un'impressione molto viva dell'Itạlia.   8. È un'antica
letteratura europea.

D. *Traducete le frasi seguenti:*

 1. Did you go to the geography lecture today?   2. No. I had
a cold and I did not get up. It was probably an interesting
lecture.   3. Yes, the most original that Professor Bianchi has
(**ạbbia**) given this year.   4. Truly? Do you want to tell (speak
to) me about it?   5. Here are my notes, take them: you can
read them at home.   6. I am sorry but I haven't time. Please
tell (speak to) me about it.   7. He told us that near Taormina
there are the most famous orange groves in the south, and that
there is a hotel which used to be a medieval monastery.   8. You
said also chains of mountains; is there one near Taormina?
9. No, he was speaking of the Alps, the largest chain of mountains in Europe; they separate Italy from the other countries.
10. Yes, of course! And isn't there another chain that crosses
Italy from north to south?   11. Those are the Apennines; you
have probably forgotten the name.   12. Of course, I remember
now. Did Professor Bianchi speak of the other cities of Italy?
13. No, he was about to speak to me of the variety of life in
Italy, but . . . .   14. But what? Did you fall asleep in class?
15. No, I did not fall asleep, but I closed my eyes (trans. "the
eyes") a little.

Da imparare a memoria

Nell'inverno le Alpi sono coperte di neve.
Leggevo, ma a poco a poco mi sono addormentato.

Conversazione

Rispondete alle domande seguenti:

1. Sa Lei il nome del vulcano vicino a Taormina?   2. Va spesso a sciare Lei?   3. Ci sono monti coperti di neve vicino alla Sua città?   4. Quali monti traversano l'Italia da nord a sud?
5. Qual'è l'impressione piú precisa che uno straniero riceve in Italia?   6. Quali monti separano l'Italia dal resto dell'Europa?
7. Si addormenta mai in classe Lei?   8. Di che colore sono i Suoi occhi?   9. Perché Joan era a letto?   10. Che cosa leggeva fra uno starnuto e l'altro?

LE DOLOMITI

26

LO SPORT

Giovanni, Enzo, Joan e Jacqueline si sono alzati presto per andare a giocare
a tennis. Oggi è doménica e non hanno lezioni. Non sono andati tutti insieme però,
e Jacqueline ed Enzo arrivano al campo di tennis diversi minuti prima dei loro
amici. Si siédono su una panchina e continuano a parlare.

5 JACQUELINE: Sono molti anni che Lei gioca al tennis?

ENZO: Sí, ma non lo gioco molto bene. Mi piacerebbe giocare
una volta alla settimana, ma non è sempre possibile.

JACQUELINE: Ho notato che agl'Italiani lo sport piace molto.

ENZO: È vero; tutti gli sport, ma specialmente il calcio e le corse.

10 JACQUELINE: Due settimane fa Joan ed io siamo andate a una
partita di calcio.

ENZO: Le è piaciuta?

JACQUELINE: Molto. In Francia vado spesso alle partite di
calcio. Ma Joan non ne aveva mai veduta una. Come sa, in
15 América gli studenti universitari séguonó molto il football,
che è molto diverso dal calcio.

ENZO: Senta, Jacqueline, dato che Lei è francese, sono certo che
Le piácciono anche le corse di biciclette.

JACQUELINE: Certamente.

20 ENZO: Anche a me. Durante il mese di maggio ci sarà la piú
famosa corsa di biciclette d'Italia, il Giro d'Italia, e se vuole,
andremo a vederlo.

JACQUELINE: Passa per Firenze?

ENZO: L'anno scorso è passato per Firenze, ma quest'anno no. È come il Giro di Francia; non passa sempre per le stesse città. Parte sempre da Milano, e finisce a Milano; infatti è un *giro*. Ma, naturalmente, non è una corsa senza soste. Quest'anno i corridori si fermano anche a Viareggio, e 5 sarebbe interessante andare a vederli arrivare.

JACQUELINE: Grazie, mi piacerebbe molto. Forse potrebbero venire anche Joan e Giovanni.

GIOVANNI: Certo! Abbiamo sentito le vostre ultime parole. Ma perché voi vi date ancora del Lei? Io e Joan ci diamo del tu. 10 Diamoci tutt'e quattro del tu; ormai siamo vecchi amici.

ENZO: Sí, sarebbe l'ora! E ora incominciamo la partita.

Vocabulary

NOUNS
la **bicicletta** bicycle
il **calcio** soccer
il **campo** field; **campo di tennis** tennis court
il **corridore** racer
il **giro** tour
la **panchina** bench
la **partita** match, game; **partita di calcio** soccer game
la **sosta** stop, pause
lo **sport** sport
gli **Stati Uniti** United States

ADJECTIVES
diverso different; **diversi** different, several, various
scorso last; **l'anno scorso** last year
universitario of the University

VERBS
notare†† to notice

OTHERS
dato che since
durante during
ormai now, by now
per through

IDIOMS
dare del Lei (del tu, del voi) a una persona *to address someone with the* **Lei (tu, voi)** *form of address*
giocare†† **a** [*or* **al**] **tennis** to play tennis
sarebbe l'ora! it is high time!
tutt'e quattro (e tre, *etc***)** all four (all three, *etc.*); **tutt'e due** both
una volta alla settimana once a week

Grammatica

I. THE CONDITIONAL TENSE

In general the conditional translates the English auxiliary verbs *should* and *would*. In Italian the stem of the conditional is the same as the stem of the future and, as in the future, verbs of the first conjugation change the **a** of the infinitive ending to **e.** The endings are identical for all three conjugations.

parlare, *to speak*

Gli parlerei del calcio, ma non è qui. *I would speak to him about soccer, but he isn't here.*

parler-ei	I would (should) speak, etc.
parler-esti	
parler-ebbe	
parler-emmo	
parler-este	
parler-ebbero	

ripetere, *to repeat*

Ripeterei volentieri lo stesso ballo. *I would gladly repeat the same dance.*

ripeter-ei	I would (should) repeat, etc.
ripeter-esti	
ripeter-ebbe	
ripeter-emmo	
ripeter-este	
ripeter-ebbero	

capire, *to understand*

È una mụsica che non capirei. *It's a music that I wouldn't understand.*

capir-ei	I would (should) understand, etc.
capir-esti	
capir-ebbe	

capir-emmo
capir-este
capir-ẹbbero

L'inviterei volentiẹri, ma non è in città.	*I would gladly invite him,* but he is not in town.
Quando **ritornerebbe?**	When *would you come back?*

II. CONDITIONAL: **AVERE, ẸSSERE**

avere, *to have*

Io non avrei paura. *I wouldn't be afraid.*

avrei	I would (should) have, etc.
avresti	
avrebbe	

avremmo
avreste
avrẹbbero

ẹssere, *to be*

Ne sarei sicuro. *I would be sure of it.*

sarei	I would (should) be, etc.
saresti	
sarebbe	

saremmo
sareste
sarẹbbero

III. THE VERB **PIACERE**

The verb **piacere,** *to be pleasing,* is irregular and is conjugated in the present indicative as follows:

Io piaccio a Luisa. *Louise likes me.* (Lit., *I am pleasing to Louise.*)

piaccio	I am pleasing, etc.
piaci	
piace	
piacciamo	
piacete	
piacciono	

Piacere is used to translate the English *to like*, but it is essential to remember that the subject of the English sentence becomes an indirect object in Italian. Thus, *I like the book* is translated in Italian as *The book is pleasing to me.*

Mi piace Roma (*or:* Roma mi piace).	*I like* Rome.
Gli piacciono Venezia e Napoli (*or:* Venezia e Napoli gli piacciono).	*He likes* Venice and Naples.
Quand'ero giovane **mi piaceva** nuotare.	When I was young, *I liked* to swim.
Le è piaciuto quel film?	*Did you like* that picture?
Al mio amico piace la musica.	*My friend likes* music.
Quand'ero bambino, **piacevo a tutti.**	When I was a little boy, *everybody liked me.*
Non mi piaci piú.	I *do not like you* any longer.

NOTE: **Piacere** is conjugated with **essere** in the compound tenses.

IV. THE ADJECTIVE **BELLO**

When **bello**, *beautiful*, precedes a noun it takes forms that are similar to those of **quello** (Lesson 11, sections I, II): **bel (quel), bei (quei), bello (quello), bell' (quell'), bella (quella), begli (quegli), belle (quelle).**

In quel giardino ci sono molti **bei** fiori.	In that garden there are many *beautiful* flowers.
Mio padre ha comprato una **bell'** automobile.	My father bought a *beautiful* car.

Esercizi

A. IL CONDIZIONALE (The conditional).

(1) *Studiate le forme del condizionale. Ripetete gli esempi seguenti cambiando il verbo dal presente indicativo al condizionale presente.*

1. Io mi alzo presto. 2. Essi sono in ritardo. 3. Lei è nato in Italia. 4. Noi siamo cari amici. 5. Tu hai una bicicletta nuova. 6. A lui piacciono le corse. 7. Loro hanno pochi soldi. 8. Loro giocano a tennis. 9. Maria nota gli sbagli. 10. Noi notiamo ogni cosa. 11. Voi cercate un appartamento. 12. La casa consiste di cinque stanze. 13. Mi addormento subito. 14. Loro capiscono poco il francese.

(2) *Cambiate il verbo in parentesi al condizionale presente.*

1. (Ballava) volentieri ma non sa ballare. 2. Vorrei quel cameriere perché so che mi (serve) bene. 3. Ci (piaceva) andare in Italia tutti gli anni. 4. Devo restare a casa tutta la giornata, altrimenti (preferisco) studiare in biblioteca. 5. La (aiuterà) ma non ha tempo. 6. (Sedevo) volentieri su questa panchina. 7. Dove (metto) questi fiori? 8. Lo (chiamano) spesso, ma non è mai a casa. 9. A che ora (partite) voi? 10. Non credo che lo (dimenticherà).

B. IL VERBO **piacere.**

(1) *Studiate l'uso del verbo piacere. Rispondete alle seguenti domande.*

> ESEMPIO: *Piacciono le cravatte verdi a Giovanni?*
> Sì, gli piacciono le cravatte verdi.

1. Piace Giovanni a Luisa? 2. Piace questa casa agli amici? 3. Piaceva l'automobile a tuo cugino? 4. È piaciuta mia zia a Lei? 5. Credete che questo libro piacerà a voi? 6. Piacerebbe a Sua sorella mangiare in questo ristorante? 7. Sei sicura che il viaggio piacerà a me? 8. Crede che a Maria piacerà vedere la corsa?

(2) *Fate i cambiamenti indicati.*

> ESEMPIO: *Mi* piace andare in bicicletta.
> [tu] Ti piace andare in bicicletta.

BASIC ITALIAN

a. *Ti* piącciono le corse di biciclette
1. io 2. lei 3. loro 4. voi 5. lui 6. Loro 7. Lei
8. noi

b. *Gli* piacerebbe vedere una partita di cąlcio.
1. noi 2. Lei 3. Loro 4. tu 5. voi 6. loro 7. lei
8. io

c. Non *le* è mai piaciuto giocare al tennis.
1. io 2. lui 3. loro 4. voi 5. tu 6. Loro 7. Lei
8. noi

d. *Vi* piaceva andare al cįnema una volta alla settimana.
1. noi 2. Le 3. Loro 4. tu 5. lei 6. loro 7. lui
8. io

e. *Ci* piacerebbe restare ma non possiamo.
1. lui 2. loro 3. lei 4. io 5. tu 6. Loro 7. Lei
8. voi

C. *Traducete le frasi seguenti:*

1. One of the most famous races in Italy is the Tour of the Peninsula. 2. It is a bicycle race which starts in Milan, in the north, and passes through many cities. 3. Many racers from all parts of Italy and of Europe go to this Italian race. 4. In the United States we do not have many bicycle races, but we have some famous automobile races. 5. Another fine (**bello**) sport that Italians like is soccer. I should like to see a fine soccer game! 6. Do you like tennis? 7. Yes, but I live too far from the university, and near my house there are no tennis courts. 8. I, instead, play tennis every Sunday. On Sunday morning I get up early, and I go to play with an old friend. 9. Did you say that you play every Sunday? 10. Yes, every Sunday of the year. 11. In the summer I would prefer to remain home and I would read a book or a magazine in my garden. 12. Do you have a friend who has a swimming pool? My sister and I like to swim. 13. No, I go with some friends to the sea. It is not very far. We leave early and we return late. 14. Why don't we sit down on this bench for a few minutes? It is still early, and the other students have not arrived yet. 15. It's an excellent idea. By the way, what time is it?

Da imparare a memoria

Ci conosciamo da molto tempo; diamoci del tu.
Mi piace giocare a[l] tennis due volte alla settimana.

Conversazione

Rispondete alle domande seguenti:

1. Perché si sono alzati presto i nostri quattro amici? 2. Arrivano tutti insieme? 3. Enzo gioca al tennis anche durante l'estate? 4. Che sport preferisce Lei? 5. Quali sono due degli sport che preferiscono in Italia? 6. Enzo dice che a Jacqueline devono piacere le corse di biciclette, perché? 7. Conosce una famosa corsa d'automobili? 8. Lei sa quando ha luogo la corsa di automobili di Indianapolis? 9. Passa sempre per le stesse città il Giro d'Italia? 10. Si danno ancora del Lei Joan e Giovanni?

STADIO DI CALCIO DI MILANO

CORTINA D'AMPEZZO

27

CARNEVALE

JACQUELINE: Per favore sbrigati, Joan. Enzo e Giovanni saranno quị fra poco.

JOAN: Sono quasi pronta; devo solamente prẹndere i guanti. Porti l'impermeạbile tu?

JACQUELINE: Sí, sarà mẹglio. Non piove piú ora, ma tira vento 5 e non si sa mai.

JOAN: A propọsito, come si chiama il ballo di stasera?

JACQUELINE: Veglione; durerà quasi tutta la notte. Oggi è martedí grasso, l'ụltimo giorno di Carnevale.

JOAN: Già, il Carnevale mi sembra una simpạtica usanza. 10

JACQUELINE: Credi che i nostri costumi piaceranno agli amici?

JOAN: Ne sono sicura; vedrai come saranno sorpresi.

JACQUELINE: Chi sa che costumi avranno comprato. . . .

JOAN: Il campanello! Saranno loro.

Infatti poco dopo la cameriẹra viene a chiamarle. Joan è vestita da Arlecchino 15
e Jacqueline da Colombina. I costumi sono stati fatti da una delle piú brave
sarte di Firenze e sono veramente magnifici. Le due ragazze ẹntrano in salotto
dove Enzo e Giovanni le aspẹttano.

ENZO: Che magnịfici costumi! Sembrate veramente due mạschere della Commẹdia dell'Arte. 20

JACQUELINE: Grạzie, ma voi chi siete?

GIOVANNI: Chi siamo? Non si vede? Io sono Pulcinella ed Enzo è Pantalone.

JOAN: (*sorridendo a Enzo*) Veramente si direbbe che sembri un pagliąccio.

GIOVANNI: Grązie! È Carnevale, e come si dice, "A Carnevale ogni scherzo vale!"

5 ENZO: Allora, andiamo?

JACQUELINE: Sí, sí, andiamo! Fa ancora freddo?

ENZO: Sí, molto. Sono sicuro che nevicherà!

GIOVANNI: Macché. Che tempo strano; ieri faceva quasi caldo.

JOAN: Si vede che anche il tempo festęggia il Carnevale e
10 scherza anche lui.

ENZO: Le mąschere! Non le dimentichiamo!

JACQUELINE: Non avęr paura! Non si può andare al Veglione senza mąschera.

I quattro giǫvani ęscono, a braccetto, e si avvįano verso l'albergo dove avrà
15 *luogo il Veglione.*

Vocabulary

NOUNS

il **Carnevale** Carnival
il **cęntro** center of town, downtown
la **Commędia dell'Arte** *improvised comedy of XVIth and XVIIth centuries in Italy*
il **costume** costume
il **guanto** glove
l'**impermeąbile** *m.* raincoat
il **martedí grasso** (*lit.* "fat Tuesday") Shrove Tuesday (*last day of Carnival*)
la **mąschera** mask
la **sarta** dressmaker
lo **scherzo** joke
il **Veglione** all-night dance

ADJECTIVE

strano strange

VERBS

durare (*conjugated with ęssere*) to last
sbrigarsi to hurry

scherzare to joke
valere to be worth

IDIOMS

a braccetto arm in arm
a Carnevale ogni scherzo vale! (*proverb*) "At Carnival time any joke is permissible."
a propǫsito by the way
fare caldo to be warm (*weather*)
fra pǫco shortly, in a little while
macché nonsense
si vede che evidently
vestito da dressed as

OTHERS

Arlecchino Harlequin
Colombina Columbine
Pantalone Pantaloon
Pulcinęlla Punch, Punchinello

CARNEVALE DI VIAREGGIO

244

Grammatica

I. THE REFLEXIVE USED IN A GENERAL SENSE

(1) In English we express an indefinite subject either by such words as *one, they, people, we, etc.,* or by the passive voice.

> *One* must not read here.
> *They* say that he will come.
> *These books are* easily *read.*

(2) In Italian such constructions are best translated as follows:

(a) The indefinite or generic subject (*one, they, people,* etc.) should be translated by **si** and the 3rd person singular of the active verb. If the indefinite subject has a direct object plural, **si** and the 3rd person plural of the active verb should be used.

Non **si** deve lẹggere quị.	*One* must not read here.
Si dice che ritornerà.	*People* say he will return.
Si mangiava molto pane allora.	*One* used to eat *much bread* then.
Si dicẹvano molte cose.	*One* used to say *many things.*

(b) The English passive voice *may* be translated by **si** and the 3rd person singular of the active voice if the subject is singular, by **si** and the third person plural if the subject is plural.

Questo **libro si legge** facilmente.	This *book* is easily *read.*
Queste **cose si fanno** facilmente.	These *things* are easily *done.*
Si sono scritti molti **libri** quest'anno.	Many *books* have *been written* this year.

All reflexive verbs are conjugated with **ẹssere** (last example).

II. THE PASSIVE VOICE

(1) In Italian the passive voice is much less common than in English. The passive voice in Italian as in English is formed by the verb **ẹssere** and the past participle of the verb which is being conjugated.

La **lezione è letta** da ogni studente.

The *lesson is read* by each student.

Questi **assegni sono stati mandati** da mio cugino.

These *checks have been sent* by my cousin.

(2) When no specific agent is expressed, Italian uses the reflexive construction explained above (I, 2).

III. THE WEATHER

(1) **Fare** in weather expressions.

Che tempo **fa?**	How *is* the weather?
Fa bel tempo.	It *is* fine weather.
Fa cattivo tempo.	It *is* bad weather.
Ha fatto caldo (molto caldo) oggi.	It *has been* warm (hot) today.
Farà freddo domani?	*Will* it *be* cold tomorrow?
Faceva sempre fresco.	It *was* always cool.

NOTE: In the preceeding examples **it** is an impersonal subject and is not translated into Italian.

(2) Some other impersonal verbs and expressions that denote weather conditions.

piọvere	to rain	**Piove.**	It is raining.
		Piovęva.	It was raining.
nevicare	to snow	**Nęvica.**	It is snowing.
tirare vento	to be windy	**Tira vento.**	It is windy.

Signor Ramponelli

These verbs are conjugated with either **ẹssere** or **avere**.

È (or **Ha**) piovuto.   It rained.
È (or **Ha**) nevicato.   It snowed.

EXCEPTION

Ha tirato vento.   It was windy.

IV. PAST DESCRIPTIVE: **FARE, DIRE**

fare, *to make, do*

Facevo troppe cose.   *I was doing too many things.*

facevo   I was doing (making), used to
facevi   do (make), etc.
faceva

facevamo
facevate
facẹvano

dire, *to say; to tell*

Dicevo una preghiera.   *I was saying a prayer.*

dicevo   I was saying (telling), used to
dicevi   say (tell), etc.
diceva

dicevamo
dicevate
dicẹvano

CARNEVALE

Signor Mascarillo.

SCENA CARNEVALESCA (*Giuseppe Bonito*)

Esercizi

A. *Studiate la voce passiva* (the passive voice). *Ricordate che in italiano la voce passiva è usata solamente quando l'agente è espresso* (expressed). *Cambiate le frasi seguenti dalla voce attiva a quella passiva.*

ESĘMPIO: La sarta *fa* il costume.

Il costume è fatto dalla sarta.

1. Maria ha lavato i guanti bianchi. 2. Gli studenti presenteranno la commędia. 3. Il maestro spiegò le ręgole diffįcili. 4. Il poeta scrive molte poesie. 5. Tu hai venduto questo impermeąbile. 6. L'impiegato guarda il passaporto. 7. Voi cambierete l'assegno. 8. Molta gente vedrà la partita.

B. IL RIFLESSIVO IMPERSONALE (The reflexive used in a general sense). USO SPECIALE DEL *si* RIFLESSIVO.

(1) *Cambiate le frasi seguenti dalla forma personale alla forma impersonale.*

ESEMPIO: In Italia parlano italiano.
In Italia si parla italiano.

1. Come *dicono* questa frase in inglese? 2. In questo negozio *vendono* molti impermeabili. 3. *Festeggiano* il martedí grasso in América? 4. Al Veglione *ballarono* fino alle due. 5. *Scherzano* troppo in questa classe. 6. *Dicono* che ritornerà in estate. 7. *Vedono* subito che questo costume non vale niente.

(2) *Nelle seguenti frasi impersonali cambiate l'infinito del verbo alla forma corretta del presente indicativo.*

1. Si *dire* molte cose. 2. Non si *dovere* scherzare troppo. 3. Si *fare* cosí. 4. Queste parole si *pronunziare* lentamente. 5. Al Veglione si *portare* le maschere. 6. A scuola si *studiare*. 7. Queste cose si *capire* immediatamente. 8. Si *dire* che domani pioverà. 9. Non si *potere* andare al Veglione senza maschera. 10. Sa Lei come si *fare* un costume?

C. ESPRESSIONI DI TEMPO (The weather).
Ripetete gli esempi seguenti cambiando le parole indicate.

a. In questa città spesso fa *bel tempo*.
1. cattivo tempo   2. freddo   3. caldo   4. fresco.

b. L'inverno scorso ha *piovuto* molte volte.
1. nevicato   2. tirato vento   3. fatto freddo   4. fatto cattivo tempo.

c. Si dice che domani *farà bel tempo*.
1. nevicherà   2. pioverà   3. tirerà vento   4. farà caldo
5. farà freddo   6. farà fresco   7. farà cattivo tempo

Signor Bambinelli

D. *Ripetete gli esempi seguenti cambiando le parole indicate.*

  a. Diceva che in gennaio fa sempre freddo.
   1. io   2. loro   3. noi   4. tu   5. voi
  b. Non ricordo cosa *facevamo* però *scherzavamo.*
   1. tu   2. io   3. essi   4. voi   5. Lei

E. *Traducete le frasi seguenti:*

1. What a crowd! I have never seen the streets so crowded.
2. Evidently they are celebrating something.   3. Of course,
today is the last day of Carnival.   4. Oh, Carnival! Are you
going downtown also?   5. Yes, I am going to a hotel, to the
Veglione. Would you like to come?   6. Yes, but I do not have a
costume. Can one go to a Veglione without a costume?   7. The
costume doesn't matter, but one must wear a mask.   8. How
long (how much time) will the dance last?   9. All night,
naturally, that's why (**perciò**) they call it Veglione.   10. Where
do they sell the costumes?   11. In many stores! Mine was made
by my dressmaker.   12. Please let us hurry! It is windy and
cold!   13. It was raining this afternoon and it was cold, so I am
wearing my raincoat.   14. I see (it). My costume instead is
very light and I do not have a (*the*) raincoat.   15. Take my
gloves, or perhaps we can walk arm in arm—we will be at the
hotel shortly.

Signor Cascaretti

Da imparare a memoria

Quando le vidi Maria e Luisa camminavano a braccetto.
Mario è molto stanco, si vede che ha ballato troppo.
Il professore non è qui, ma arriverà fra poco.
Quando fa caldo, preferisco restare in giardino.

Conversazione

Rispondete alle domande seguenti:

1. Quando si festeggia il Carnevale? 2. Che cosa è un Veglione? 3. Come era vestita Jacqueline? 4. Quale è l'ultimo giorno di Carnevale? 5. Da chi erano stati fatti i costumi delle ragazze? 6. Erano affollate le strade? 7. Dove andava la gente? 8. Dove aveva luogo il Veglione? 9. Le sembra una simpatica usanza il Carnevale? 10. Le piacerebbe andare a un Veglione?

28

PASQUA

Oggi è Pạsqua. Come Natale, Pạsqua è una delle maggiori feste religiose ed è festeggiata in tutto il mondo cristiano. Dato che Pạsqua viene sempre in primavera, di sọlito durante la settimana santa fa bel tempo, e le vie sono affollate di gente. Oggi è un giorno speciale per i fiorentini, perché la domẹnica di Pạsqua a Firenze ha luogo uno dei maggiori spettạcoli dell'anno: Lo Scọppio del Carro. 5
Lo Scọppio del Carro è una cerimọnia medioevale che ha luogo in Piazza del Duomo davanti alla chiesa di Santa Maria del Fiore. A mezzogiorno in punto in chiesa si accende la "Colombina," una colomba artificiale, che vola lungo un filo e va fuori di chiesa fino a un carro che è in mezzo alla piazza. Il carro è decorato di fuochi artificiali, e quando arriva la "Colombina" si sente un forte 10
scọppio. La "Colombina" contịnua a volare e ritorna in chiesa. Se tutto va bene, tutti sono felici. Naturalmente, la piazza e la chiesa sono piene di persone che sono venute per vedere la cerimọnia.

Come abbiamo detto, oggi è Pạsqua, e Joan e Giovanni s'incọntrano davanti alla pensione di Joan. 15

GIOVANNI: Volevo telefonarti per dirti che sarei venuto un po'
    piú presto, ma la tua lịnea era occupata.

JOAN: Ieri ho veduto Jacqueline e le ho detto che le avrei tele-
    fonato stamani prima delle ụndici. È per questo che la mia
    lịnea era occupata. 20

GIOVANNI: Prendiamo questa via a sinistra, e passiamo per
    Piazza San Lorenzo; c'è meno gente.

JOAN: Senti, io preferirei passare per Piazza della Repụbblica.
    Lí vicino c'è una pasticceria dove hanno in vetrina un uovo
    di cioccolata che è prọprio bello. Va bene? 25

GIOVANNI: Sí, sí. Anche in Amẹrica avete le uova di cioccolata
per Pạsqua?

JOAN: Sí, ma non sono né cosí grandi né cosí belle come quelle
che ho veduto quạ. Senti, Giovanni, ho notato che in Itạlia
non c'è quello che noi chiamiamo l'*Easter Bunny*.

GIOVANNI: No. Perché? In Amẹrica mangiate il conịglio per
Pạsqua?

JOAN: No, no! Però, specialmente per i bambini, il conịglio e le
uova sono un sịmbolo di Pạsqua.

GIOVANNI: Quị in Itạlia no. Quị, come avrai notato in qualche
cartolina, il sịmbolo di Pạsqua è l'agnello e, naturalmente,
anche le uova. Il giorno di Pạsqua tutti mạngiano le uova
sode e molti anche l'agnello.

JOAN: Paese che vai, usanza che trovi! È un gran mondo!

GIOVANNI: Ecco Piazza San Giovanni. San Giovanni era un
gran santo! Era il miglire di tutti i santi!

JOAN: Sí, un gran santo, certamente. Ma non tutti quelli che si
chiạmano Giovanni ...

GIOVANNI: Basta, basta! Ora cerchiamo Enzo e Jaqueline.

JOAN: Non li vedo. Non saranno ancora arrivati. Aspettiamo a
quest'ạngolo. Tu l'hai veduto molte volte lo Scọppio del
Carro?

GIOVANNI: Sí. Venni a vederlo per la prima volta con il mio
fratello maggiore quand'avevo tre anni; e dopo, quasi ogni
anno. Una volta lo Scọppio del Carro aveva luogo Sạbato
Santo, però. Vedrai com'è bello!

SCOPPIO DEL CARRO

Vocabulary

Grammạtica

I. THE CONDITIONAL PERFECT TENSE

(a) **avere parlato (ripetuto, capito, avuto, etc.)**, *to have spoken, (repeated, understood, had, etc.)*

Ne avrei parlato a Maria, ma era già uscita. *I would have spoken to Mary about it, but she had already left.*

avrei		I would (should) have spoken, etc.
avresti		
avrebbe		
	parlato	
avremmo		
avreste		
avrẹbbero		

(b) **essere arrivato (-a)** **(partito, stato,** etc.**),** *to have arrived* *(left, gone out,* etc.**)**

Sarei arrivato (-a) piú presto, ma il treno era in ritardo. *I would have arrived earlier, but the train was late.*

$$\left.\begin{array}{l} \text{sarei} \\ \text{saresti} \\ \text{sarebbe} \end{array}\right\} \text{ arrivato (-a), etc.}$$

$$\left.\begin{array}{l} \text{saremmo} \\ \text{sareste} \\ \text{sarẹbbero} \end{array}\right\} \text{ arrivati (-e)}$$

The conditional perfect, though ordinarily translated as above, also renders the simple English conditional (*would speak, would understand,* etc.) in certain cases. For example, when the simple English conditional depends on a verb of *saying, telling, informing,* etc., and expresses a future in past time, Italian expresses the idea with the conditional perfect.

Gli ho detto che gli **avrei telefonato** alle nove.   I told him that I *would telephone* him at nine o'clock.

NOTE: The use of the conditional perfect in the main or result clause of a condition contrary to fact which refers to past time is discussed in Lesson 34, section V, 1.

II. IRREGULAR COMPARISON

(1) Certain adjectives have irregular comparative and relative superlative forms. Here are the most common:

ADJECTIVE		COMPARATIVE		RELATIVE SUPERLATIVE	
buono	good	**miglior(e)**	better	**il miglior(e)**	the best
cattivo	bad	**peggior(e)**	worse	**il peggior(e)**	the worst
grande	large, great	**maggior(e)**	larger, greater	**il maggior(e)**	the largest, the greatest
pịccolo	small	**minor(e)**	smaller	**il minor(e)**	the smallest

The irregular forms are used along with the regular ones. In general, the irregular forms have a figurative meaning.

Questo dizionario è buono, ma quello è **migliore.**	This dictionary is good, but that one is *better*.
È **la peggiore** alunna della classe.	She is the *worst* pupil in the class.
È **il miglior** filobus della città.	It's the *best* trackless trolley in the city.

BUT

Questa stanza è **piú grande** di quella.	This room is *larger* than that one.
Questo ragazzo è **piú piccolo** di suo fratello.	This boy is *smaller* than his brother.
Questa frutta è **piú buona.**	This fruit is *better*.

Maggiore and **minore** are often used with the meaning of *older*, *oldest*, and *younger*, *youngest* respectively when referring to somebody's relatives.

Il suo fratello **maggiore** è in Argentina.	Her *older* brother is in Argentina.
La mia sorella **minore** ha cinque anni.	My *youngest* sister is five years old.

(2) Certain adverbs also form the comparative and the relative superlative irregularly. Here are four of the most common ones:

ADVERB		COMPARATIVE		RELATIVE SUPERLATIVE	
bene	well	**meglio**	better	**il meglio**	the best
male	badly	**peggio**	worse	**il peggio**	the worst
poco	little	**meno**	less	**il meno**	the least
molto	much	**piú**	more	**il piú**	the most

Questo libro è scritto **bene,** ma quello è scritto **meglio.**	This book is *well* written, but that one is written *better*.
Studia **il meno** possibile.	He studies *the least* possible.

III.   IRREGULAR ADJECTIVES: **buono** *good,* **grande** *large,* **santo** *saint*

(1)   Buono, in the singular, has these forms: **buon, buona, buon', buono,** which are used like the indefinite article **un, una, un', uno.**

È un **buọn libro**.	It is a *good book*.
Questa è una **buona mạcchina**.	This is a *good car*.
Una **buọn'insalata**.	A *good salad*.
È un **buono zio**.	He is a *good uncle*.

(2) **Grande** and **santo** become **gran** and **san** before a masculine noun beginning with a consonant, except **z** and **s** *plus consonant;* and they become **grand'** and **sant'** before any noun beginning with a vowel.

Leonardo era un **grand'artista**.	Leonardo was a *great artist*.
Si guardava in un **grande spẹcchio**.	She was looking at herself in a *large mirror*.
San Pietro morí a Roma.	*Saint Peter* died in Rome.

IV.   PAST ABSOLUTE: **VENIRE, VOLERE**

venire, to come

Venni a Pạdova per studiare.   *I came to Padua to study.*

venni	I came, etc.
venisti	
venne	

venimmo
veniste
vẹnnero

volere, to want, to be willing

Volli partire perché ero stanco (-a).   *I wanted to leave because I was tired.*

volli
volesti
volle

volemmo
voleste
vọllero

The past absolute of **volere** is used to express that on a given occasion a certain person *was determined* to do something, and actually *did it*. To express a *state of desire* in the past, or a *past intention* of doing something, the imperfect of **volere** is used.

Volevo andare al cinema, ma ero troppo occupato.

I wanted to go to the movies, but I was too busy.

Volle partire prima delle tre.

He decided to leave (*and did*) before three o'clock.

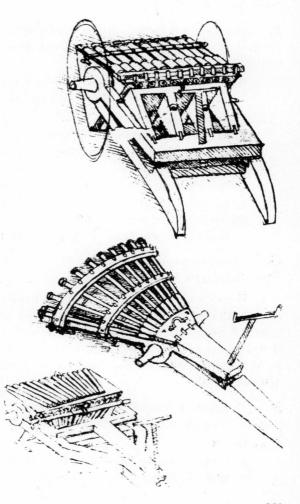

MITRAGLIATRICE
INVENTATA DA
LEONARDO DA VINCI

Esercizi

A. *Studiate le forme del condizionale passato* (the conditional perfect). *Cambiate le frasi seguenti dal presente al passato condizionale:*

1. Scherzerei volentieri. 2. Loro scherzerębbero volentieri.
3. Scherzeremmo volentieri. 4. Lei scherzerebbe volentieri.
5. Ritornerebbe presto. 6. Ritorneresti presto. 7. Ritornerei presto. 8. Sarębbero contenti. 9. Lui sarebbe contento. 10. Avrei piacere di andarci.

B. COMPARATIVO IRREGOLARE (Irregular comparison).
Formate il comparativo delle seguenti espressioni usando l'aggettivo indicato:

ESĘMPIO: questo conįglio e quello *piccolo*
Questo conįglio è piú pįccolo di quello.

a. questo tąvolo e quello
1. grande 2. pįccolo 3. buono 4. cattivo
b. il veglione di ieri sera e quello dell'anno scorso
1. cattivo 2. grande 3. buono 4. pįccolo
c. questo dizionąrio e quello della biblioteca
1. buono 2. cattivo 3. grande 4. pįccolo
d. queste uova e quelle del negozio
1. buono 2. cattivo 3. grande 4. pįccolo

C. COMPARATIVO IRREGOLARE.
Sostituite un'altra forma del comparativo.

1. Il suo fratello *piú vęcchio* ąbita a Roma; il suo fratello *piú giǫvane* sta con i genitori. 2. Il vino di ieri sera era buono, ma questo è *piú buono*. 3. Quį si mąngia bene, ma a San Francisco si mangiava *piú bene*. 4. Nel mio letto avrei dormito *piú bene*. 5. Il bambino oggi sta *piú male*. 6. Il costume è *piú cattivo* di quęl che credevo.

D. *Gli aggettivi* **buono, grande** *e* **santo**. *Nel seguente esercizio usate la forma corretta dell'aggettivo indicato.*

a. buono
1. una ... necessità 2. una ... scuola 3. un ... sport
4. una ... idea 5. un ... pianoforte

b. grande

    1. un . . . spettącolo 2. dei . . . occhi 3. un . . . pianoforte
    4. un . . . artista 5. un . . . corridore

c. santo

    1. . . . Anna 2. . . . Carlo 3. . . . Maria 4. . . . Giọrgio
    5. . . . Stẹfano

E. *Studiate il passato remoto e l'imperfetto di* **volere.** *Ripetete facendo i cambiamenti indicati:*

  a. *Volle* alzarsi presto perché *voleva* studiare.
    1. io 2. noi 3. voi 4. tu 5. essi
  b. *Volli* andare anch' *io*, perché c'ẹrano molti *miei* amici.
    1. noi 2. Maria 3. voi 4. Lei 5. tu
  c. *Volevamo* mangiare ma i ristoranti ẹrano chiusi.
    1. tu 2. io 3. voi 4. Loro 5. Giovanni

F. *Studiate il passato remoto di* **venire.** *Ripetete facendo i cambiamenti indicati:*

  Maria venne a vedere i fuochi artificiali.
  1. io 2. tu 3. noi 4. essi 5. voi

G. *Traducete le frasi seguenti:*

1. Holy Week is celebrated in all Christian countries. 2. It is one of the most interesting weeks of the year. 3. Usually the weather is fine during Holy Week, but sometimes it rains, and then one wears a (*the*) raincoat. 4. In Italy the symbols of Easter are the eggs and the lamb. 5. On Easter Sunday people go to church (*trans.* "in church"); all churches are decorated with beautiful flowers, flowers of all colors. 6. In every city there is some special religious ceremony on Easter Sunday or during Holy Week. 7. One of the most interesting is the Scoppio del Carro in Florence, which takes place in front of the church of Santa Maria del Fiore. 8. In the middle of the square there is a cart decorated with fireworks. 9. On Easter Sunday at noon an artificial dove is lighted in the church. 10. The dove flies towards the cart, and when it gets (*arrives*) to the cart, one hears a loud explosion. 11. Naturally, Joan had never seen it before, but John had seen it for the first time when he was three

years old.   12. There were so many fireworks on the cart that the explosion was very loud.   13. John was certain that it had been the greatest of all the explosions he had heard.   14. After the explosion, Joan wanted to return home on the streetcar, but Jacqueline, who was with them, wanted to go to buy an Easter egg.   15. When they arrived at the pastry shop, they saw a large chocolate egg, in fact a very large egg; but Jacqueline bought a much smaller one.

Da imparare a memoria

Il programma comincia alle tre in punto.
In mezzo al giardino c'era una grande piscina.
Di solito non prendo caffè, ma questa volta lo prenderò.

Conversazione

Rispondete alle domande seguenti:

1. In che mese viene Pasqua quest'anno?   2. Come si chiama la settimana che viene prima di Pasqua?   3. Mangiamo l'agnello il giorno di Pasqua in America?   4. Dove ha luogo lo Scoppio del Carro?   5. Piacciono a Lei le uova sode, o preferisce quelle di cioccolata?   6. Vogliono prendere la stessa via Joan e Giovanni per andare a Piazza del Duomo?   7. Perché era occupata la linea di Joan quando Giovanni l'ha chiamata?   8. Che cosa si vede sulle cartoline di Pasqua americane?   9. Perché Giovanni dice che San Giovanni era un gran santo?   10. Quando vide Giovanni lo Scoppio del Carro per la prima volta?

RIPETIZIONE 7

I. *Rispondete alle domande seguenti:*

1. Dov'è Taormina? 2. Lei sa quanti vulcani ci sono in Italia? 3. Da che cosa è circondata l'Italia? 4. Come studia la geografia d'Italia Joan? 5. Quali sono gli sport preferiti degl'Italiani? 6. Quando due ragazzi italiani parlano l'uno con l'altro si danno del tu o del Lei? 7. Lei conosce qualche maschera della Commedia dell'Arte? 8. Lei è stato mai a un Veglione? Quando? 9. Quanto dura un Veglione? 10. Quando nevica che tempo fa? 11. Come possiamo anche dire "le vie sono piene di gente?" 12. Quando vediamo i fuochi artificiali in America? 13. Lei ricorda il nome di qualche piazza di Firenze? 14. Chi ricorda che cosa si vede da Piazzale Michelangelo? 15. Che cosa mangiano molti Italiani il giorno di Pasqua?

II. *Nelle frasi seguenti sostituite il futuro anteriore* (future perfect) *al futuro semplice.*

1. Partirà lunedí mattina. 2. Gli amici partiranno domenica. 3. Saranno pronti prima di noi. 4. Dove traverserete la via? 5. Saluterà Lei gli invitati? 6. Noterai molte cose nuove in questo libro?

III. *Nelle frasi seguenti sostituite prima il condizionale presente e poi il condizionale perfetto all'indicativo presente.*

1. Vi capiamo molto facilmente. 2. Maria balla tutte le sere. 3. Mi chiamano ogni sera alle sette. 4. Secondo lui questa commedia non è nuova. 5. Quanto dura il veglione?

IV. *Sostituite alle parole in inglese la corretta espressione italiana.*

(1) 1. Desidero parlare (*of it to them*). 2. Non è facile spiegare (*it to you* — **Lei**). 3. Non volevano vendere (*it to us*). 4. Quello è (*the most famous*) vulcano del mondo. 5. Sono i monti (*most beautiful*) d'Europa. 6. (*They probably dreamed it*), perché io non ho detto niente. 7. (*One must not speak*) in biblioteca. 8. (*They say*) che partiranno col treno delle quindici. 9. Questi guanti (*are worn*) di sera. 10. (*We would like*) vedere una partita di calcio. 11. Quando (*it is too warm*) non giochiamo al tennis. 12. La casa di Luisa è vicina a (*that beautiful*) campo di tennis. 13. Per i giovani il tennis è un (*beautiful*) sport. 14. Questa cioccolata è (*better*) di quella. 15. (*It would have been better*) partire dopo Pasqua.

(2) 1. Non siamo usciti perché (*it was raining*). 2. Si dice che domani (*it will be windy*). 3. Oggi (*it is fine weather*), non crede? 4. L'anno scorso (*it snowed*) per tre giorni. 5. In montagna (*it was cool*) sempre. 6. Che brutta giornata ieri; (*it was very hot*). 7. Voleva sapere cosa (*I was doing*). 8. (*She was saying*) che non sarebbe tornata. 9. Che cosa (*were doing*) i ragazzi a casa tua? 10. Che cosa (*were you saying*) quando ti ho chiamato? 11. Li invitai ma (*they did not come*). 12. (*He wanted*) leggere questo libro e perciò lo comprò.

V. *Traducete le frasi seguenti:*

1. The sea separates Sicily from Italy. 2. Aetna (**L'Etna**) is the largest volcano in Europe. It is always covered with snow. 3. They are not at home; they probably went to the movies. 4. We try to see them once a week. 5. Those university students would have told us what to do. 6. It probably is a beautiful raincoat, but I do not like it. 7. During that race it is better to stay home. 8. I wanted to address her with "tu," but I couldn't. 9. This mask was made by that dressmaker. 10. Evidently in this city people do not eat before eight o'clock. 11. At Carnival (time) one does many things that one does not

do during the year.   12. She was telling me that it was windy outside, but I could not hear what she was saying.   13. We took my younger brother to see the fireworks.   14. It is not the best book, but it is not the worst.   15. Many years ago they came to Assisi in order to visit the church of Saint Francis.

BASILICA DI SAN MINIATO AL MONTE, FIRENZE

29

ALLA SPIAGGIA

I corsi di primavera ęrano finiti da qualche giorno, e Joan e Jacqueline
volęvano andare a passare una settimana al mare. Ma dove? Joan voleva andare
a una spiąggia lungo la Riviera: Aląssio, Portofino, Rapallo, non importava
dove. Jacqueline, invece, preferiva una spiąggia sul Mare Adriątico: Rįmini,
Riccione, Senigąllia . . . "Perché non andiamo al Lido di Venęzia?" disse un   5
giorno. Ma Joan era già stata a Venęzia, e avrebbe preferito andare in un posto
nuovo. Quando Enzo domandò loro dove contąvano di andare, le ragazze gli
dįssero che non avęvano ancora deciso niente. "Perché non andate a Riccione? È
cosí bello!" disse Enzo. "C'è un mare meraviglioso, e una spiąggia incantęvole."
E cosí fęcero. Un bel giorno comprąrono due biglietti e andąrono a Riccione. Dato 10
che dovęvano passare per Bologna, si fermąrono in quella simpątica città, dove
c'è un'università famosa in tutto il mondo. Quando arrivąrono a Riccione era già
tardi, e andąrono sųbito a una pensione che era stata raccomandata loro da Enzo.

La mattina seguente il tempo era incantęvole; si alząrono presto e dopo la
prima colazione andąrono sulla spiąggia. Parląrono di tante cose, e dįssero   15
anche quęl che sęgue.

JACQUELINE: Questo è un bel posto, Joan. Sdraiąmoci quį. Per
il momento non c'è gente, ma piú tardi vedrai che folla!
Che fai?

JOAN: Mi sto mettendo della crema sul viso. Mi piace la tin- 20
tarella, come dįcono quą, ma non vǫglio bruciarmi la pelle.

JACQUELINE: Parlando di tintarella, tu ti abbronzi facilmente?

JOAN: Sí. Come molte bionde, mi abbronzo in pochi giorni.
E tu?

JACQUELINE: Io no. Come alcune brune ho la pelle cosí bianca che devo stare attenta a non prendere troppo sole.

JOAN: Hai notato che la sabbia si sta riscaldando?

JACQUELINE: Che ore sono? Io ho dimenticato l'orologio alla
5 pensione.

JOAN: Le undici. Siamo qui da due ore. Andiamo in acqua?

JACQUELINE: Andiamo. Poi ci asciugheremo su questa bella sabbia. Il tuo costume da bagno è veramente carino. L'hai portato dall'America?

10 JOAN: No. L'ho comprato a Firenze. Anche il tuo è molto carino. È francese?

JACQUELINE: Sí. L'ho comprato l'anno scorso.

JOAN: Andiamo in acqua, fa caldo sulla spiaggia.

Vocabulary

NOUNS

il **biglietto** ticket
la **bionda** blonde (*woman*)
la **bruna** brunette (*woman*)
la **cabina** cabin, cabana
il **costume da bagno** bathing suit
la **crema** cream, lotion
la **folla** crowd
il **mare** sea; **Mare Adriatico** Adriatic Sea; **al mare** at (to) the sea-side
l'**orologio** watch, clock
la **pelle** skin
il **posto** place, spot
la **sabbia** sand
la **spiaggia** beach
il **viso** face

ADJECTIVES

adriatico Adriatic
meraviglioso wonderful, marvelous
seguente following

VERBS

abbronzare to tan (*by the sun*)
asciugare to dry
bruciare to burn
contare (**di**) to plan (to)
deciso (*p.p. of* **decidere**) decided
fermarsi to stop
riscaldare to heat; to get warm
sdraiarsi to lie down, stretch out
tuffarsi to dive

OTHERS

bisogna it is necessary, one must
invece instead

IDIOMS

andare in acqua to go in the water
prendere la tintarella to get a tan, to tan
stare attento (**a**) to be careful (to)
si vede? can you tell?

Grammatica

I. THE GERUND

The gerund is formed by adding **-ando** to the stem of the verbs of the first conjugation and **-endo** to the stem of the verbs of the second and third conjugations.

parl-are:	**parl-ando**	speaking
ripet-ere:	**ripet-endo**	repeating
cap-ire:	**cap-endo**	understanding
avere:	**avendo**	having
essere:	**essendo**	being

II. THE PAST GERUND

avendo	**parlato** **ripetuto** **capito** **avuto**	having	spoken repeated understood had
essendo	**arrivato (-a; -i; -e)** **stato (-a; -i; -e)**	having	arrived been

NOTE: The gerund is invariable; however, in the past gerund the past participle may change according to the rules given for the agreement of past participles. (See Lesson 10, section II.)

III. USES OF THE GERUND

(1) It is used to translate the English participle in -*ing*.

Camminando per la strada incontrai Luisa.	*Walking* down the street I met Louise.

(2) It is used to render the English gerund (also in -*ing*) preceded by *while, on, in, by*.

Impariamo **studiando**.	We learn *by studying*.

(3) It is used with **stare** to express an action in progress.

Stiamo studiando una nuova lezione.	*We are studying* a new lesson.

Stavo mangiando quando
Anna arrivò.

I was eating when Ann arrived.

(4) Conjunctive and reflexive pronouns follow the gerund and, except for **loro,** which is written separately, are attached to the verb.

Guardandola, l'ho riconosciuta.

While looking at her, I recognized her.

Essendosi tuffati, incominciarono a nuotare.

Having dived, they began to swim.

IV. IDIOMATIC PRESENT AND PAST

(1) The present indicative followed by the preposition **da** is used to indicate that an action or a state, which began in the past, is still going on (see also Lesson 15, section III).

Studia l'italiano **da** due anni.

He has been studying Italian two years.

Joan è a Firenze **da** molti mesi.

Joan *has been* in Florence many months.

(2) The imperfect followed by the preposition **da** is used to indicate that an action or a state, which had begun in the past, was still going on at a certain time.

Quando l'ho conosciuto studiava l'italiano **da** un anno.

When I met him he *had been studying* Italian one year.

Quando la vedemmo, Joan era a Firenze **da** qualche mese.

When we saw her, Joan *had been* in Florence a few months.

V. SPECIAL USE OF REFLEXIVE PRONOUNS

The reflexive pronouns are used instead of the English possessive with parts of the body or one's clothing.

Si lava **le mani** (*lit.* "To himself he washes the hands.")

He washes *his hands.*

Mi metto **la cravatta** (*lit.* "To myself I put on the tie.")

I am putting on *my tie.*

In some cases where possession is clearly implied the definite article instead of the possessive or reflexive is used.

Alzò **la** mano. He raised *his* hand.

Hanno perduto **il** padre. They have lost *their* father.

VI. PAST ABSOLUTE: **DIRE, FARE**

dire, *to say, to tell*

Dissi che non era vero. *I said it wasn't true.*

dissi I said, I told, etc.
dicesti
disse

dicemmo
diceste
dịssero

fare, *to do, make*

Feci una passeggiata. *I went for a walk.*

feci I did, I made, etc.
facesti
fece

facemmo
faceste
fẹcero

Esercizi

A. *Studiate il passato remoto di* **dire** *e di* **fare.** *Ripetete facendo i cambiamenti indicati.*

a. *Anna disse* che non c'ẹrano piú cabine.
  1. io 2. tu 3. lui 4. noi 5. loro 6. voi
b. *Io feci* colazione in albergo.
  1. Lei 2. voi 3. noi 4. tu 5. Loro 6. Maria
c. (Noi) Lo *dicemmo* a Carlo, e Carlo lo fece.
  1. io 2. Lei 3. tu 4. voi 5. loro 6. lui

d. (tu) Lo *facesti* perché Carlo lo disse.
 1. noi 2. io 3. Lei 4. voi 5. essi 6. egli

B. *Studiate il gerundio* (gerund).

 Mettete le frasi seguenti al gerundio.

a. Esempio: Mentre *camminavo* sulla spiaggia, incontrai Maria.
  Camminando sulla spiaggia, incontrai Maria.

 1. Mentre lo *guardavo* notai che faceva il pagliaccio. 2. Ascoltava la radio mentre *scriveva*. 3. Mentre *visitava* il museo si fermava spesso per guardare. 4. Mentre *viaggiavano* per l'Italia, comprarono molte cartoline illustrate.

b. Esempi: ⎰*Imparo* una nuova regola.
     ⎱Sto imparando una nuova regola.

     ⎰*Imparavo* una nuova regola.
     ⎱Stavo imparando una nuova regola.

 1. L'acqua *si riscalda*. 2. Maria *si abbronzava* al sole.
 3. Quando lo vidi *andava* in acqua. 4. *Ci asciughiamo* al sole.
 5. *Mi mettevo* della crema. 6. Guardalo, *si tuffa!* 7. Quando arrivai, *si asciugava*. 8. Olga *prende* la tintarella al sole.

C. *Studiate l'uso idiomatico del presente e dell'imperfetto indicativo. Cambiate le frasi seguenti com'è indicato nell'esempio.*

 Esempio: *Sono tre anni* che parlo italiano.
  Parlo italiano da tre anni.

 1. È un'ora che fai il pagliaccio 2. Era un'ora che cantava.
 3. Sono cinque mesi che abitiamo in Arizona. 4. È un anno che non mi scrivono. 5. Erano tre anni che non mi telefonavano.

D. *Studiate l'uso idiomatico del pronome riflessivo. Ripetete facendo i cambiamenti indicati.*

a. Prima di uscire *io mi metto* il cappello.
 1. tu 2. noi 3. Lei 4. voi 5. loro
b. *Luisa si è lavata* i capelli e poi *ha fatto* colazione.
 1. io 2. noi 3. voi 4. lui 5. loro

c. Carlo alzò la mano e poi *parlò.*
1. io   2. Lei   3. voi   4. noi   5. loro

E. *Traducete in italiano:*

1. Speaking of Italy and the sea, we saw in the reading for today that two young ladies whom we know very well went to Riccione on the Adriatic Sea.   2. They had been in Florence several months and they wanted to go and (**a**) dive into (**in**) the wonderful waters of the Adriatic Sea.   3. "Wouldn't it be better to go along the Riviera?" said Joan.   4. Certainly, I should like to spend one week at Viareggio, one week at Portofino, and a few days at Alassio. But we haven't either the time or the money.   5. You are right. Let us ask (*it to*) Enzo. There he is (**Eccolo là**), he is talking to that blond woman.   6. And so they asked their friend Enzo, who told them to (**di**) go to Riccione.   7. They wanted to leave the following day, but it was raining, and they waited until the following Sunday.   8. Going to Riccione, they passed through Bologna, and they stopped for a few hours.   9. They visited the old university and other interesting places.   10. Joan wanted to (*and did*) see also the two leaning towers of Bologna.   11. The following day they spent the whole morning on the beach. Joan put on (*to put on,* **mettersi**) her green bathing suit, and Jacqueline put on her red bathing suit.   12. Near them there was a young woman who was wearing a green bathing suit.   13. "What a beautiful tan she has!" said Jacqueline looking at her.   14. "Would you like to have a tan like hers?" asked Joan.   15. Yes, but my skin is too white, and I never get a tan (use **abbronzarsi**). Look at me! But I like the sun. I already feel (**sentirsi**) better. Now I want to sleep for a while (**un po'**). You may swim, if you want.

Da imparare a memoria

Qui sulla spiaggia fa molto caldo, andiamo in acqua.
Stia attento, l'acqua è molto calda.

Conversazione

Rispondete alle domande seguenti:

1. Dove volevano andare Joan e Jacqueline? 2. Perché decidono di andare a Riccione? 3. Andarono a Riccione senza fermarsi? 4. Che cosa c'è a Bologna? 5. Quando andarono sulla spiaggia le due amiche? 6. C'era molta gente quando arrivarono? 7. Perché non si abbronza facilmente Jacqueline? 8. Perché non sapeva che ora era Jacqueline? 9. C'è una spiaggia vicino alla nostra città? 10. Le piace andare al mare?

PORTOFINO

CENA D'ADDIO

JOAN: A che ora parte il treno?

JACQUELINE: Non sono sicura, ma credo che parta alle dieci e
venti.

JOAN: Benissimo. Ho ancora tempo di fare il bagno.

JACQUELINE: Sí, ma sbrigati. Nel frattempo vado a pagare il 5
conto per la camera e comprerò qualche giornale.

Le due signorine stanno per lasciare Riccione. È stata una vacanza meravi-
gliosa, una settimana magnifica; e le ragazze non dimenticheranno facilmente il
cielo azzurro e il bel mare di quella spiaggia. Ma ora è necessario che ritornino a
Firenze per fare le valige e per salutare gli amici. Il loro soggiorno in Italia sta 10
per finire e hanno deciso di passare le ultime settimane visitando Roma e qualche
città dell'Italia meridionale.
Alla stazione di Firenze le aspettano Enzo e Giovanni.

ENZO: Ben tornate! Vi siete divertite?

JACQUELINE: Tanto! Che bel posto — voglio assolutamente 15
ritornarci un giorno.

GIOVANNI: Spero che vi siate riposate.

JOAN: Sí, ma ora bisogna fare tante cose.

ENZO: Andate subito alla pensione?

JOAN: Sí, ma prima bisogna che mi fermi all'American Express 20
— sono ritornata senza un soldo e devo riscuotere un assegno.

GIOVANNI: Prendiamo un tassí allora! Quando avete deciso di
partire da Firenze?

JOAN: Domani mattina. Sembra impossibile che questo sia il mio ultimo giorno a Firenze!

ENZO: Sarà meglio non pensarci.

JACQUELINE: È vero! A proposito è ritornato il professor
5 Bianchi?

GIOVANNI: Non credo che sia ancora ritornato.

ENZO: No. Ed ho paura che non ritornerà fino alla settimana ventura.

JACQUELINE: Peccato! Mi sarebbe piaciuto rivederlo. Ad ogni
10 modo, mi raccomando, Enzo, voglio che tu lo saluti da parte mia.

ENZO: Non avere paura, lo farò!

JACQUELINE: E saluta anche sua moglie e sua figlia. Sono tanto gentili!

15 *Il tassí è ormai arrivato all' American Express.*

GIOVANNI: Allora noi vi lasciamo qui — ci rivedremo stasera per la cena d'addio.

JOAN: Alle otto, è vero?

GIOVANNI: Sí, arrivederci.

20 JACQUELINE, JOAN, ENZO: Arrivederci!

Vocabulary

NOUNS

il **bagno** bath
la **camera** room, bedroom
il **cielo** sky, heaven
il **figlio** son
la **figlia** daughter
il **giornale** newspaper
la **moglie** wife
il **soggiorno** sojourn, stay
la **vacanza** vacation

VERBS

raccomandarsi to beg; **mi raccomando!** I beg of you! don't forget!
riposarsi to rest
sperare†† (**di**) to hope

ADJECTIVES

azzurro blue
impossibile impossible
meridionale southern

OTHERS

addio goodbye; **cena d'addio** farewell supper
assolutamente absolutely
tanto much, very much, so much

IDIOMS

ad ogni modo at any rate
da parte mia (**tua, sua,** *ecc.*), on my (your, his, *etc.*) behalf
fare il bagno to take a bath
fare le valige to pack
nel frattempo meanwhile

OSTIA

Grammatica

I. THE PRESENT SUBJUNCTIVE

(1) The present subjunctive of the model verbs:

parlare, *to speak*

Vuole che (io) parli piano. *She wants me to speak softly.*

parl-i	I (may) speak, etc.
parl-i	
parl-i	
parl-iamo	
parl-iate	
parl-ino	

ripętere, *to repeat*

È necessạrio che (io) lo ripeta.   *It is necessary that I repeat it.*

ripet-a   I (may) repeat, etc.
ripet-a
ripet-a

ripet-iamo
ripet-iate
ripęt-ano

dormire, *to sleep*

Dụbitano che (io) dorma.   *They doubt that I will sleep.*

dorm-a   I (may) sleep, etc.
dorm-a
dorm-a

dorm-iamo
dorm-iate
dọrm-ano

capire, *to understand*

Maria non crede che (io) capisca.   *Mary doesn't believe I understand.*

cap-isca   I (may) understand, etc.
cap-isca
cap-isca

cap-iamo
cap-iate
cap-ịscano

(2)   Present subjunctive: **AVERE, ẸSSERE**

avere, *to have*

Non sanno che (io) ạbbia il libro.   *They do not know I have the book.*

ạbbia   I (may) have, etc.
ạbbia
ạbbia

abbiamo
abbiate
ạbbiano

ẹssere, to be

Pensa che (io) sia ammalato (-a).   *He thinks that I am ill.*

sia	I (may) be, etc.
sia	
sia	
siamo	
siate	
sịano	

(3)   The present perfect subjunctive

    (a) **avere parlato (ripetuto, avuto,** etc.), *to have spoken (repeated, had,* etc.)*

       Crede che (io) le ạbbia parlato.   *He believes I have spoken to her.*

ạbbia parlato	I (may) have spoken, etc.
ạbbia parlato	
ạbbia parlato	
abbiamo parlato	
abbiate parlato	
ạbbiano parlato	

    (b) **ẹssere andato (-a) (partito, stato,** etc.), *to have gone (left, been,* etc.)*

       Hanno paura che (io) sia andato (-a) via.   *They are afraid I have gone away.*

sia andato (-a)	I (may) have gone, etc.
sia andato (-a)	
sia andato (-a)	
siamo andati (-e)	
siate andati (-e)	
sịano andati (-e)	

The subjunctive ordinarily is used only in a subordinate clause introduced by **che.** It usually expresses an action, an event, or a state which is not positive or certain, but uncertain, doubtful, desirable, possible, or merely an opinion. Since the 1st, 2nd, and 3rd person singular are identical in form, the subject pronoun is usually used with these persons to avoid ambiguity.

II.   USES OF THE SUBJUNCTIVE

(1)   With impersonal verbs, the subjunctive is used in a subordinate clause after an impersonal expression implying doubt, necessity, possibility, desire, or emotion.

È **necessạrio** che **Lei capisca.**	*It is necessary* that *you understand.*
È **possịbile** che **io parta.**	*It is possible* that *I may leave.*

Impersonal expressions which are positive assertions do not require the subjunctive.

È **vero** che **è** quị.	*It is true* that *he is* here.

If the subordinate clause has no subject the infinitive is used instead of the subjunctive.

È importante **arrivare** presto.	It is important *to arrive* early.
BUT	
È importante che **io arrivi** presto.	It is important that *I arrive* early.

(2)   The subjunctive is also used in subordinate clauses after a verb expressing *wish, command, belief, doubt, hope, ignorance, emotion* (namely, after such verbs as: **desiderare, volere, pensare, crẹdere, dubitare** (*to doubt*), **sperare** (*to hope*), **non sapere, avere paura,** *etc.*).

Desịdero che Lei legga questo libro.	*I wish you to read* this book.
Non vọglio che tu le **parli.**	*I don't want you to speak* to her.
Credo che piova.	*I believe it is raining.*
Dụbito che mi **ạbbia sentito.**	*I doubt that he has heard* me.
Non so se **sịano** cugini.	*I do not know* whether *they are* cousins.
Ho paura che **ạbbia venduto** l'automọbile.	*I am afraid* he *has sold* the car.

(a) If the verb in the dependent clause expresses a future idea, or action, the future tense may be used instead of the subjunctive, *but not for verbs expressing wish or command*.

Credo che **verrà** domani.	I think *he will come* tomorrow.
Siamo contenti che **partirà**.	We are glad *he will leave*.

BUT

Voglio che ritornino domenica prossima.	*I want them to return* next Sunday.

(b) If the subject of the main clause and of the dependent clause is the same, the infinitive or perfect infinitive is used instead of the subjunctive.

Voglio vederlo.	*I want to see him.*
Ha paura di essere malato.	*He is afraid he is sick.*
Credono di avere letto la sua lettera.	*They believe they have read* his letter.
Speriamo di vederlo a Roma.	*We hope to see him* in Rome.
Pensano di partire domani.	*They are thinking of leaving* tomorrow.

Esercizi

A. *Studiate le forme e l'uso del congiuntivo* (subjunctive). *Ripetete facendo i cambiamenti indicati.*

(1)   **a.** È impossibile che *io lo veda* prima di domani.
      1. tu   2. noi   3. Lei   4. Loro   5. voi

    b. È necessario che *Lei gli parli* subito.
      1. noi   2. io   3. loro   4. tu   5. voi

    c. È impossibile *studiare* sulla spiaggia.
      1. leggere   2. scrivere   3. telefonare   4. ascoltare la radio

(2)   **a.** La porta è chiusa, credo che *Maria dorma*.
      1. Carlo   2. essi   3. i miei amici   4. Elena

    b. La porta è chiusa, ho paura che *Maria sia uscita*.
      1. I miei amici   2. Giovanni   3. essi   4. Luisa

c. Speriamo che *il treno arrivi* prima delle quattro.
   1. i miei zii   2. Giọrgio   3. Giọrgio e Anna   4. voi
   5. tu   6. Lei
d. Non *sai tu* se io sia italiano?
   1. Lei   2. Loro   3. voi   4. essi
e. *Voi dubitate* che io parli bene l'inglese.
   1. Lei   2. essi   3. Giovanni   4. tu
f. *Lei crede* che studiando il francese *io abbia dimenticato* lo
   spagnolo.
   1. tu ... essi   2. voi ... Maria   3. io ... loro   4. noi
   ... voi

(3)   *a.* Siamo contenti che *arriveranno* lunedí.
   1. tu   2. Lei   3. voi   4. Enzo e Dino
      b. Credo che *farà* le valige, prima di partire.
   1. loro   2. voi   3. noi   4. Maria

B.   *Traducete in italiano le parole fra parentesi.*

   1. Spera che noi (*understand*).   2. È importante (*to finish*).
3. Ho paura che sua moglie (*does not speak Italian*).   4. Giovanni
non vuole (*to come*).   5. Non crẹdono che noi (*have done it*).
6. Non importa che voi (*are not there*).   7. Vọgliono che tu
(*change the money*) domani.   8. È vero che Lei (*are late*).   9. Non
so se loro (*have spoken to him*).   10. Carlo è contento che tu
(*have telephoned him*).   11. Spera che voi (*have understood*).   12. È
contento che Lei (*telephone him*).   13. Ho paura che sua moglie
(*has not understood.*)   14. Sperano (*to meet her*) a Roma.   15. Maria
non desịdera (*to return*) all'università.   16. Credo che loro (*will
return*) prima di domẹnica.   17. Dụbito che (*he has learned*) a
parlare italiano.   18. Non vọglio assolutamente che tu (*speak
to her*).

C.   *Traducete in italiano:*

   1. I want you to be at the farewell supper for the two foreign
girls.   2. I am sorry but I cannot come; I am leaving this
afternoon for a vacation.   3. Too bad that you will not be
there. At any rate I shall say good-bye to (**salutare**) them on
your behalf.   4. Thank you! Are they leaving tomorrow?

5. No, I don't think (so). I believe they are remaining in Italy for two weeks.   6. Then, I shall see them again; I want to return to Florence next week.   7. But they are leaving (**partire da**) Florence; they are going to visit several cities of southern Italy.   8. Too bad. It seems impossible that they have been here eight months.   9. Such is life! By the way, tell (speak to) me about (**di**) your vacation.   10. I want it to be a wonderful vacation, a magnificent week.   11. Where are you going, to Viareggio?   12. Oh, no! To Riccione on the Adriatic—the sea is always blue and the sky always clear there.   13. It is a beautiful spot for a short sojourn. Are you going to a pension?   14. I don't know; I hope to find a room near the beach.   15. A friend of mine has a daughter who lives in Riccione; perhaps she can help you.

Da imparare a memoria

Tu va' a comprare i biglietti; nel frattempo io farò le valige.
Se vedi Lorenzo, salutalo da parte mia.
Non c'è acqua calda e io non voglio fare il bagno freddo.
Non so quando ritornerò, ad ogni modo ti telefonerò.

Conversazione

Rispondete alle domande seguenti:

1. Dov'è Riccione?   2. Si sono divertite Joan e Jacqueline alla spiaggia?   3. Perché è necessario che ritornino a Firenze?
4. Chi le aspetta alla stazione?   5. Perché Joan vuole fermarsi all'American Express?   6. Chi avrebbe voluto rivedere Jacqueline prima di lasciare Firenze?   7. A che ora ebbe luogo la cena d'addio?   8. Dove passeranno le ultime settimane in Italia le due amiche?   9. Sa Lei il nome di una città importante dell'Italia meridionale?   10. Sono contente le signorine di lasciare l'Italia?

LA PARTITA DI CALCIO SI ANNUNZIA PER LE VIE

31

VIAGGIO IN AUTOBUS

*Joan e Jacqueline sono partite stamani per Roma. È un viaggio piuttosto
lungo che richiederà tutta la giornata. Ieri sera hanno salutato tutti gli amici,
eccetto Giovanni ed Enzo, i quali le raggiungeranno più tardi a Roma qualche
giorno prima della loro partenza dall'Italia.*

Sono le tre del pomeriggio, e l'autobus corre per la campagna a sud di Assisi. 5
*L'autobus ha fatto una fermata di due ore a Perugia, e le ragazze hanno avuto il
tempo di mangiare in un piccolo ristorante, e di fare un breve giro per la città.
Sono anche andate a vedere il gran palazzo dove c'è l'Università per Stranieri,
poiché anche Perugia ha un famoso centro di studi per gli stranieri. Infatti, la
sorella maggiore di Jacqueline ha studiato a Perugia. Quand'era ancora a* 10
*Parigi, Jacqueline non sapeva quale università scegliere, ma poi si fermò a
Firenze. Dopo Perugia l'autobus s'è fermato per quasi un'ora ad Assisi, e i
passeggeri sono andati a visitare la bellissima chiesa di San Francesco dove una
guida ha fatto vedere loro i famosi affreschi di Giotto. Ora l'autobus corre velocemente verso la capitale, e le due ragazze continuano a conversare.* 15

JOAN: Quest'autobus è assai comodo. Io credo che in Italia
   alcuni autobus siano più comodi dei treni.

JACQUELINE: Sí, ma il treno è più veloce. Scusa, ma ieri ti sei
   lavata i capelli?

JOAN: No. Avrei potuto lavarli io, ma me li sono fatti lavare dal 20
   parrucchiere. L'acqua di mare e il sole me li avevano
   rovinati.

JACQUELINE: Hai ragione. Io me li farò lavare a Roma. Dimmi,
   hai comprato dei cioccolatini a Perugia?

JOAN: Sí. Eccoli, ne vuoi? 25

JACQUELINE: No, non li voglio mangiare adesso. Volevo saperlo perché sono ottimi.

JOAN: Dove andremo a Roma? Giovanni mi ha dato l'indirizzo di due pensioni e di un buon albergo di seconda categoria.

5 JACQUELINE: È la centesima volta che me lo domandi, ma non so che cosa dirti. Potremmo fermarci all'albergo; è vicino a Via Veneto e a Villa Borghese.

JOAN: Dovremo prendere un tassí. Io non so proprio dove sia Via Veneto. In alcune città americane è facile trovare un
10 indirizzo perché le strade sono numerate: trentesima, trentunesima, cinquantesima, ecc.

JACQUELINE: Eccoci a Roma! Vedi fra quegli alberi la cupola di San Pietro?

Vocabulary

NOUNS

Assisi f. *a small town in Central Italy, birthplace of Saint Francis*

la **campagna** country, countryside

il **capello** hair (*In Italian one refers to "hair" in the plural: He has black hair* **Ha i capelli neri.**)

la **capitale** capital

la **categoria** category, class

il **centro** center

il **cioccolatino** chocolate candy

Francesco Francis

la **guida** guide

il **parrucchiere** hairdresser, barber

il **passeggiero** passenger

Perugia *city in Central Italy*

Pietro Peter; **San Pietro** *Saint Peter's Church in Rome*

lo **studio** study; studying

Via Veneto *a fashionable street in Rome*

Villa Borghese Borghese Gardens, *a large park in Rome*

ADJECTIVES

comodo comfortable

largo wide

veloce fast, speedy

VERBS

conversare†† to converse, chat

correre to run, speed

fare vedere to show

numerare to number

raggiungere to join

richiedere to require

rovinare to ruin

scegliere to choose

OTHERS

adesso (*synonym of* **ora**) now

a sud di south of

piuttosto rather

poiché since

FONTANA MAGGIORE, PERUGIA

Grammatica

I. THE VERB **FARE** WITH A DEPENDENT INFINITIVE

(1) The verb **fare** followed by an infinitive indicates that the action is carried out by someone else, namely, it translates the English *to have something done.* Thus, **fare** + INFINITIVE + NOUN = *to have* + NOUN + PAST PARTICIPLE.

Facciamo pulire la casa.	*We are having* the house *cleaned.*
Fece lavare i capelli alla sua bambina.	*She had* her little girl's hair *washed.*

(2) **Fare** followed by an infinitive also translates *to have someone do something.* In this construction, the thing is a direct object and the person an indirect object. Both follow the infinitive if they are nouns (the direct preceding the indirect), but precede **fare** if they are pronouns (except **loro** which always goes after the infinitive). If there is only one object, it is direct.

Farò leggere la **lezione** a **Maria.**	I shall have *Mary* read the *lesson.*
Gliela faccio leggere.	I am having *her* read *it.*
La farò leggere **loro.**	I shall have *them* read *it.*
Li abbiamo fatti scrivere.	We made *them* write.

When the action is done on behalf of the subject, the verb **fare** should be made reflexive.

Si fece lavare i capelli.	*She* had *her* hair washed.

(3) Constructions such as "I shall have John accompany me" are translated as if they were expressed in English "I shall have myself accompanied by John."

Mi farò **accompagnare da Giovanni.**	I shall have *John accompany me.*
Ci facciamo **lavare le camicie dalla cameriera.**	We are having *the maid wash our shirts.*

II. POSITION OF CONJUNCTIVE PRONOUNS
(*Continued*)

(1) When an infinitive depends on **dovere, potere, volere** and **sapere** (which at times have a semi-auxiliary function), the conjunctive pronouns may either precede the conjugated verb or follow the infinitive.

Non **la** voglio **vedere** (*or:* Non voglio **vederla**).
I do not want *to see her.*

Me lo deve **mostrare** (*or:* Deve **mostrarmelo**).
He must *show it to me.*

(2) The conjunctive pronouns are always attached to **ecco.**

Ẹccomi!   Here I am!
Ẹccoli!   Here they are!
Ẹccone due!   Here are two of them!

III. THE ABSOLUTE SUPERLATIVE

The absolute superlative, which translates the English adjective preceded by such adverbs as *very, extremely*, etc., is formed as follows:

(1) By translating the English adverb with one of its Italian equivalents: **molto** or **assai** (*very*), **estremamente** (*extremely*), etc.

(2) By adding **-ịssimo** (**-a, -i, -e**) to the adjective after dropping its final vowel.

È una **bellịssima donna.**
È una **donna molto bella.** } She is a *very beautiful woman.*

Adjectives in **-co** and **-go** add an **h** to the stem, and adjectives in **-cio** and **-gio** drop the **i** before **-ịssimo.**

La neve è **bianchịssima.**   Snow is *very white.*
Il cielo è **grigịssimo.**   The sky is *very grey.*

(3) **Buono** and **cattivo** have a regular and an irregular absolute superlative.

buono   good   **buonịssimo**
                   ọttimo } very good

cattivo	bad	**cattivịssimo** **pẹssimo** }	very bad

IV. ORDINAL NUMERALS

1st	**primo**	12th	**dodicẹsimo**
2nd	**secondo**	13th	**tredicẹsimo**
3rd	**terzo**	14th	**quattordicẹsimo**
4th	**quarto**	20th	**ventẹsimo**
5th	**quinto**	21st	**ventunẹsimo**
6th	**sesto**	22nd	**ventiduẹsimo**
7th	**sẹttimo**	23rd	**ventitreẹsimo**
8th	**ottavo**	30th	**trentẹsimo**
9th	**nono**	100th	**centẹsimo**
10th	**dẹcimo**	1,000th	**millẹsimo**
11th	**undicẹsimo**	1,000,000th	**milionẹsimo**

NOTE: After 10th, one can easily get any ordinal numeral merely by dropping the last vowel of a given cardinal numeral and adding **-ẹsimo**. If a cardinal numeral ends in **-tre** (*three*), the final **-e** is retained. Ordinal numerals are adjectives and agree with the noun modified in gender and number.

V. FUTURE: **ANDARE, DOVERE, POTERE, SAPERE**

andare, *to go*

Domani andrò a Villa Borghese. *Tomorrow I'll go to Villa Borghese.*

andrò	I shall go, etc.
andrai	
andrà	
andremo	
andrete	
andranno	

dovere, *to have to, must*

Dovrò studiare di piú. *I will have to study more.*

dovrò	I will have to, etc.
dovrai	
dovrà	
dovremo	
dovrete	
dovranno	

potere, *to be able, can*

Non potrò restare. *I shall not be able to stay.*

potrò   I shall be able, etc.
potrai
potrà

potremo
potrete
potranno

sapere, *to know, know how*

Quando lo saprò? *When will I know it?*

saprò
saprai
saprà

sapremo
saprete
sapranno

NOTE: In all four verbs the irregularity consists in the dropping of the initial vowel of the infinitive ending. The same, of course, holds true for the conditional: **andrei,** *etc.*; **dovrei,** *etc.*; **potrei,** *etc.*; **saprei,** *etc.*

VI. SPECIAL MEANINGS OF **DOVERE** AND **POTERE**

The present conditional of **dovere** denotes obligation and is rendered by *should, ought to.* The present conditional of **potere** is equivalent to *could* or *might.* Likewise, the perfect conditional of **dovere** and **potere** translates *ought to have, should have* and *could have, might have* respectively.

Dovrebbe studiare.	He *ought* to study.
Avrebbe dovuto studiare.	He *ought to have* studied.
Potremmo farlo.	We *could do* it.
Avremmo potuto farlo.	We *could have* done it.

(*A destra*) SAN FRANCESCO BENEDICE GLI UCCELLI (*Giotto*)

Esercizi

A. *Imparate il futuro dei verbi irregolari* **andare, dovere, potere, sapere.** *Ripetete cambiando la forma del verbo indicato.*

a. *Andrò* nello studio.
1. Lei   2. noi   3. tu   4. voi   5. Loro   6. lui

b. *Dovrai* scegliere un parrucchiere.
1. io   2. noi   3. lui   4. Lei   5. voi   6. Loro

c. Credi che *sapremo* scegliere?
1. loro   2. tu   3. lei   4. voi   5. io   6. lui

d. Nel frattempo *potrete* fare le valige.
1. io   2. noi   3. tu   4. lei   5. loro   6. Lei

B. *Studiate l'uso idiomatico del verbo* **fare.** *Ripetete le frasi seguenti facendo i cambiamenti indicati.*

a. *Si fa* lavare i capelli dal parrucchiere.
1. io   2. noi   3. tu   4. voi   5. loro

b. Gli *fece* mandare un libro.
1. Loro   2. voi   3. tu   4. noi   5. io

c. *Dovemmo* far lavare l'automobile.
1. io   2. tu   3. voi   4. loro   5. Lei

d. Lo *sa* dire correttamente.
1. noi   2. io   3. loro   4. voi   5. tu

e. Non *potrei* mai farlo.
1. noi   2. tu   3. voi   4. Lei   5. Loro

f. Il professore *mi fece* andare in biblioteca.
1. tu   2. Lei   3. voi   4. loro   5. Giovanni e Maria

g. Il professore *me la fece* ripetere tre volte.
1. tu   2. noi   3. voi   4. lei   5. essi

h. *Esempio:*

Mi faccio lavare *i capelli.*
Me li faccio lavare.

1. Si è fatta lavare i capelli.   2. Ci facciamo scrivere una lettera.   3. Gli abbiamo fatto scrivere una lettera.   4. Mi sono lavato le mani.

C. *Studiate il superlativo assoluto* (absolute superlative). *Esprimete le parole in parentesi in un'altra maniera.*

1. La poltrona è (*molto*) comoda. 2. Questo treno è (*velocissimo*). 3. Era un libro (*estremamente*) interessante. 4. Il vino di questa regione è (*ottimo*). 5. Discutono cose (*assai*) importanti. 6. Questo esercizio mi sembra (*molto*) semplice. 7. Abbiamo studiato una regola (*semplicissima*). 8. Quei cioccolatini erano veramente (*pessimi*).

D. *Studiate l'uso idiomatico di* **dovere** *e* **potere**. *Ripetete facendo i cambiamenti indicati.*

    a. Ho sempre detto che *Luisa dovrebbe* conversare piú spesso.
      1. noi   2. loro   3. tu   4. Lei
    b. Ho sempre detto che *Luisa avrebbe dovuto* conversare piú spesso.
      1. noi   2. loro   3. tu   4. Lei
    c. Potremmo scegliere un'altra guida.
      1. io   2. Lei   3. voi   4. tu
    d. Avremmo potuto scegliere un'altra guida.
      1. io   2. Lei   3. voi   4. tu

E. *Studiate i numeri ordinali. Leggete rapidamente.*

$5°$, $9°$, $7°$, $2°$, 13mo, 24mo, 33mo, 46mo, 52mo, 61mo, 78mo, 89mo, 90mo, 100mo, 105mo, 200mo, 320mo, 1000mo, $1,000,000^{mo}$.

F. *Traducete in italiano:*

1. One can go from Florence to Rome on the train, on the bus, or in an automobile. 2. There are two highways; one goes (**passare**) through Siena, the other through Perugia and Assisi. Both are extremely interesting, since all three cities are very beautiful. 3. When I go to Italy, I shall visit these cities and many others. 4. I shall not be able to go there in the summer because I am busy. It's better this way (*thus*), because in the spring it is not so hot. 5. The roads are not too wide, but they are very good, and many cars speed. 6. One of our friends is in Perugia now. This is his fourth trip to Italy, and he always goes to spend one or two weeks in Perugia. 7. Joan and Jacque-

line went to Rome on the bus which goes through Perugia.
8. John had bought a present for Joan, but he did not want to give it to her yet. He said he would give it to her in Rome, before her departure. 9. "I do not believe that I should take it," she said, "this is the tenth or eleventh present you have bought me." 10. "You will have to take it," said John; "I do not know when I will be able to buy you another one (of them)." 11. The bus stopped at Perugia and Joan and Jacqueline went to visit the University for Foreign Students where Jacqueline's oldest sister had studied the year before. 12. It is a very beautiful palace near the center of town. The girls did not know the address, however, and they had a boy accompany them. 13. At Assisi they went to see Giotto's frescoes in the church of Saint Francis. They were as beautiful as those they had seen in the church of Santa Croce in Florence. 14. Jacqueline noticed that Joan had had her hair washed. 15. Jacqueline said that she would have her hair washed in Rome.

Da imparare a memoria

È un viaggio che richiederà tutta la giornata.
La guida ci ha fatto vedere degli affreschi famosi.
Non so proprio cosa dirti.

Conversazione

Rispondete alle domande seguenti:

1. Quanto tempo richiede il viaggio da Firenze a Roma con l'autobus? 2. Che cosa avevano fatto la sera prima Joan e Jacqueline? 3. Per che cosa è famosa Perugia? 4. Che cosa fece vedere loro la guida ad Assisi? 5. Chi aveva studiato a Perugia? 6. Di che colore sono i Suoi capelli? 7. Lei ha un parrucchiere preferito? 8. Lei si lava i capelli da sé? 9. Perché Jacqueline disse "eccoci a Roma"? 10. Perché Jacqueline voleva sapere se Joan aveva comprato dei cioccolatini?

32

UN GIRO PER ROMA

JACQUELINE: Ed ẹccoci finalmente a Via Vẹneto. Ne ho sentito
parlare tanto che mi sembra già di conọscerla.
JOAN: Anche a me. Che ne pensi?
JACQUELINE: È una delle strade piú interessanti che ạbbia mai
5   veduto.

Le due ragazze sono a Roma da due giorni e sebbene ạbbiano poco tempo
vọgliono visitare almeno i posti piú importanti. Hanno già veduto il Colosseo, le
Catacombe e Piazza Venẹzia, e oggi andranno a San Pietro. Ora cammịnano a
braccetto per Via Vẹneto.

10 JACQUELINE: Quello dev' ẹssere il parco di Villa Borghese.
JOAN: Già! Io veramente sono un pochino stanca, fermiạmoci
un po' prima di andarci.
JACQUELINE: Sí, fermiạmoci a questo bar. Vọrrei un'aranciata.
JOAN: E io un espresso. Cosí posso anche aggiustarmi il cappello.
15 JACQUELINE: È prọprio un bel cappellino.
JOAN: Vuoi dire cappellạccio — è vẹcchio e brutto, ma è
cọmodo.
JACQUELINE: (*sedẹndosi*) Dụnque, vediamo un po' cosa dice la
guida di Villa Borghese. — (*legge*): "Costruita nel Seicento
20   dal Cardinale Scipione Borghese, nipote di Pạolo V."
JOAN: Basta! Basta! Le guide non m'interẹssano. Andiamo.

Le due ragazze riprẹndono il cammino e benché il parco sia grandịssimo,
riẹscono a vederne una buona parte. Verso mezzogiorno sono al Pịncio e stanno
ammirando la veduta di Roma e di San Pietro.

JOAN: Credo che sia meglio ritornare all'albergo prima che andiamo a visitare San Pietro.

JACQUELINE: Sí, sí. Io sono stanchissima e voglio riposare un'oretta.

5 JOAN: Purché la Cappella Sistina sia aperta nel pomeriggio. È l'unica cosa importante che abbia già veduta a Roma e che voglio rivedere.

JACQUELINE: Sí! La guida dice che è aperta fino alle cinque. Vedi che le guide servono a qualche cosa.

10 JOAN: Sarà vero, ma non capisco come tu ti porti dietro un librone come quello; sembra un dizionario.

JACQUELINE: Non è mica tanto grande — guarda, posso metterlo nella borsetta.

Le due ragazze si avviano verso un tassí che si è fermato all'angolo.

Vocabulary

NOUNS
la **borsa** purse
il **cappello** hat
il **cardinale** cardinal
le **Catacombe** Catacombs
il **Colosseo** Colosseum
il **dizionario** dictionary
l'**espresso** *black Italian coffee*
la **guida** guide, guidebook
il **nipote** nephew
la **nipote** niece
il **parco** park
Piazza Venezia *a square in Rome*
il **Pincio** *a section of* **Villa Borghese**
la **strada** street, road

ADJECTIVES
aperto open
brutto ugly
unico only, single

VERBS
aggiustare to fix
costruire (isc) to build
interessare†† to interest
riprendere to take again; **riprendere il cammino** to continue on one's way
riuscire (a) to succeed (*conjugated like* **uscire** *and with* **essere**)

OTHERS
dunque well then
mica at all (*with negatives*)

IDIOMS
pensare†† (**di**) to think of, to have an opinion about
portarsi†† **dietro** to carry around
sentire†† **parlare di** to hear about
un'oretta about an hour
volere dire to mean, signify

(*A sinistra*) COLOSSEO

PIAZZA DI SPAGNA, ROMA

Grammạtica

I. USES OF THE SUBJUNCTIVE (*Continued*)

The subjunctive is used in the following cases:

(1) After the relative superlative or the adjectives **ụnico, solo,** when the subordinate clause is introduced by **che** and other relatives.

<table>
<tr><td>È il piú interessante libro che io ạbbia letto.</td><td>It is the most interesting book I have read.</td></tr>
<tr><td>È l'ụnico (il solo) Italiano che io conosca.</td><td>He is the only Italian I know.</td></tr>
</table>

(2) After the conjunctions: **affinché,** *so that, in order that;* **a meno che . . . non,** *unless;* **benché,** *although;* **sebbene,** *although;* **perché,**

in order that; **prima che,** *before;* **purché,** *provided that;* **senza che,**
without.

Lo comprerò **sebbene costi** troppo.	I will buy it *although it costs* too much.
Lo spiega **affinché lo capịscano.**	He explains it *so that they may understand it.*
Partiranno **purché non piova.**	They will leave *provided it does not rain.*
Parlo forte **perché mi senta.**	I am speaking loudly *so that he may hear me.*

II.   SUFFIXES AND THEIR USES

Italian is extremely rich in suffixes which, when added to a noun, an adjective, or an adverb (after the final vowel has been dropped), alter the meaning. The most common suffixes are:

-ino ⎱ denote smallness and, but not necessarily, affection
-etto ⎰   *(little, pretty, fairly, sweet, dear).*
-ụccio   denotes smallness and insignificance, and also affection.
-one   (f. **-ona**) implies bigness.
-ạccio   indicates worthlessness, scorn.

Ạbitano in una **casetta.**	They live in a *little (pretty) house.*
Di chi è quẹl **librone?**	Whose *large book* is that?
Canta **benino.**	She sings *fairly well.*
Quella ragazza è **bellina.**	That girl is *rather pretty.*
Carlụccio.	*Dear Charles.*
È una **pennạccia** che non scrive mai bene.	It is a *terrible pen* that never writes well.

In general a noun modified by a suffix retains the original gender. However, in certain instances, a feminine noun is made masculine by the addition of a suffix.

una tạvola	*a table*	**un** tavolino	*a little table*
una finestra	*a window*	**un** finestrone	*a big window*

The student should be rather cautious in the use of suffixes until, through long experience, he has acquired a certain degree of familiarity with their proper usage.

III. SUBSTITUTES FOR CERTAIN ORDINAL NUMERALS

Generally, especially in connection with literature and art, Italian uses the following forms to refer to centuries from the thirteenth on:

il Duecento	the 13th century
il Trecento	the 14th century
il Quattrocento	the 15th century
il Cinquecento	the 16th century
il Seicento	the 17th century
il Settecento	the 18th century
l'Ottocento	the 19th century
il Novecento	the 20th century

Note that these substitute forms are usually capitalized.

IV. PRESENT SUBJUNCTIVE: **FARE, ANDARE**

fare, *to make; to do*

Vuole che (io) făccia colazione con lui. *He wants me to have lunch with him.*

făccia	I (may, should) make, do, etc.
făccia	
făccia	
facciamo	
facciate	
făcciano	

andare, *to go*

Dųbitano che (io) vada via. *They doubt that I will go away.*

vada	I (may, should) go, etc.
vada	
vada	
andiamo	
andiate	
vạdano	

Esercizi

A. *Studiate il presente del congiuntivo di* **fare** *e di* **andare**. *Ripetete le frasi seguenti facendo i cambiamenti indicati.*

   a. Dubitano che **io faccia** il telegramma in tempo.
     1. tu   2. noi   3. Lei   4. voi   5. Loro
   b. Ha paura che **Carlo vada** in Italia senza passaporto.
     1. io   2. noi   3. Lei   4. voi   5. Loro

B. *Studiate gli usi del congiuntivo* (continuazione). *Ripetete facendo i cambiamenti indicati.*

   a. È *il dizionario* piú utile che io conosca.
     1. la grammatica   2. la rivista   3. la borsa   4. la guida
   b. Sono *le sole città* che loro abbiano visitato.
     1. i soli paesi   2. le sole Catacombe   3. le uniche persone
     4. i soli cugini
   c. Mario è il solo studente che *sia assente.*
     1. abbia capito la regola   2. abbia finito la lezione
     3. vada in biblioteca ogni giorno   4. legga i giornali
     italiani
   d. Partiremo domani purché *non piova.*
     1. tu lo desideri   2. ce lo permetta mio padre.   3. Lei ci
     accompagni alla stazione.   4. il tempo sia bello.
   e. Te lo dico benché tu *non lo creda.*
     1. ne dubiti   2. non mi capisca   3. lo abbia già fatto.
     4. abbia sonno.   5. sorrida.
   f, Gli telefoneremo prima che *parta il treno.*
     1. vada alla stazione.   2. vada a dormire.   3. ritorni in
     America.   4. sia troppo tardi.

C. *Traducete le parole fra parentesi.*

   1. È l'unica persona che (*has succeeded*) a farlo in tempo. 2. È la sola studentessa che (*gets up*) presto ogni giorno.   3. Comprerò questa borsa (*even though it is*) piccola.   4. È il migliore cappello che (*I have*). 5. (*Unless you are*) troppo stanco (*you should*) visitare il Colosseo. 6. Scriviamo loro una lettera (*before they go*) a Roma. 7. Prenda il mio dizionario (*provided you do not lose it*).

8. Ditegli quale è la lezione per domani (*so that he may do it*).
9. E la piú bella guida (*I have bought*).   10. È il solo amico che
(*came to see me*).   11. Gli scriveremo prima (*he goes*) a Venezia.
12. Te lo spiego (*in order that you understand it*).   13. Cercherò di
uscire (*without their seeing me*).   14. È la sola città (*they have not
visited*).

D.   *Studiate il significato e l'uso dei suffissi spiegati in questa lezione.
Esprimete le frasi seguenti servendovi del suffisso adatto.*

   ESEMPIO: un ragazzo grande — un ragazzone

   1. una piccola borsa   2. un gran cappello   3. una brutta
via   4. molto poco   5. dei cattivi giornali   6. delle piccole
stanze   7. un grand'orologio   8. un piccolo orologio   9. un
cattivo orologio   10. caro piccolo Carlo   11. cara piccola
Maria   12. una piccola busta

E.   *Dite in un altro modo.*

   1. il secolo quattordicesimo   2. il secolo ventesimo   3. il
secolo quindicesimo   4. il secolo diciottesimo   5. il secolo
diciassettesimo   6. il secolo sedicesimo

F.   *Traducete in italiano:*

   1. I have been carrying around this guide book for a week,
but I am afraid it is not very useful.   2. But it is the best guide
book that is sold in Rome.   3. Look, I want to know when Villa
Borghese was built and I can only find where to buy hats and
purses.   4. But that (**questo**) is very useful unless hats and
purses do not interest you.   5. Although hats and purses interest me, I came to Rome to see the Colosseum, the Catacombs
and other interesting places.   6. Well, then, why don't you go
there?   7. I don't know which street to take.   8. I can tell you
(it). We are now in Piazza Venezia; if you take this street, you
will arrive at the Colosseum, unless you stop at a bar!   9. I
have heard so much about it, I am very anxious (**desideroso**)
to (**di**) see it. Is it open at this hour?   10. What do you mean?
The Colosseum is always open.   11. I was joking! By the way,
before I go there, perhaps you can tell me something about (**di**)
Villa Borghese.   12. The Borghese family had it built in the

seventeenth century. It is a very large park, although it does not seem (so). 13. You have been very kind; how can I thank you? 14. You do not have to thank me, but if you need some little souvenir for your wife, or son or nephew . . . I have a little shop. 15. Really? This interests me very much. I have not yet found anything for my wife, though I have looked (**cercare**) in many stores.

Da imparare a memoria

Si porta sempre dietro degli assegni.
Non ho mai sentito parlare di questo autore.
Vuoi riposare per un'oretta?
Non capisco cosa voglia dire questa frase.

Conversazione

Rispondete alle domande seguenti:

1. In quale città è Via Veneto? 2. Cosa ne pensa Jacqueline? 3. Hanno molto tempo per visitare Roma le due ragazze? 4. Perché si fermano prima di andare a Villa Borghese? 5. Com'è il cappello di Joan? 6. Quando fu costruita Villa Borghese? 7. Di chi era nipote il Cardinale Scipione Borghese? 8. Dove sono le due ragazze verso mezzogiorno? 9. Qual è l'unica cosa a Roma che Joan desidera rivedere? 10. Lei ha mai assaggiato il caffè espresso?

RIPETIZIONE 8

I. *Rispondete alle domande seguenti:*

1. Su che mare è Riccione? 2. Va spesso a nuotare Lei? Dove, al mare o in piscina? 3. In che mese va in vacanza Lei? 4. Quale è la città piú grande dell'Italia meridionale? 5. Legge un giornale ogni giorno Lei? Quale? 6. Perché è famosa Perugia? 7. Quale famosa chiesa c'è ad Assisi? 8. Come andarono a Roma Joan e Jacqueline? 9. Lei preferisce viaggiare in treno o in autobus? 10. Dov'è Via Veneto? 11. Quando fu costruita Villa Borghese? 12. Che cosa vuole rivedere a Roma Joan? 13. Crede Lei che le guide siano utili? 14. Ha sentito parlare delle Catacombe? 15. Cosa ne pensa del Colosseo Lei?

II. *Esprimete le frasi seguenti con una forma del gerundio.*

1. Quando andavo alla spiaggia vidi Luisa e Anna. 2. Mentre leggiamo impariamo molte cose. 3. Quando entrai nel negozio Carlo comprava un costume da bagno. 4. Non li vedi? Sono là; si tuffano. 5. Dopo che si furono vestiti, uscirono.

III. *Dite in un altro modo* (differently).

1. Sono venti minuti che ti aspetto. 2. Era mezz'ora che stavano in piazza. 3. Quando suonò il telefono era un'ora che dormivo. 4. Sono tre anni che siamo in Italia. 5. È molto tempo che siete qui?

IV. *Dite al passato remoto.*

(*a*) 1. dico 2. dice 3. diciamo 4. dicono 5. dite 6. dici

(*b*) 1. fanno 2. faccio 3. facciamo 4. fate 5. fai 6. fa

V. *Completate in italiano le frasi seguenti.*

(*a*) 1. (*Having filled*) i bicchieri, il cameriere ce li portò. 2. (*By coming here*) poté vedere suo cugino. 3. (*She has been fixing*) il cappello da dieci minuti. 4. Bisogna che Lei (*build*) una casa. 5. Non credo che (*they have taken a bath*). 6. (*She makes me choose*) un libro ogni settimana. 7. (*Reading*) i miei appunti imparò molte cose. 8. (*They were sleeping*) quando il campanello suonò. 9. Quando lo incontrai (*he had been in Rome*) due giorni. 10. (*He puts on*) una camicia nuova ogni domenica. 11. Desidero che (*they be home*) alle sette precise. 12. (*Have him*) visitare il Colosseo.

(*b*) 1. (*I must know it*) subito. 2. L'albergo in cui ci siamo fermati è (*very good*). 3. È la piú bella borsa che (*I have seen*). 4. Andrò a San Pietro con te (*provided it is*) aperto. 5. Questa chiesa fu costruita (*in the 13th century*). 6. (*Can I bring it*) a casa mia? 7. Questo parco è (*very ugly*). 8. Telefoniamo loro (*before they leave*). 9. Ha ordinato molte cose (*although he is not hungry*). 10. È un'usanza del (*19th century*). 11. Spero che loro (*are going home*). 12. Vuole che io (*do it*) di nuovo.

VI. *Traducete in italiano:*

1. Before leaving I shall have my watch fixed. 2. Here she is; I must speak to her of it immediately. 3. They say it is the best dictionary that they sell. 4. Many passengers take this train; it is very fast. 5. Having decided to (**di**) stay at the beach another hour, she stretched out on the sand. 6. Looking at her face one can tell she tans easily. 7. What a wonderful bathing suit, why don't you put it on? 8. He is the only guide that there is here.—I have heard about him. 9. I am studying the art of the 18th century so that I can pass the examination. 10. I hope you are going to the Catacombs. 11. Why are you wearing that old hat? Do you think it is cold? 12. We have been walking for two hours.—It is true that Villa Borghese is a very large park. 13. I have to pack, meanwhile you can read the paper. 14. It is necessary that you say good-bye to them on my behalf. 15. I think that his wife and his son are traveling in southern Italy.

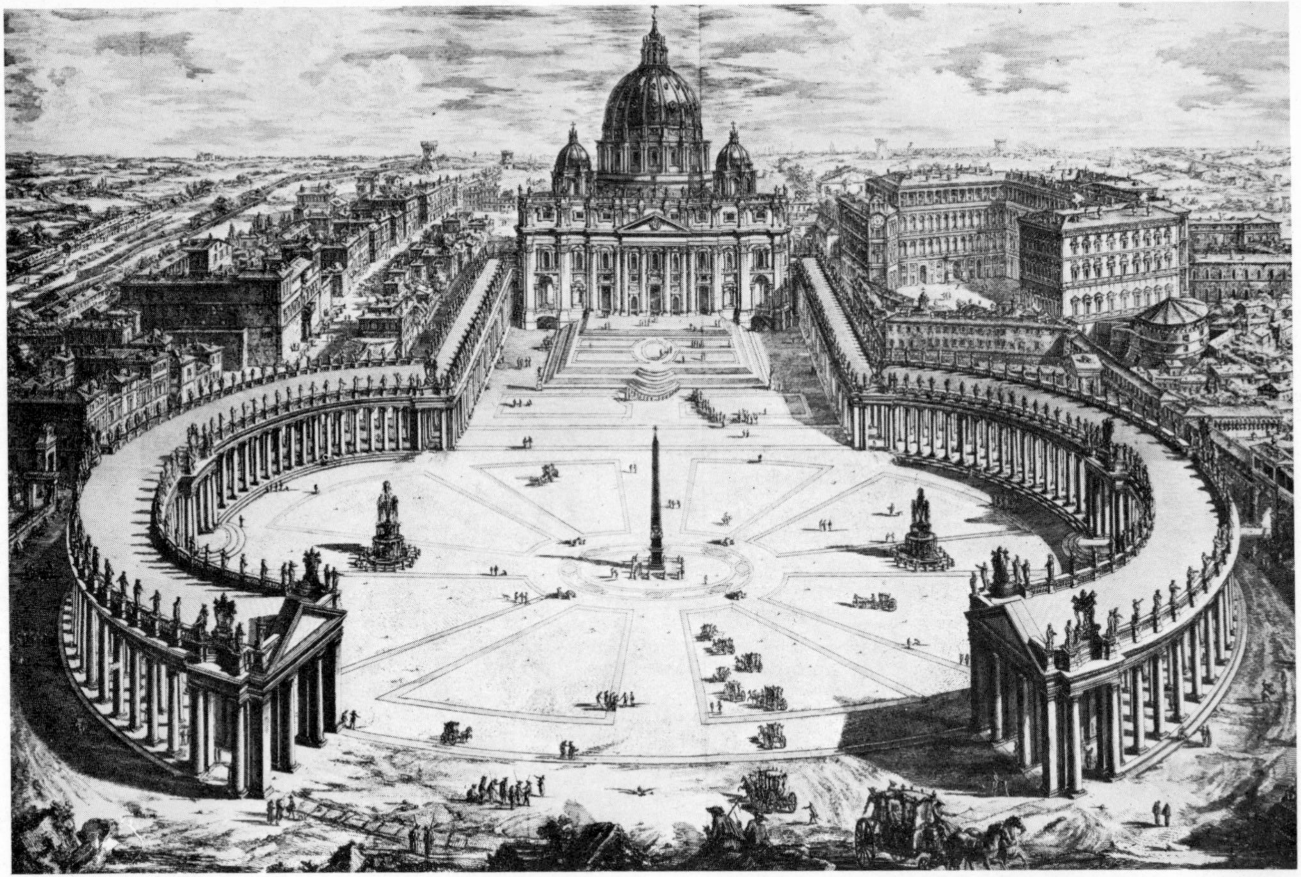

SAN PIETRO, CITTÀ DEL VATICANO

33

A NAPOLI

Il golfo di Napoli è senza dubbio uno dei piú magnifici d'Europa e del mondo,
ed è anche uno dei porti piú attivi del Mediterraneo. Napoli offre uno spettacolo
indimenticabile a chi la vede per la prima volta: con il suo mare azzurro, la
passeggiata lungo il mare, il Vesuvio, Capri e le altre isole, e i suoi meravigliosi
5 *dintorni.*

Joan e Jacqueline sono a Napoli da tre giorni, ed hanno già visitato i posti
piú interessanti. Hanno fatto una gita a Capri e alla grotta azzurra; hanno
fatto una gita ad Amalfi; hanno passato diverse ore a Pompei, e hanno visitato
la bellissima Galleria, dove hanno preso una granita di caffè. Interessantissima
10 *è stata la visita al Museo Nazionale. Ora è l'una del pomeriggio, e sono sedute*
a un tavolino di uno dei ristoranti sul golfo.

JACQUELINE: In questa lista ci sono tutte le specialità napoletane.

JOAN: Io non ho mica molta fame. Mi basterebbe un paio
d'uova.

15 JACQUELINE: Tu scherzi! Dobbiamo assaggiare gli spaghetti
alle vongole. Dov'è andato il cameriere?

JOAN: È quel giovane alto con la giacca bianca che sta parlando
con uno dei musicisti. Non c'è fretta, io sono un po' stanca;
infatti mi fa male una scarpa, e vorrei restare seduta e
20 riposarmi per un'oretta.

JACQUELINE: C'erano tante sale in quel museo che avremo fatto
almeno due miglia.

JOAN: È vero. Ma pensa quante centinaia di cose abbiamo
veduto!

MILANO

JACQUELINE: È senza dubbio uno dei piú bei musei ch'io abbia
mai visto.

JOAN: Non so ancora se l'anno venturo ritornerò in Italia, ma
se ci ritorno verrò di nuovo a Napoli.

JACQUELINE: A me dispiace di non esserci potuta venire prima. 5
Che cosa faremo dopo colazione?

JOAN: Finita la colazione, prenderemo una carrozza e faremo
una passeggiata lungo il mare.

JACQUELINE: È un'ottima idea.

JOAN: Chi sa se fa molto freddo qui a Napoli nell'inverno? 10

JACQUELINE: Non so, ma non credo che faccia molto freddo.

Credo, però, che l'autunno e la primavera siano le stagioni migliori.

JOAN: Senti! I musicisti hanno incominciato a suonare una canzonetta.

5 JACQUELINE: Sí. È carina. Ed ecco il cameriere.

JOAN: Meno male! Adesso ho fame anch'io!

Vocabulary

NOUNS

l'**autunno** fall, autumn
la **canzone** song
Capri *f.* Capri (*a well known island near Naples*)
la **carrozza** carriage
i **dintorni** surroundings
il **dubbio** doubt
la **fretta** haste
la **galleria** gallery, arcade
la **giacca** coat, jacket
il **golfo** gulf
l'**inverno** winter
l'**isola** island
il **Mediterraneo** Mediterranean Sea
il **musicista** (*f.* la **musicista**) musician
la **passeggiata** walk, promenade
Pompei *f.* Pompeii (*Roman city buried during an eruption of Vesuvius in 79 A.D.*)
il **porto** port, harbor
la **sala** hall
la **scarpa** shoe
gli **spaghetti alle vongole** spaghetti with tomato and clam sauce

la **specialità** specialty
la **stagione** season
il **Vesuvio** Vesuvius (*a volcano in the bay of Naples*)

ADJECTIVES

alto tall, high
attivo active
indimenticabile unforgettable
napoletano Neapolitan

VERBS

offrire†† to offer, present
preso (*p.p. of* **prendere**) taken
riposare, riposarsi to rest
suonare†† to play (*an instrument*)
visto (*p.p. of* **vedere**) seen

IDIOMS

fare due (**tre**, *etc.*) **miglia** to walk two (three, *etc.*) miles
fare male to hurt, ache (*takes indirect object*)
fare una passeggiata to go for a ride, take a walk
meno male it's a good thing

Grammatica

I. THE SUBJUNCTIVE IN PRINCIPAL CLAUSES

In a principal clause the subjunctive is used to express wishes and exhortations. In these cases the clause may be introduced by **che.**

Sia ringraziato il cielo!	*Thank* Heavens!
Che parta, se vuole.	*Let him leave,* if he wants to.

II. SPECIAL USE OF THE PAST PARTICIPLE

The past participle is at times used alone, in place of the perfect gerund, in what is called *an absolute construction.* In this construction the past participle agrees with the subject of the sentence if the participle is derived from a verb that is conjugated with **essere.** Otherwise, the past participle agrees with the object.

Arrivate a Roma, le **ragazze** andarono a un albergo.	*Having arrived* in Rome, the *girls* went to a hotel.
Finita una lettera, incominciò a leggerne un'altra.	*Having finished* a *letter,* he began to read another.

III. THE SEMI-AUXILIARY VERB WITH A DEPENDENT INFINITIVE

When **dovere, potere** and **volere** govern an infinitive, they are conjugated with either **essere** or **avere,** depending on whether the dependent infinitive is conjugated with **essere** or **avere.**

Non **ho potuto** mangiare.	I have not been able *to eat.*
Non **è potuta** partire.	She has not been able *to leave.*

IV. NOUNS WITH AN IRREGULAR PLURAL

Some masculine nouns in **-o** have an irregular feminine plural in **-a.** Here are the most common:

	SINGULAR	PLURAL
the arm	il braccio	le braccia
the hundred	il centinaio	le centinaia
the finger	il dito	le dita
the lip	il labbro	le labbra
the thousand	il migliaio	le migliaia
the mile	il miglio	le miglia
the bone	l'osso	le ossa
the pair	il paio	le paia
the egg	l'uovo	le uova

Note 1: The irregular plural **le ossa** refers to human bones. Otherwise **gli ossi** is used.

Note 2: **Centinaio, migliaio,** and their plurals take the preposition **di** before a noun.

C'era un **centinaio di persone.**   There were about *one hundred people.*
Vidi **migliaia di alberi.**   I saw *thousands of trees.*

V.   FUTURE: **VENIRE, VOLERE**

venire, *to come*
Verrò l'inverno prossimo.   *I'll come next winter.*

verrò	I shall come, etc.
verrai	
verrà	
verremo	
verrete	
verranno	

volere, *to want*
Non lo vorrò vedere.   *I will not want to see him.*

vorrò	I shall want, etc.
vorrai	
vorrà	
vorremo	
vorrete	
vorranno	

VI. CONDITIONAL: **VENIRE, VOLERE**

venire

Verrei, ma non ho tempo.   *I would come, but I have no time.*

verrei	I would (should) come, etc.
verresti	
verrebbe	
verremmo	
verreste	
verrębbero	

volere

Vorrei vederla.   *I would like* (Lit., *I would want) to see her.*

vorrei	I would (should) want, etc.
vorresti	
vorrebbe	
vorremmo	
vorreste	
vorrębbero	

Esercizi

A.   IL FUTURO DI *venire* E *volere.*
Cambiate il verbo delle frasi seguenti dal presente al futuro.

1. *Vuole* la mia giacca.   2. *Vogliono* assaggiare una specialità napoletana.   3. *Voglio* conoscere quel musicista.   4. *Vogliamo* un paio di scarpe nuove.   5. Lei vuole passare l'inverno a Pompei?   6. *Viene* per vedere il Vesuvio.   7. *Vengono* spesso in quest'isola.   8. *Vengo* per la stagione solamente.   9. *Veniamo* spesso in carrozza.   10. *Vieni* anche tu a Capri?

B.   IL CONDIZIONALE DI *venire* E *volere.*
Cambiate il verbo delle frasi seguenti al condizionale:

1. *Volevate* mangiare anche voi?   2. *Vorrà* suonare il piano.
3. I ragazzi *vogliono* visitare i dintorni.   4. Non *vogliono*

ascoltare la canzone. 5. *Volevo* fermarmi in galleria. 6. Anche io *verrò* volentieri. 7. *Viene* anche Lei a fare una passeggiata? 8. *Verremo* anche noi in autunno. 9. Anche il ragazzo *verrà* alla porta. 10. Sono certo che *verrai* anche tu.

C. IL PLURALE IRREGOLARE DI ALCUNI NOMI.
Cambiate le frasi seguenti al plurale.

1. Il labbro rosso. 2. Un migliaio di libri. 3. Il dito bianco. 4. Un centinaio di uomini. 5. L'uovo sodo [*hard boiled*]. 6. Un paio di scarpe. 7. Mi fa male il braccio. 8. Ho fatto un miglio.

D. LA COSTRUZIONE ASSOLUTA (The absolute construction). IL PARTICIPIO ASSOLUTO.
Cambiate le frasi seguenti usando la costruzione assoluta:

ESEMPIO: *Avendo riconosciuto* la musicista, la chiamò.
Riconosciuta la musicista, la chiamò.

1. *Avendo finito* la canzone, i musicisti si sono seduti. 2. *Essendo partite* le ragazze, Enzo ritornò a casa. 3. *Avendo visitato* i dintorni, ritornarono a Napoli. 4. *Avendo letto* la lista, ordinò degli spaghetti alle vongole. 5. *Essendo andata* a letto, aprí una rivista e incominciò a leggere.

E. I VERBI SEMI-AUSILIARI.
Cambiate i verbi indicati al passato prossimo:

ESEMPIO: Non *poteva* cantare
Non ha potuto cantare.

1. Non *voleva* venire. 2. Non *vuole* mangiare. 3. *Devo* lavorare. 4. *Doverono* ritornare. 5. Non *posso* farlo. 6. Non *possiamo* venire. 7. Maria *volle* comprare due paia di scarpe. 8. Non *potevo* venire perché mi facevano male le ossa. 9. A me non piacciono le uova, ma stamani *dovei* mangiarne tre. 10. Non *potevamo* leggere centinaia di libri.

F. *Traducete le frasi seguenti:*

1. Of the many Italian cities by (**su**) the sea, Naples is one of the most beautiful. 2. The magnificent surroundings of Naples are famous all over (*in all*) the world: they are famous for the

blue sea, (**il**) Vesuvius, the islands, and the blue grotto. 3. The port of Naples is one of the most active in the Mediterranean. 4. Joan and Jacqueline went to Naples together from Rome, but Enzo and John had not been able to accompany them. 5. It was beautiful weather, and the two young ladies remained in Naples for a few days. 6. Having arrived in Naples, on the first day they visited the museum, and in the afternoon, around (**verso**) four o'clock, they stopped at a cafe in the arcade. 7. In the museum there were hundreds of statues. 8. They knew that there was another beautiful arcade in Milan, but they had not seen it. 9. I do not know when I shall see it—said Joan—perhaps next year. I should like (use **volere**) to come back next year. 10. On the second day the girls made an excursion to Sorrento and Capri. Capri is not very far from Naples, and they were able to do everything in one day. 11. On the third day they went to Pompeii in the morning, and they returned to their hotel in the afternoon. 12. They were tired. "We must have (*we probably have*) walked five miles," said Joan. 13. At noon they went to a restaurant on the gulf, near the hotel. Having arrived at the restaurant, the two girls went to a little table near the water. 14. They sat down, and they saw three musicians who were about to play. 15. You know—said Joan—although I have not eaten since this morning, I am not very hungry.

Da imparare a memoria

Carlo non è venuto perché gli fa male un piede.
Prima di andare a letto, facciamo una passeggiata.
Tutte le mattine fa due miglia per andare a scuola.

Conversazione

Rispondete alle domande seguenti:

1. In quale mare è il golfo di Napoli? 2. Per che cosa è famosa la città di Napoli? 3. Lei sa se è molto grande l'isola di Capri? 4. Dove sono alcuni dei piú famosi ristoranti napole-

tani?   5. Che cosa hanno fatto Joan e Jacqueline a Napoli?
6. Perché vuole riposarsi Joan?   7. Quante miglia avranno fatto
nel museo?   8. Che cosa faranno le ragazze dopo colazione?
9. Fa molto freddo a Napoli nell'inverno?   10. Che tempo fa
nella nostra città durante l'inverno?

ULISSE E PENELOPE, POMPEI

34

OPERA ALL'APERTO

Le due amiche, Joan e Jacqueline, sono di nuovo a Roma dopo una visita di tre giorni a Napoli e i suoi dintorni. Domani sarà il loro ultimo giorno in Italia.

JOAN: Oh, come vorrei restare in Italia altri due o tre mesi! Se non dovessi assolutamente ritornare a casa lo farei.

JACQUELINE: Anch'io! Se avessi avuto il denaro sarei restata a 5 Firenze un altro anno.

JOAN: Che ore sono?

JACQUELINE: Sono già le dieci e venti. Giovanni ha scritto nella sua lettera che voleva che andassimo a incontrarli alla stazione. Ma non credo che potremo. 10

JOAN: Perché no?

JACQUELINE: Dobbiamo comprare i biglietti per l'opera e se non andiamo prima di mezzogiorno saranno esauriti. Se li avessimo comprati ieri sera ora non avremmo tanta fretta.

JOAN: Che opera c'è stasera? 15

JACQUELINE: La *Tosca.*

JOAN: Ne sei sicura? Credevo che ci fosse l'*Aïda.*

JACQUELINE: Ecco, guarda il programma.

JOAN: È vero, è proprio la *Tosca.* A proposito, tu che ti porti sempre dietro quella guida, cosa puoi dirmi delle Terme di 20 Caracalla?

JACQUELINE: Vediamo un po' — ecco, pagina 225. Terme di Caracalla. "Le terme erano grandi edifici per bagni presso gli antichi romani. Le Terme di Caracalla (186–217 d.c. =

dopo Cristo) furono fatte costruire da questo imperatore e sono rimaste in discreto stato di conservazione attraverso i secoli. Oggi si usano per spettacoli all'aperto durante l'estate." Basta?

5 JOAN: Sí, sí, è abbastanza chiaro. E cosa faremo dopo l'opera?

JACQUELINE: Non so. Credo che Enzo abbia detto di volere andare a un ristorante a mangiare qualcosa.

JOAN: Ah, sí, ora ricordo, da Alfredo.

JACQUELINE: E chi è Alfredo?

10 JOAN: Come, non sai chi sia Alfredo? "Da Alfredo" è uno dei piú famosi ristoranti che ci siano a Roma — infatti è famosissimo per le fettuccine al burro: sono deliziose. Ed ora sarà meglio andare a comprare i biglietti.

Vocabulary

NOUNS

il **burro** butter
la **conservazione** conservation, preservation
l'**edificio** building
le **fettuccine** egg noodles; le **fettuccine al burro** buttered egg noodles
l'**imperatore** m. emperor
l'**opera** opera
la **pagina** page
il **programma** program
il **Romano** Roman
lo **stato** state, condition
le **Terme di Caracalla** the Baths of Caracalla (*public bath house of ancient Rome, now used for open-air musical and operatic performances*)

ADJECTIVES

esaurito sold out
romano Roman

VERBS

pulire (**isc**) to clean
rimasto (*p.p.* **of rimanere**) remained (*conjugated with* **essere**)
usare to use

OTHERS

abbastanza enough
attraverso through
presso near, among

IDIOM

avere fretta to be in a hurry

OPERAS

la **Tosca** Tosca
l'**Aïda** Aïda

PIAZZA NAVONA, ROMA

Grammatica

I. IMPERFECT SUBJUNCTIVE

Model verbs **parlare, ripetere, dormire**

parlare

Voleva che (io) parlassi a Carlo. *He wanted me to talk to Charles.*

parl-assi	I spoke, might speak, etc.
parl-assi	
parl-asse	
parl-assimo	
parl-aste	
parl-assero	

318

ripẹtere

Dubitava che (io) lo ripetessi.   *She doubted that I would repeat it.*

ripet-essi   I repeated, might repeat, etc.
ripet-essi
ripet-esse

ripet-ẹssimo
ripet-este
ripet-ẹssero

Credẹvano che (io) dormissi.   *They thought I was sleeping.*

dorm-issi   I slept, might sleep, etc.
dorm-issi
dorm-isse

dorm-ịssimo
dorm-iste
dorm-ịssero

II.   IMPERFECT SUBJUNCTIVE: **AVERE, ẸSSERE**

avere

Se (io) avessi fame, mangerei.   *If I was hungry, I would eat.*

avessi   I had, might have, etc.
avessi
avesse

avẹssimo
aveste
avẹssero

ẹssere

Credeva che (io) fossi stanco (-a).   *He thought I was tired.*

fossi   I was, might be, etc.
fossi
fosse

fọssimo
foste
fọssero

III. THE PAST PERFECT SUBJUNCTIVE

avere parlato (ripetuto, avuto, etc.) *to have spoken, repeated, had,* etc.).

Aveva paura che (io) ne avessi parlato. *He was afraid I might have spoken about it.*

avessi parlato	I might have spoken, etc.
avessi parlato	
avesse parlato	
avęssimo parlato	
aveste parlato	
avęssero parlato	

ęssere andato (partito, stato, etc.) *to have gone (left, been,* etc.)

Era impossįbile che fosse andato via. *It was impossible that he had gone away.*

fossi andato (-a)	I might have gone, etc.
fossi andato (-a)	
fosse andato (-a)	
fossimo andati (-e)	
foste andati (-e)	
fossero andati (-e)	

IV. SEQUENCE OF TENSES WITH THE SUBJUNCTIVE

(1) If the verb of the main clause is a present, future or imperative, the present or present perfect subjunctive is used.

È impossįbile che **sia arrivata** stamani.	*It is* impossible that she *arrived* this morning.
Non **vorrò** che **ritorni** troppo presto.	I *shall* not *want* him to *come back* too early.
Dįtele che lo **fąccia** sųbito.	*Tell her to do* it immediately.

(2) If the verb of the main clause is a past tense or a conditional, the imperfect or past perfect subjunctive is used.

Era impossįbile che **arrivasse** stamani.	*It was* impossible that she *arrive* this morning.

| Era impossìbile che **fosse arri-** **vata** domènica. | *It was* impossible that *she had arrived* on Sunday. |
| Non **vorrei** che **ritornasse** troppo presto. | *I should* not *want* him *to come back* too early. |

V. USES OF THE SUBJUNCTIVE (*Continued*)

(**1**) *If* clauses: An *if* clause, denoting a condition contrary to fact, requires the imperfect or past perfect subjunctive according to the time to which the sentence refers. The main or result clause takes the conditional or conditional perfect.

| Se **fossi** in Itàlia **visiterei** Roma. | *If* I *were* in Italy I *would visit* Rome. |
| Se **fossi stato** in Itàlia **avrei visitato** Roma. | If I *had been* in Italy I *would have visited* Rome. |

(**2**) In all other conditional sentences the indicative is used in both clauses.

Se **ha** denaro me lo **darà**!	*If he has* money (*i.e.* now) *he will give* it to me.
So lo **diceva lui era** vero.	*If he said it was* true.
Se **andrò** a Roma, **visiterò** il Foro.	*If I go* to Rome, *I shall visit* the Forum.
Se **cantava** vuòl dire che **era** felice.	*If she was singing*, it means that *she was* happy.

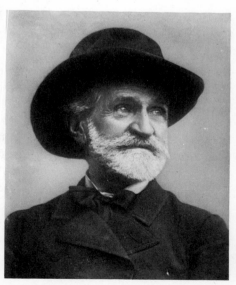

GIUSEPPE VERDI

IL FORO ROMANO

Esercizi

A. L'IMPERFETTO DEL CONGIUNTIVO (The imperfect subjunctive).
Ripetete gli esempi seguenti cambiando le parole indicate:

   a. Voleva che *io pulissi* la camera.
     1. noi 2. voi 3. Loro 4. tu 5. Lei 6. loro 7. lui
   b. Non sapevano che *Lei fosse* italiana.
     1. io 2. loro 3. lei 4. tu 5. Loro 6. noi 7. voi
   c. Era impossibile che *loro credessero* quella storia.
     1. noi 2. voi 3. Loro 4. tu 5. io 6. Lei 7. lui
   d. Non credevo che *tu andassi* in Francia.
     1. lui 2. Lei 3. loro 4. lei 5. Loro 6. noi 7. voi
   e. Dubitava che *Lei avesse* molto denaro.
     1. io 2. tu 3. lui 4. loro 5. voi 6. Loro 7. noi

B. IL TRAPASSATO DEL CONGIUNTIVO (The past perfect subjunctive).

Ripetete gli esempi seguenti cambiando il verbo dal congiuntivo imperfetto al trapassato del congiuntivo.

1. Speravano che *potessi* partire. 2. Credeva che tu *fossi* presente. 3. Sembrava che Lei *volesse* comprare un'automobile. 4. Non volevamo che voi ne *parlaste* ai compagni. 5. Era impossibile che loro *venissero* a tempo.

C. *Cambiate le frasi seguenti secondo l'esempio.*

> ESEMPIO: Se *avrò* tempo lo *farò.*
> Se avessi tempo lo farei.

1. Se *avrò* il denaro *farò* un viaggio in Italia. 2. Se Lei *assaggerà* le fettuccine, le *piaceranno.* 3. Se *avrai* denaro *potrai* comprare i biglietti. 4. Se *potranno* vedere un'opera *vorranno* vedere la Tosca. 5. Se non *avrete* fretta vi *fermerete* a Roma.

D. *Sostuite all'infinito del verbo la forma corretta del congiuntivo.*

1. La signorina credeva che io *volere* comprare la valigia. 2. Vogliono che voi *scrivere* loro una lettera. 3. Credevo che le Terme di Caracalla *essere* a Pompei. 4. Con questo vestito grigio bisogna che *portare* una camicia bianca. 5. Parlava di Roma come se ci *essere* poco tempo prima.

E. *Cambiate le frasi seguenti al passato del congiuntivo.*

> ESEMPIO: *Spero* che *possa* partire.
> Speravo che potesse partire.

1. *Crede* che io *voglia* partire domenica. 2. *Dubito* che *siano* arrivati. 3. Le *dice* che *faccia* presto. 4. Non *vuole* che io *canti* quella canzone. 5. *Credi* che quel libro *sia* esaurito?

F. *Traducete le frasi seguenti:*

1. If I had known you were coming to Rome I would have come to the station. 2. It does not matter. Perhaps you can help me to visit the city. 3. With pleasure, what would you like to do, go to the Terme di Caracalla? 4. Perhaps, if I knew what it is. 5. Naturally. It is a large building that the Romans

used for public (**pụbblico**) baths. 6. And they still use it today? 7. Yes, but not for baths; only part of the building is in a good state of preservation and they use it for open air opera. 8. If I had known that (**lo**) before, I would have told you immediately that it interests me. 9. And tomorrow we could visit some shops on Via Veneto. 10. If you have not seen the Gallery we should go (**passare**) through there. 11. No, I have not seen it, but in my guidebook there is a page on the Gallery. 12. Well, in that case, let us go through the Gallery. 13. I was thinking that if I had enough money I could stay in Rome a week. 14. You are going to be (**restare**) here three days, and one can do many things in three days. 15. You know very well that three days are not enough! Oh, how happy I would be, if I could stay at least one week!

VIA APPIA ANTICA

VIA VENETO

Da imparare a memoria

Ha sempre fretta perché ha troppe cose da fare.

Conversazione

Rispondete alle domande seguenti:

1. Che cosa hanno fatto a Napoli le due amiche? 2. Cosa aveva scritto Giovanni nella sua lettera? 3. Perché devono comprare i biglietti prima di mezzogiorno? 4. Lei ha mai visto un'opera? 5. Che cosa sono le Terme di Caracalla? 6. Dove andranno dopo l'opera i quattro giovani? 7. C'è un teatro all'aperto nella nostra città? 8. Le piacciono a Lei le fettuccine al burro? 9. Che cosa non deve dimenticare di comprare Joan? 10. Per che cosa si usano le Terme di Caracalla oggi?

35

ARRIVEDERCI

Oggi è il giorno della partenza di Joan e di Jacqueline. Alle quattro del pomeriggio, fatte le valige e pagato il conto, hanno telefonato a Enzo e a Giovanni che sono venuti a prenderle con un tassí per portarle all'aeroporto. Joan e Jacqueline partiranno con lo stesso aeroplano per Parigi, dove Joan passerà una settimana da Jacqueline prima di proseguire per New York e San Francisco. Partite 5 *Joan e Jacqueline, Giovanni ed Enzo andranno direttamente alla stazione, dove cercheranno di prendere il rapido per Firenze. I quattro amici sono all'aeroporto e aspettano che sia annunziata la partenza dell'aereo per Parigi.*

JOAN: Jacqueline, non mi hai ancora detto se ti piace questo cappellino da viaggio.   10

JACQUELINE: Sí, ma come ricorderai io volevo che tu comprassi quello rosso. Ti stava meglio.

ENZO: Peccato che io e Giovanni non possiamo venire con voi fino a Parigi!

GIOVANNI: È vero. Ma tu sei fortunato; Parigi non è cosí 15 lontana dall'Italia ... San Francisco, invece, è quasi agli antipodi!

JOAN: Ma oggi, con l'aviogetto, non ci vuole molto tempo. Si tratta di ore. E poi è cosí bello volare!

GIOVANNI: È vero. Ma non sono le ore che mi mancano ...   20

ENZO: Bè, ad ogni modo c'incontreremo tutti e quattro a Firenze il giugno venturo.

JOAN: Sí, sí. Alla fine della primavera ventura mi laureerò, e sono certa che i miei genitori mi lasceranno ritornare in Italia.   25

(*Una voce*): Il volo dell'Alitalia numero 925 per Parigi è in partenza.

GIOVANNI: Allora, arrivederci, Joan. Buon viaggio, e non dimenticare di scrivere. Arrivederci, Jacqueline, buon
5   viaggio.

ENZO: Arrivederci, Jacqueline, noi ci rivedremo a Parigi per Natale. Ciao, Joan, salutami i grattacieli di New York.

ENZO: Dieci mesi sono lunghi, ma vedrai che passeranno presto.

GIOVANNI: Sí, è vero, ma dieci mesi sono dieci mesi! Almeno se
10   vivesse a Londra! Ma no, a San Francisco; agli antipodi!

Vocabulary

NOUNS

l'**aeroplano** airplane (*also* l'**aereo**)
l'**aeroporto** airport
  Alitalia *an Italian airline*
gli **antipodi** antipodes
  l'**aviogetto** jet (plane)
  il **grattacielo** skyscraper
  il **rapido** streamliner
la **verità** truth
  il **volo** flight

ADJECTIVE

lontano far

VERBS

lasciare to let, allow
laurearsi to graduate (*from a university*)

mancare to lack
proseguire to continue
trattarsi di to be a matter of
vivere to live

OTHERS

direttamente directly
purtroppo unfortunately

IDIOMS

a tempo on time
essere in partenza to be leaving, to be ready to leave
stare bene a to look well on
volerci to take (*of time*); **ci vuole un'ora** it takes one hour; **ci vogliono due ore** it takes two hours

PIAZZA VENEZIA, ROMA

Grammatica

I. CERTAIN USES OF THE PREPOSITIONS **A** AND **DI**

(1) We have seen that some verbs govern the infinitive without a preposition. Among the most common of these verbs are: **dovere, potere, volere, fare, preferire, sapere, sentire** and **vedere.**

> **Sa suonare** il pianoforte.   *He knows how to play* the piano.
> **Preferisco parlare** inglese.   *I prefer to speak* English.

(2) Certain verbs of *motion, beginning, continuing, teaching, learning, inviting*, etc., require the preposition **a** before an infinitive.

> **Incomincio a** capire.   *I am beginning* to understand.
> **Le insegna a** nuotare.   *He is teaching* her to swim.
> **Va** a casa **a** suonare un nuovo disco.   *She is going* home to play a new record.

(3) Some verbs require the preposition **di** before an infinitive. These should be learned as one meets them for the first time. Among these are: **avere piacere di** (*to like*), **cercare, dire,**

domandare, finire, permęttere (*to permit, allow*), **promęttere** (*to promise*), **pregare** (*to pray, beg*), **sperare** (*to hope*).

Gli **ha promesso d'andare.**	She *has promised* him *to go.*
Mi **pregąrono d'andare** con loro.	They *begged* me *to go* with them.
Ho detto a Maria **di venire** con noi.	I *told* Mary *to come* with us.

NOTE: The personal object of these verbs, if transitive (except **pregare**), is indirect in Italian.

(4) The English present participle, preceded by a preposition (except *through, in, on, by*) is translated in Italian by the infinitive.

Partí **senza dirmi** addio.	She went away *without saying* good-bye *to me.*

After **dopo,** however, the past infinitive is always used.

Dopo avere fatto colazione andò a scuola.	*After eating* breakfast he went to school.

(5) Used before a noun the preposition **di** expresses *possession, material, content,* etc.

Il libro **di Giovanni.**	*John's* book.
Un orolǫgio **d'oro.**	A *gold* watch.
Un bicchiere **di vino.**	A glass *of wine.*

II. THE PREPOSITION **DA**

(1) When an infinitive that can be made passive in meaning (*to sell, to be sold*) depends on a noun, the preposition **da** is used and it often expresses PURPOSE or NECESSITY.

Hanno **una mącchina da vęndere.**	They have *a car to sell.*
Ho due **libri da lęggere.**	I have two *books to read.*

NOTE: Da is always used before an infinitive that depends on **qualcosa, niente** or **nulla, molto, poco, tanto.**

Ho **qualcosa da dirle.**	I have *something to tell her.*
Non c'è **niente da mangiare.**	There is *nothing to eat.*
Abbiamo **molto da fare.**	We have *a great deal to do.*

(2) Used before a noun the preposition **da** expresses *purpose, use, manner*.

Un **vestito da sera.**	An *evening dress.*
Scarpe da lavoro.	*Work shoes.*
Ha parlato **da amico.**	He spoke *like a friend.*

(3) Before a name or surname, a pronoun, and before a noun which refers to a person, **da** translates English *at somebody's office, place, at the house of*, etc.

Andarono a mangiare **da Alfredo.**	They went to eat *at Alfredo's.*
È andato **dal barbiere.**	He went *to the barber's.*
Andiamo **da lui!**	Let's go *to his house!*
Hanno passato la serata **dai Caracci.**	They spent the evening *at the Caracci's.*

NOTE: With a first name and with a pronoun no article is needed.

III. THE INFINITIVE AS A NOUN

An infinitive is sometimes used as a noun (subject, direct object or predicate) to translate the English gerund.

Mi piace **nuotare.**	I like *swimming.*
(Il) leggere è piacevole.	*Reading* is entertaining.

NOTE: Used as a subject, the infinitive may take the masculine definite article.

IV. PRESENT SUBJUNCTIVE: **DARE, VENIRE, DIRE**

dare, *to give*

Vuole che (io) le dia il dizionario. *She wants me to give her the dictionary.*

dia	diamo
dia	diate
dia	diano

venire, to come

Sperano che (io) venga presto. *They hope I come early.*

venga	veniamo
venga	veniate
venga	vengano

dire, to say, tell

Dubita che (io) dica la verità. *He doubts that I am telling the truth.*

dica	diciamo
dica	diciate
dica	dicano

V. IMPERFECT SUBJUNCTIVE: **FARE, DARE, DIRE**

fare

Non sapeva che (io) facessi. *He didn't know what I was doing.*

facessi	facessimo
facessi	faceste
facesse	facessero

dare

Voleva che (io) gli dessi l'indirizzo. *He wanted me to give him the address.*

dessi	dessimo
dessi	deste
desse	dessero

dire

Sebbene (io) lo dicessi, non mi credeva. *Although I said it, he didn't believe me.*[1]

dicessi	dicessimo
dicessi	diceste
dicesse	dicessero

---

[1] Be careful to make the appropriate changes in the object pronoun: **mi** > **ti** > **gli** > **ci** > **vi** > . . . **loro.**

GIARDINO DI VILLA BORGHESE

Esercizi

A. *Traducete in italiano le espressioni seguenti.*

1. We cannot go with you. 2. She wanted to live in San Francisco. 3. He does not know how to write. 4. They would prefer to remain here. 5. She told me to go to her house. 6. Before (**prima di**) continuing, he bought a ticket. 7. We have a lot (much) to do. 8. They want to have the car washed. 9. He has a lesson to prepare. 10. They wish to build a house.

B. *Ripetete gli esempi seguenti cambiando le parole indicate.*

a. Desiderano che *io dica* la verità.
   1. noi   2. loro   3. lei   4. voi   5. tu   6. Lei   7. lui

b. Bisogna che *tu dia* il libro al professore.
   1. lui   2. io   3. Lei   4. voi   5. lei   6. loro   7. noi

c. Non è necessario che anche *Lei venga.*
   1. noi   2. loro   3. lei   4. voi   5. tu   6. io   7. lui

d. Non credono che *Lei faccia* la lezione.
   1. lui   2. io   3. tu   4. voi   5. lei   6. loro   7. noi

e. Non è possibile che *Loro vadano* da Carlo.
   1. noi   2. loro   3. lei   4. voi   5. tu   6. io   7. lui

C. *Ripetete gli esempi seguenti cambiando le parole indicate.*

a. Sperava che *tu avessi* detto di sí.
   1. lui   2. io   3. Loro   4. voi   5. lei   6. loro   7. noi

b. Era necessario che *dessero* del denaro al povero.
   1. lui   2. noi   3. Loro   4. tu   5. lei   6. voi   7. io

c. Non permisero che *io facessi* il viaggio da solo.
   1. loro   2. voi   3. lei   4. tu   5. Loro   6. noi   7. lui

d. Domandarono se *andasse* con gli amici.
   1. io   2. noi   3. Loro   4. tu   5. lei   6. voi   7. loro

e. Magari, *venissi tu* anche!
   1. loro   2. voi   3. lei   4. Lei   5. Loro   6. noi   7. io

D. *Ripetete le frasi seguenti facendo i cambiamenti necessari.*

(a) 1. I miei zii *desiderare* comprare un'altra automobile. 2. Quando mi vede, mi *domandare* accompagnarlo. 3. Noi non *sapere* nuotare bene. 4. Maria *preferire* scrivere le lettere nel pomeriggio.   5. Quand'ero ragazzo, mia madre non mi *permettere* uscire la sera.   6. Io lo *pregare* venire con noi, ma non volle venire.   7. Ogni volta che mi vedeva, mia zia mi *dire* non nuotare nell'acqua fredda.   8. Mi hanno *invitare* andare a pranzare a casa loro.   9. Carlo *incominciare* capire sempre quand'è troppo tardi.   10. Che cosa v'insegnano in quella scuola? Ci *insegnare* parlare italiano.

(*b*)   1. In questo museo c'è molto ... vedere.   2. C'era molto ... mangiare, ma non avevo fame.   3. Il professore ci ha dato una lezione ... fare per domani.   4. Ti telefonerò stasera, perché ho molte cose ... dirti.

(*c*)   1. Ecco il tuo nuovo costume ... bagno.   2. Queste sono le mie nuove scarpe ... sera.   3. Non ho un cappello ... viaggio.   4. Questo vestito bianco è un vestito ... estate.

E.   *Sostituite all'infinito la forma corretta del congiuntivo.*

1. Vuole che io glielo (*dire*).   2. Voleva che io glielo (*dire*).
3. Sperava che io le (*dare*) il mio libro.   4. Spera che io le (*dare*) il mio libro.   5. Dubiterebbe che tu gli (*dire*) la verità.   6. Dubiterà che tu gli (*dire*) la verità.   7. Vogliono che noi (*fare*) loro un favore.   8. Vollero che noi (*fare*) loro un favore.   9. Non so se (*essere*) venuti.   10. Non sapevo se (*essere*) venuti.

F.   *Traducete le frasi seguenti:*

1. The majority (*largest part*) of tourists (tourist, **turista,** *m.* and *f.*) go to Europe in June and return in August.   2. Do you know how long (*how much time*) it takes to go from the United States to Italy?   3. Jets are very fast today, it is a matter of hours, not of days.   4. If I had enough money, I would travel every summer. I like flying.   5. There are so many things to see in the Italian cities that it takes many months to see everything.
6. Joan and Jacqueline left yesterday from Rome. The day of their departure had arrived, and they spent the whole afternoon with their friends.   7. They had spent several months in Italy, and they had seen many things, but not everything. It takes a long time to see everything.   8. And then, they had not gone to Italy as tourists; they had gone there as students.   9. They

had hoped to see the beautiful lakes (lake, **lago**) near the Alps, but they did not have time. 10. Joan especially liked Florence because she had studied Italian art of the fifteenth and sixteenth centuries. 11. They would have preferred to remain in Rome another week, but they had already bought the tickets, and they had only a few lire to spend. 12. It was a hot afternoon and they wanted to spend a couple of hours near the lake in Villa Borghese. 13. While returning to the hotel where Joan and Jacqueline were staying, they stopped to get an ice cream (**gelato**). 14. Take this table, said the waiter, it is cooler here. 15. They remained only a few minutes at the café because they wanted to arrive at the airport in time.

Da imparare a memoria

Andiamo sùbito, altrimenti non arriveremo a tempo.
Stavo per ringraziare il professore quando arrivò il rapido.
Carlo porta sempre una giacca grigia perché il grigio gli sta bene.
Quanto ci vuole per andare alla stazione? Ci vogliono venti minuti.

Conversazione

Rispondete alle domande seguenti:

1. Quando hanno telefonato ai loro amici Joan e Jacqueline? 2. Jacqueline partirà sola per Parigi? 3. Da chi contava di passare una settimana a Parigi Joan? 4. Che cosa faranno Giovanni ed Enzo quando saranno partite le loro amiche? 5. Che cappellino voleva Jacqueline che comprasse Joan? 6. Quanto tempo ci vuole per andare a Roma in aviogetto? 7. C'è un aviogetto che va dalla nostra città a New York? 8. È un volo lungo? 9. In che anno si laureerà Lei? 10. Per un Italiano dov'è San Francisco?

RIPETIZIONE 9

I. *Rispondete alle domande seguenti:*

1. Perché Napoli offre uno spettacolo indimenticabile a chi la vede per la prima volta? 2. Lei sa il nome di qualche isola italiana? 3. Quali posti famosi ci sono a Napoli? 4. Se Lei dovesse scegliere, quale stagione preferirebbe per andare in Italia? 5. Per che cosa si usano oggi le Terme di Caracalla? 6. Che cosa avrebbe fatto Jacqueline se avesse avuto abbastanza denaro? 7. Perché non è facile trovare un posto su un aeroplano verso la fine dell'estate per un volo da Roma a New York? 8. Che cosa fanno all'albergo Joan e Jacqueline prima di andare all'aeroporto? 9. Vanno a Parigi anche Giovanni e Enzo? 10. Lei sa quante ore ci vogliono in aereo per fare un viaggio da Roma a New York?

II. *Cambiate il verbo dal presente al futuro.*

1. Io *vengo* spesso a Capri. 2. *Veniamo* in tassí perché è tardi. 3. *Vengono* qui soltanto d'inverno. 4. *Viene* al porto ogni pomeriggio. 5. *Vogliamo* visitare tutta l'isola. 6. *Vuole* fare una lunga passeggiata. 7. *Vogliono* visitare la galleria. 8. Vuoi *assaggiare* qualche specialità?

III. *Cambiate il verbo dal presente al condizionale presente.*

1. *Vengo* volentieri alle Terme di Caracalla. 2. *Venite* spesso all'opera all'aperto? 3. *Viene* direttamente da casa. 4. *Vengono* sempre a tempo. 5. *Vogliamo* soltanto la verità. 6. *Vuole* vivere a Roma per un mese. 7. Ci *vogliono* quasi due ore per questo lavoro. 8. *Vuoi* un caffè anche tu?

IV. *Sostituite all'infinito la forma corretta del verbo:*

1. Vuole che io *comprare* un nuovo paio di scarpe. 2. Vorrà che io *comprare* due paia di scarpe. 3. So che vorrebbe che io *comprare* un nuovo paio di scarpe. 4. Speravano che lui *essere* arrivato. 5. Speravo che lui *essere* arrivato. 6. Gli telefoni *partire* subito. 7. Mi sembrava che ci *essere* un migliaio di persone. 8. Quante migliaia di persone ti sembra che ci *essere?* 9. Bisognerebbe che essi *venire* prima di cena. 10. Se io lo *sapere* avrei proseguito per altre due miglia. 11. *Arrivare* a Villa Borghese, i quattro turisti andarono direttamente al museo. 12. *Finire* l'opera, ci fermammo a prendere un espresso. 13. Giovanni *preferire* non parlarne. 14. La signorina *imparare* a suonare il pianoforte. 15. So che loro *cercare* di venire a vedermi.

V. *Seguendo il modello italiano traducete le seguenti frasi inglesi.*

1. Capisco perfettamente.	*I begin to understand perfectly.*
2. Ho detto a Mario molte cose.	*I told Mario to come.*
3. È partito improvvisamente.	*He left without seeing me.*
4. Mi ha dato un anello (*ring*).	*He gave me a gold ring.*
5. Ho qualcosa per Lei.	*I have something to give you.*
6. Mi ha parlato a lungo.	*He spoke to me as a friend.*
7. L'ho comprato in città.	*I bought it at Bianchi's.*
8. Ho mangiato molto.	*I have not been able to eat.*
9. Ci sono poche persone.	*There are about one hundred people.*
10. Ho comprato un uovo di Pasqua.	*I have bought many Easter eggs.*

VI. *Traducete le frasi seguenti:*

1. They were saying that *Aïda* was the most beautiful opera they had ever seen. 2. Although he had gotten up late, he was not in a hurry. 3. Cheer up, your son will return within five months. 4. Did you know that this novel was sold out? 5. It is necessary that I see him before he leaves. 6. This morning I am hungry, and I should like (*want*) to eat two or three eggs.

7. What beautiful red lips Louise has! Too bad the red is not natural (**naturale**)! 8. They could come with us, but they prefer to go in their car. 9. Every time we see her she invites us. Let us go to her house! 10. He knows how to sing (**cantare**), and she knows how to play the piano. 11. Do you want to take a walk along the gulf? It's a magnificent day! 12. Thank you, I'd like to very much, but my feet hurt (me). 13. Without doubt the surroundings of Naples are unforgettable. 14. If you want me to tell you the truth, I should like to spend two weeks there.

BASILICA DI SAN PIETRO

ENGLISH EQUIVALENTS

STUDENTS *1*

Joan is a girl. Joan's surname is Evans. Joan Evans is a student. Mary Jones, Joan's friend, is also a student. Joan and Mary are in Italy in order to study Italian.

Mario and Charles are friends of Joan and Mary. They are also students and are at school with the girl students. The boys and girls have pen and pencil for the lessons and the examinations. 5

Here is the school! Here are the students!

MISS EVANS: Good morning, Miss Jones, how are you?

MISS JONES: Fine, thank you, and you?

MISS EVANS: Very well, thank you. Where is Louise?

MISS JONES: Louise is at school. 10

MISS EVANS: And where is Charles?

MISS JONES: Charles is at home with his uncle.

MISS EVANS: Where is Mario?

MISS JONES: Here is Mario.

MISS EVANS: Good-bye, Miss (Jones). 15

MISS JONES: Good-bye.

MARIO: Good morning, Miss Evans.

MISS EVANS: Good morning, Mario.

MARIO: How are you, Miss (Evans)?

MISS EVANS: Fine, thanks, and you? 20

MARIO: Very well, thanks. Where is Charles?

MISS EVANS: Charles is at home with his uncle.

MARIO: Here is the professor. Good-bye, Miss (Evans).

MISS EVANS: Good day.

WE STUDY ITALIAN

2

We are at the University for Foreigners in Florence. Charles arrives and meets Louise.

CHARLES: Good morning, Louise.
LOUISE: Good morning, Charles.
CHARLES: What are you studying at school?
5 LOUISE: I am studying Italian. Here is the book.
CHARLES: When do you study?
LOUISE: I study every day.
CHARLES: Do you read and write every day?
LOUISE: Yes, I read and write every day because I wish to learn.
10 CHARLES: Does the professor read every day?
LOUISE: Yes, he reads aloud. I too read aloud in class.

The professor arrives and the lesson begins.

THE PROFESSOR: "Good morning, Miss. How are you?" the professor
asks Louise.
15 LOUISE: Fine, thank you, and you?
PROFESSOR: Very well, thank you. —And how are you?
STUDENTS: Fine, thank you.
PROFESSOR: Are we writing now?
STUDENTS: No, now we are speaking
20 PROFESSOR: Do you speak, Louise?
LOUISE: Yes. I listen to the questions and I answer.
PROFESSOR: Do you listen too, Charles?
CHARLES: Yes, I also listen to the questions and I answer.
PROFESSOR: Do the students listen?
25 CHARLES: Yes, the students listen to the questions and they answer.
PROFESSOR: Why do the students listen?
LOUISE: Because they wish to learn.
PROFESSOR: Why do you listen?
STUDENTS: Because we wish to learn.

30   *While the professor speaks, the students listen or write. Then the professor repeats the
questions, and the students answer together.*
   *The students study Italian together and speak. They read every day, and in order to learn
well, they listen when the professor speaks or reads.*

EQUIVALENTS   341

AT SCHOOL

3

Every day George and Mario take the streetcar together. Today they arrive at school early, and wait for the professor of Italian.

MARIO: Here is Professor Bianchi.
GEORGE: Which one is he? (Where is he?)
MARIO: He is the gentleman with Louise. 5
GEORGE: Is it true that Professor Bianchi always arrives at school early?
MARIO: Yes. He always arrives early.
GEORGE: Louise says that Professor Bianchi teaches well. Is it true?
MARIO: Yes, he teaches very well. 10
GEORGE: What does he teach? I don't remember. Does he teach French?
MARIO: No, he teaches English.
GEORGE: Is it true that he speaks aloud (in a loud voice)?
MARIO: Yes, he always speaks aloud in class. 15
GEORGE: Why?
MARIO: Because when he speaks aloud the students listen.
GEORGE: Thus they do not sleep in class!
MARIO: They listen, they do not sleep, and they learn because he teaches well. 20
GEORGE: Is it true that Professor Bianchi speaks French also?
MARIO: Yes. Every year, when school ends, he leaves and spends the summer in France.
GEORGE: But Louise says that Professor Bianchi prefers to speak English. 25
MARIO: I do too!
GEORGE: Charles and I prefer to speak Italian and at home we always speak Italian.
MARIO: Does Charles understand Italian?
GEORGE: Yes, Charles understands everything. 30
MARIO: Here is the professor of Italian. Good morning, professor.
GEORGE: Good morning, professor.
PROFESSOR: Good morning. Aren't you going into the classroom?
MARIO: Oh yes, we are going in too.

Mario opens the door for the professor, and they enter the classroom. 35

A LETTER   *4*

Today at the University for Foreigners all the students are present. The boys are present and also the girls are present. When the professor arrives they see that he is wearing a black suit, a white shirt and a green tie.

Louise says to Charles: The professor is wearing a new suit today. It's beautiful,
5 isn't it!

CHARLES: Yes, it's a very beautiful suit. The green tie is also beautiful.
LOUISE: Do you prefer a green tie?
CHARLES: No, I prefer a red tie with a black suit.
LOUISE: But I see that today you're wearing a green tie.
10 CHARLES: It's true, but I prefer a red tie.
THE PROFESSOR: Quiet! Quiet, Charles and Louise. I wish to read a
      long letter from a young lady from Milan.
JOHN: From a young lady from Milan, professor?
PROFESSOR: Yes, from a young lady from Milan. Why don't you listen?

15 *The students listen and the professor begins to read. He reads aloud, and everyone listens. Many words are new for the students, but they understand because the professor explains the difficult words. It's a letter from a young girl, Gina Redenti. Gina's father is a professor and teaches English in Milan. He is a fine professor, says Gina. Gina's letter says that she is studying English and that she wishes to correspond with an American or an English*
20 *student.*

When the professor reads Gina's name, George does not understand well and the professor repeats: "Gi-na Re-den-ti." The professor understands that George wishes to correspond in Italian with Gina and reads the address also. Then he says:

"George, do you wish to correspond with Gina?"
25 GEORGE: Yes, professor.
PROFESSOR: Do you wish to correspond in Italian or in English?
GEORGE: I wish to correspond in Italian.

The professor finishes reading Gina's letter, and the lesson ends.

AN EXCELLENT IDEA   *5*

Mario and George are in front of the entrance of the library and are waiting for some
30 *school friends. Today they have no classes.*

MARIO: George, are you going to stay long (much time) in the library
      today?

GEORGE: No, I'm going to get a book, and then I'm going to go back home. I prefer to study at home. And you?

MARIO: I am waiting for Louise and Charles. Today we are studying together. In the afternoon, if the weather is good we will go swimming in a pool at the Cascine. 5

GEORGE: When the weather is good, in the afternoon I read a book in the garden. I don't live very near the Cascine, but from the window of my study I can see the swimming pool.

MARIO: Here are Louise and Charles! Why are you late?

CHARLES: Because . . . Louise is always late. 10

GEORGE: It's not true, Charles. It's you who always arrive late . . .

LOUISE: That's enough, boys! Why don't we all go to have a cup of coffee?

GEORGE: It's an excellent idea, but I don't have any money.

MARIO: I don't either! 15

CHARLES: Louise is going to pay!

LOUISE: Why me?

CHARLES: Because only you have money.

LOUISE: Very well, I'll pay for everybody, but . . . only one cup of coffee (each). 20

GEORGE: And after, everybody in the pool.

MARIO: Just a minute, first we go to the library to study, and then we go to the pool.

GEORGE: That's right . . . first duty, and then pleasure.

EVERYBODY: Bravo! Hurrah! 25

IN FLORENCE 6

Two young ladies, Miss Joan Evans and Miss Jacqueline Renoir, are in front of the University for Foreigners in Florence, and are waiting for the professor of art.

MISS RENOIR: Good morning, (Miss), you too are taking Mr. Toschi's course, aren't you?

MISS EVANS: Yes. Today, however, I shall also be at Professor Ghiselli's 30 lesson. Do you know him? He is the music professor.

MISS RENOIR: No, I don't know him.

MISS EVANS: Excuse me, (Miss) are you French?

MISS RENOIR: Yes, and you're American, aren't you?

MISS EVANS: Yes. How long will you remain in Florence?

MISS RENOIR: The whole summer and perhaps the whole year. Then I'll return home. And you?

5 MISS EVANS: I'll remain in Italy a year.

MISS RENOIR: Where do you live? In a pension?

MISS EVANS: Yes. In a pension in Piazza Indipendenza (Independence Square). There are many pensions near the University. And where do you live?

10 MISS RENOIR: I live on Via Panzani (Panzani Street) with a Florentine family. There is another French girl, but I don't see her often. I prefer to speak Italian.

MISS EVANS: I too know many American girls in Florence, but I don't see them often.

15 MISS RENOIR: Is it true that today the professor will speak to us about Fiesole?

MISS EVANS: Yes, and then tomorrow he will take us to see Fiesole which is very near Florence.

MISS RENOIR: We're going to visit the little museum, aren't we?

20 MISS EVANS: Yes. We'll all leave together in the afternoon from Piazza San Marco (St. Mark Square).

MISS RENOIR: How are we going, by car?

MISS EVANS: No. We shall take the trackless trolley in Piazza San Marco.

25 MISS RENOIR: Thank you, Miss Evans. You are very well informed and very kind.

MISS EVANS: Oh! Here's Professor Toschi.

A RECEPTION 7

Today there will be a reception for all the students enrolled at the University for Foreigners. The president and all the professors will be present. The reception will take place in 30 the large hall of the Baglioni Hotel. The president will welcome the guests, then Mr. Marini, a professor of medieval history, will give a brief lecture on the history of Florence, and then there will be refreshments.

Miss Evans, an American student of history, and Miss Renoir, a French student of art, arrive at the hotel together and enter. In the large hall there are already many people.

MISS EVANS: How many guests!

MISS RENOIR: There must be one hundred people, don't you think?

MISS EVANS: That's right! Do you know the president?

MISS RENOIR: I know him, but I don't see him. What about Professor Toschi? Where can he be? 5

MISS EVANS: He is there, near the piano with a student.

MARIO: Good morning, Miss Evans. What a lot of people, don't you think?

MISS EVANS: Oh yes!

MARIO: But I don't see Louise. Where can she be? 10

MISS RENOIR: She is probably with John. They are always together!

MARIO: When will they serve the refreshments?

MISS EVANS: After the lecture, don't you think?

MARIO: And when will the lecture begin?

MISS RENOIR: When the president arrives. 15

MARIO: Why? Will he give the lecture?

MISS RENOIR: No, but he will welcome the guests.

MISS EVANS: Then Professor Marini will deliver the lecture . . . and then refreshments will be served.

The two young ladies go around the hall and speak with other foreign students. Finally 20
the president arrives. He welcomes the guests, and then he introduces Professor Marini. The
lecture is short but interesting.

A TELEPHONE CALL *8*

Miss Evans meets Giovanni Andrei, a student at the University of Florence.

MISS EVANS: Good morning, Mr. Andrei.

MR. ANDREI: Good morning, Miss Evans. Are you going back to your 25
pension?

MISS EVANS: No, I must make a telephone call.

MR. ANDREI: There is a telephone here in the coffee shop.

MISS EVANS: Yes, that's true, but I have to make a long distance call. I have to call my aunt in Rome. 30

MR. ANDREI: In that case it's better to go to the telephone office.

At the telephone office many persons are waiting for their turn.

MISS EVANS: While I am waiting for my turn, I'll call my cousin here in town. How much is a local call?

MR. ANDREI: Fifty-five liras. Do you have a token?

MISS EVANS: A token? I don't understand. What are tokens?

MR. ANDREI: It's very simple. You buy a token from the clerk and you insert it in the instrument. One moment, *I'll* buy it.

5 *Giovanni comes back, gives the token to his companion and explains: "You insert the token in the instrument, and dial the number." Miss Evans doesn't quite understand, but with the help of her friend she dials the number.*

MISS EVANS: My cousin doesn't answer; she must be out.

The clerk says: "Your party in Rome is on the line." The young lady goes into the booth 10 *and lifts the receiver — "Hello! Hello! Who's speaking?"*
Miss Evans hears her aunt's voice and answers: "It's I, Joan."

THE AUNT: Is that you, Joan?

Miss Evans sighs: "English is so easy!"

AT THE BANK

9

Miss Evans opens the door of the telephone booth.

15 MISS EVANS: And now I must go to the bank for a few minutes.

GIOVANNI ANDREI: To which bank?

MISS EVANS: To the Commercial Bank. Is it far?

G. ANDREI: Yes. I live near the Commercial Bank. Shall we take the streetcar?

20 MISS EVANS: I prefer to walk. Is that all right?

G. ANDREI: By all means. I prefer to walk also.

MISS EVANS: Today there is no one in the streets.

G. ANDREI: It's true. There is hardly anyone either in the streets or in the stores.

25 MISS EVANS: Here is the bank.

G. ANDREI: In this bank there never are many people, fifteen or sixteen at the most.

MISS EVANS: It's true. It's so easy to cash a check.

G. ANDREI: My favorite checks are traveler's checks.

30 MISS EVANS: Why?

G. ANDREI: Because when I buy traveler's checks it means that I'm going to leave on a trip.

MISS EVANS: Oh, there is Miss Renoir too!

G. ANDREI: Where is she?

MISS EVANS: At window number three. Hello Jacqueline!

MISS RENOIR: Hello Joan! Good morning, Mr. Andrei.

THE CLERK (*at the window*): Do you have your [the] identification 5
card, miss?

MISS RENOIR: No, I have neither an identification card nor a passport.
As a matter of fact I do have a passport, but not here.

THE CLERK: I am sorry, miss.

MISS RENOIR: I'll come back tomorrow. Thank you just the same. 10

THE CLERK (*to Miss Evans*): And you, miss, do you wish anything?

MISS EVANS: I want to cash two checks: one for thirty-eight dollars,
and one for a hundred. Here is my passport.

THE CLERK: Here is your money.

MISS EVANS: Thank you. (*to Giovanni Andrei*) And now I must go back 15
to the pension.

GIOVANNI ANDREI: Shall I accompany you?

MISS EVANS: Thank you, it's not necessary. I'll take the streetcar
because it's late.

A LUNCHEON 10

It's evening. Miss Evans is in the living room of the pension and is reading a magazine. 20
Miss Ricci comes in.

MISS RICCI: Good evening, Miss Evans. Where have you been today?
I didn't see you at lunch.

MISS EVANS: I went to Montecatini, where Mrs. Brown, an American
lady, invited me. 25

MISS RICCI: How did you go to Montecatini, by bus?

MISS EVANS: No, Mrs. Brown came to Florence in her car and she took
me to Montecatini in forty minutes.

MISS RICCI: Montecatini is a very charming city, isn't it?

MISS EVANS: Yes, very. There are many beautiful villas and many 30
trees.

MISS RICCI: Did you visit the hot water springs?

MISS EVANS: Yes, they're beautiful. And I even tasted the water. It's
awful! Did you ever taste it?

MISS RICCI: Yes. As you saw there are many people at the springs. 35
Everyone with a glass of water in his hand.

MISS EVANS: Afterwards Mrs. Brown took me to lunch at her beautiful villa.

MISS RICCI: What did you eat?

MISS EVANS: An excellent luncheon; green noodles, steak, salad, fruit
5   and coffee.

MISS RICCI: Did your friend bring you back to Florence in her car?

MISS EVANS: No, I came back by bus. There is an excellent bus service between Montecatini and Florence.

MISS RICCI: It's true. I have a friend in Montecatini, and when she in-
10   vites me to dinner I always take the bus . . . But, excuse me, Miss Evans, I am sure that you want to read your magazine.

VIEW OF FLORENCE   *11*

Miss Evans and Miss Renoir have studied the whole morning at the National Library,
and now they are at Piazzale Michelangelo where they came on the streetcar in order to
enjoy the view of Florence.

15 MISS RENOIR: Have you been on this hill other times?

MISS EVANS: No, this is the first time. And you?

MISS RENOIR: Yes I have; I often come here with a friend of mine. It's a magnificent view.

MISS EVANS: That's right! That building is the National Library isn't
20   it?

MISS RENOIR: Yes. And near there is the church of Santa Croce (The Holy Cross).

MISS EVANS: And where is the church of Santa Maria Novella? (New Saint Mary's).

25 MISS RENOIR: To the left. Do you see that tower?

MISS EVANS: Yes, I do. And to the right there are Giotto's tower, the dome of Santa Maria del Fiore (Saint Mary of the Flower), and the tower of the Palazzo della Signoria, also called Palazzo Vecchio.

30 MISS RENOIR: How many towers! Have you ever been to Fiesole?

MISS EVANS: Yes, but I don't see it.

MISS RENOIR: It's on that hill, among those trees.

MISS EVANS: Oh, yes. Now I see it.

MISS RENOIR: And that is the Ponte Vecchio.

35 MISS EVANS: Yes, I know it well, but not the other bridges.

MISS RENOIR: Is that a postcard of Florence that you have in your hand?

MISS EVANS: Yes, I am going to send it to a cousin of mine in California. It's a view of Florence. Shall we go back to town now?

MISS RENOIR: Yes, I am ready. Shall we take the streetcar or shall we walk? 5

MISS EVANS: As you like. Here is the streetcar.

The two girls take the streetcar and get off near the Ponte Vecchio. Miss Evans returns to the library, and Miss Renoir goes to the pension.

AT THE RESTAURANT *12*

The girls who are staying at Miss Evans' pension get up early. After they have gotten up, 10
they wash, they dress, and then they go into the dining room where they have breakfast.
Miss Evans gets up early also. Today, however, it's Sunday and she gets up very late.
When she is ready she goes to Piazza del Duomo (Cathedral Square) where she has an appointment with John. John has not yet arrived, but he arrives shortly afterwards. He
apologizes and after he has apologized, they go to a restaurant where they will have lunch 15
together. They go into the restaurant and sit at a table. A waiter gives a menu to Miss
Evans, and a menu to Mr. Andrei.

WAITER: Good day. Will you have white or red wine?

GIOVANNI: White. (*to Miss Evans*) Is that all right?

MISS EVANS: Yes, yes. 20

GIOVANNI: It's my favorite restaurant. Everything is good here. I have eaten here many times.

MISS EVANS: And then it's a very charming restaurant. Here is the waiter with the wine and the bread.

WAITER: Would you like antipasto, some soup? . . . 25

MISS EVANS: I prefer soup.

GIOVANNI: And I noodles.

WAITER: Very well. And after, meat or fish?

MISS EVANS: What will you have, Mr. Andrei?

GIOVANNI: Some mixed grill. 30

MISS EVANS: What's in the mixed grill?

WAITER: Chicken, brains . . . .

MISS EVANS: Brains? No, thank you, I will have roast veal and peas.

GIOVANNI: (*to the waiter*) And then some fruit cocktail.

WAITER: We also have a delicious cake. 35

GIOVANNI: Fine. (*to Miss Evans*) And now, why don't we speak English for a while? If I don't speak English when I am with you, I will never learn it.

MISS EVANS: Ma sí, volentieri! I mean, of course, gladly.

SHALL WE GO TO THE MOVIES? *13*

GIOVANNI: Good evening.

5 MAID: Good evening, Mr. Andrei. Please come in.

The maid of the pension recognizes Mr. Andrei at once. It is not the first time, and, apparently, it will not be the last, that Giovanni comes to call on Miss Evans. While Giovanni is waiting, the maid knocks at Miss Evans' door and says to her: "Mr. Andrei has arrived, Miss Evans." "I'll be right there," Miss Evans replies to her. Shortly afterwards Miss
10 *Evans comes into the living room; Giovanni get up and speaks to her.*

GIOVANNI: Good evening, Miss Evans.

MISS EVANS: Good evening Giovanni. (*She shakes hands with him.*)

GIOVANNI: Shall we go to the movies? There is a very interesting travelogue on Naples.

15 MISS EVANS: Gladly. I don't know Naples. Did you ever go to Naples?

GIOVANNI: Yes, many years ago I visited Naples and Capri. It was a short but interesting excursion.

MISS EVANS: Did you go alone?

GIOVANNI: No. I went with my father and mother and we had a very
20 good time. My parents remained in Naples and did not visit Capri, but I went to Capri for five days. Then we met in Naples and we returned to Florence together.

MISS EVANS: Did you visit Amalfi also?

GIOVANNI: No, we didn't have the time. As I told you, it was a short
25 visit and we had to come back at once.

MISS EVANS: Shortly I'll take a little trip to Capri myself.

GIOVANNI: I know many people in Naples and if you tell me when you are going to leave, I'll write to them.

MISS EVANS: Thanks. You are always so nice. Your letters will be very
30 useful to me. (*And Miss Evans smiles at him.*)

GIOVANNI: Not at all . . . . Shall we go?

MISS EVANS: Yes, I'll change in five minutes and we'll go.

GIOVANNI: Fine, I'll wait for you here.

The five minutes were really twenty, but Giovanni waited all the same . . . and gladly.

Miss Evans is seated at a table of a coffee-shop in Piazza della Repubblica. Enzo Falchi, a student whom Miss Evans knows, and who knows Miss Evans, passes by. He sees her, and he approaches the table.

MR. FALCHI: Good morning, Miss Evans, how are you?

MISS EVANS: Good morning, Mr. Falchi.   5

MR. FALCHI: Do you mind if I sit at your table?

MISS EVANS: Not at all! Please sit down! I have ordered a coffee-ice.
Would you like something too?

MR. FALCHI: Gladly. (*to the waiter, who is nearby*) Waiter, another coffee-
ice, please. (*to Miss Evans*) John told me that you are going to 10
Venice for a few days. When do you leave?

MISS EVANS: Tomorrow.

MR. FALCHI: In the morning or in the afternoon?

MISS EVANS: In the morning. There is a train that leaves at eight-
thirty.   15

MR. FALCHI: It's a good idea. All the afternoon trains arrive in Venice
too late in the evening.

MISS EVANS: Yes. In fact there is a train that leaves Florence at six in
the evening, or, as the clerk at the station told me, at 18:00, and it
arrives in Venice at 24:00, that is at midnight.   20

WAITER (*with the ices*):   Who ordered the ice with whipped cream?

MISS EVANS: I did. The gentleman ordered the one without whipped
cream.

MR. FALCHI: With whom are you going to Venice? With Miss Renoir?

MISS EVANS: No, I'm going alone. In Venice I'm going to meet an 25
American girl with whom I have traveled other times.

MR. FALCHI: Sorry, Miss Evans, I didn't quite understand what you
said .... This ice is delicious.

MISS EVANS: I said that in Venice I'll meet a girl friend with whom I
traveled before.   30

MR. FALCHI: Very good. I am sure that you will have a good time.
Well, it's twenty minutes to five, and at a quarter to five I must
meet a friend in Piazza del Duomo. (*aloud*) Waiter, the bill, please.
(*to Miss Evans*) Well then, have a good trip, and have a good time.

JOAN HAS LEFT 15

Mary Bianchi has gone (come) downtown in order to go to the CIT office. As she is leaving the office she runs into Miss Renoir, whom she met at a reception at the University.

MARY: Hello, Jacqueline!

JACQUELINE: Good morning, Mary. We haven't seen each other for a
5   long time.

MARY: It's true. I don't go out very often and I rarely come downtown . . . but what are you doing in this neighborhood?

JACQUELINE: I went to the station to see Joan Evans off.

MARY: Did she leave? Did she go back to America?

10 JACQUELINE: No, no! She left for Venice. There she will meet a friend who is coming from England, from London.

MARY: Is she going to come back to Florence?

JACQUELINE: Certainly. She wants to continue her studies here in Florence; but first she will take a trip to France with her friend.
15   But I see that you are coming out of the CIT office; are you leaving also?

MARY: I wish I were. I came to see a friend who works for the CIT office. How are you getting along in Florence? You have been here three months already, haven't you?

20 JACQUELINE: Yes, it doesn't seem possible. Time flies here in Florence; perhaps because life is so marvelous in Italy and Italians are so friendly.

MARY: Italians or . . . an Italian?

JACQUELINE: Italians . . . at least for the time being.

25 MARY: Well, good luck, and some day if you can come to my house, we'll go out together if you want to.

JACQUELINE: Gladly. If I can possibly do it, I will. Good-bye Mary.

MARY: Goody-bye, Jacqueline.

A LETTER FROM VENICE 16

Giovanni is at home. He received a letter from Venice. It is from Joan Evans. Giovanni
30 *opens the envelope and reads:*

EQUIVALENTS

Dear Giovanni,

I wanted to write the day before yesterday but I couldn't because I was too busy. When I arrived in Venice it was already two o'clock because the train was late. My friend, Edith, was waiting for me at the 5 station. When we were children Edith and I used to go to the same school. Edith was then living with her aunt because her parents were in Europe. Then she also went to Europe and I didn't see her again until a few months ago.

We went immediately to the hotel, by gondola. It was a magnifi- 10 cent afternoon, and the sun was shining on the Grand Canal; it was an enchanting spectacle that I shall always remember. After supper, while we were walking in Piazza San Marco, we met some girl friends of Edith who were going to the Lido. They invited us. To tell the truth I was tired and I wanted to return to the hotel, but I went to the Lido just the 15 same.

The next day we visited the Church of San Marco and the Doges' Palace. It was a beautiful day and it seemed like summer. Yesterday we went to Murano and today I spent almost the whole day shopping. Tomorrow I am leaving for Trieste; Edith wanted to go also but today 20 she received a letter from a lady whom she used to know in America, and who will arrive in Venice in two days. Too bad!

What's new in Florence? If you write to me my address in Trieste will be: c/o Baldini, 25 San Giusto Street.

Cordially yours, 25

Joan

STATIONERY AND BOOKS 17

It's four p.m. Miss Renoir needs some stationery and goes to a stationery store on Cavour Street. She goes in and goes up to a clerk.

CLERK: Good afternoon Miss. What would you like?

MISS RENOIR: Do you have any light-weight air mail stationery? 30

CLERK: Yes. We have this box with one hundred sheets and fifty envelopes. Is this all right?

MISS RENOIR: The sheets are a bit long, but it doesn't matter. And then I want two notebooks.

CLERK: Here are some magnificent notebooks. We got them yesterday.
MISS RENOIR: Yes, they really are magnificent. As soon as I return home I must not forget to write at once my name on the cover.
CLERK: Do you need anything else?
5 MISS RENOIR: No. Thank you. How much do I owe you?
CLERK: Just a minute. I don't remember the price of the stationery . . . .

Miss Renoir pays the clerk, leaves the stationery store, and goes to a bookstore near Piazza del Duomo, where she has already been before. She arrives, opens the door and goes in.

10 CLERK: Oh, good evening, Miss Renoir. How are you?
MISS RENOIR: Good evening, Mr. Centrone. This morning I received a long letter from Miss Evans. She sends best regards to all her friends and, naturally, to you too.
MR. CENTRONE: Thank you. When is she coming back?
15 MISS RENOIR: Next week. Mr. Centrone, do you have any catalogues of classical authors?
MR. CENTRONE: The catalogues are on this table; and on this one are the latest novels.
MISS RENOIR: Oh, here is Mondadori's catalogue; I recognized it at
20 once because I have seen it before (*lit.* other times). Mondadori's catalogues are magnificent. I'll begin with this one. May I?

Miss Renoir sits down and leafs through two or three catalogues. After about twenty minutes she gets up, thanks the clerk, and leaves.

AT THE FLOWER MARKET 18

"Miss, you are wanted on the telephone," the maid says to Miss Renoir who is in the
25 *living room where she is writing some letters.*
"I'll come right away, thank you," Miss Renoir answers her. "I'll finish the address on this envelope and I'll come. It's the third letter I have written today, and that's enough for now."
She gets up and goes to the telephone in the dining room.

30 JACQUELINE: Hello!
MARIA: Hello! How's everything, Jacqueline?
JACQUELINE: Maria, what a nice surprise!
MARIA: I'm coming to town today; I'm going to the flower market, do you want to come with me?

JACQUELINE: Gladly, but I was expecting a friend, Luisa Neroni . . . .
MARIA: I know her, we're old friends.
JACQUELINE: Fine, I'll bring her along. At what time shall we meet?
MARIA: At three o'clock, or if you want at two-thirty.

At three o'clock sharp Jacqueline, Maria and Luisa meet in Piazza del Duomo. 5

JACQUELINE: Where is the Flower Market?
MARIA: It's right next to Piazza della Signoria, in the open. Haven't you ever seen it?
JACQUELINE: No, I'm visiting it for the first time.
LUISA: It's very beautiful; it's held every week on Thursday. 10
JACQUELINE: But isn't there another market near San Lorenzo?
MARIA: Yes, but that one is open every day except Sunday, and it isn't a flower market.
JACQUELINE: What kind of market is it?
LUISA: It's a market where they sell everything, books, clothes, 15 material.
MARIA: Do you have news of Joan?
JACQUELINE: I received a long letter this morning. It's the fifth letter I've received from her. She will be back Wednesday.

While the girls are talking, they arrive at the market. It is a truly magnificent sight. 20
There are flowers of all colors: roses, carnations, violets.

WELCOME BACK! *19*

Yesterday Giovanni received a telegram from Paris: "I'm leaving this evening on the eleven o'clock train. I will arrive tomorrow, Sunday, at five p.m. Joan." Today is Sunday. It's four-forty p.m., and Giovanni goes to the station to meet Joan. At the station there are many people: in front of the ticket office, in the waiting rooms, everywhere. There are clerks, 25 *porters, people leaving, people arriving, suitcases, and baggage of all types. Finally Giovanni finds the timetable of arrivals and departures. Joan's train is on time. In fact, after a few minutes the train arrives, and Giovanni, who sees Joan in the crowd, calls her out loud: Joan, Joan!*

JOAN: Oh, Giovanni, you came! Thanks. How are you? 30
GIOVANNI: Fine thank you. Welcome back! Did you have a good trip?
JOAN: Yes. From Paris to Milan I slept almost all the time. In Milan some very charming artists got on, and I had a wonderful time.
A PORTER: Porter, sir?

GIOVANNI: No. (*to Joan*) I'll carry the suitcase. Well then, did you have a good time these last few days?

JOAN: Very good. I saw many beautiful cities, and I saw my old friend again.

5 GIOVANNI: What did you see in Venice?

JOAN: I saw Saint Mark's Square, the Doges' Palace, the Bridge of Sighs . . . in short so many lovely things, but not every thing: I didn't visit the museums. Some day I will go back to Venice and I shall see what I have not seen this time. How is Jacqueline?

10 GIOVANNI: Very well, you will see. She didn't come to the station because she went to Siena with Enzo Falchi. You know him, don't you?

JOAN: Yes, of course. I saw him the day before my departure.

GIOVANNI: (*aloud*) Taxi!

15 *The two friends get a taxi and go to the pension where Joan lives.*

A FAST TRIP TO PISA 20

GIOVANNI: Well, are we ready? You go ahead and we'll follow you.

ENZO: Are you ready, Joan?

JOAN: Yes, I'm ready but . . .

GIOVANNI (*smiles*): You're afraid to go on the scooter (Vespa).

20 JOAN: Nonsense, I'm not afraid; I'm sleepy. I went to bed late last night.

JACQUELINE: You can sleep tonight; now let's go!

The four young people are in Piazza della Repubblica and they are about to leave for Pisa. Joan and Giovanni are going on Giovanni's Vespa, and Jacqueline and Enzo on
25 *Enzo's Lambretta. It's nine o'clock; it's a clear October morning. Shortly afterwards they leave, and in a few minutes they are speedily traveling on the freeway that goes from Florence to Migliarino. There they will take the road to Pisa.*

JOAN: Please! Go slowly!

GIOVANNI: Don't be afraid.

30 JOAN: I have already told you that I'm not afraid of your Lambretta.

GIOVANNI: Mine is a Vespa; Enzo's is a Lambretta.

JOAN: Vespa, Lambretta . . . for me it's the same; they don't seem very safe. Jacqueline was right, why didn't we go by train?

In two hours they arrive in Migliarino, Jacqueline and Enzo have already arrived.

JACQUELINE: Finally! Are you still sleepy Joan?

JOAN: After the ride on the Vespa I'm awake, but I'm thirsty.

JACQUELINE: Have one of the orangeades we brought.

JOAN: Yes, gladly! And you, are you hungry?

JACQUELINE: No. Nobody is hungry. 5

ENZO: We'll eat in Pisa.

GIOVANNI: I was right that . . .

JOAN: All right "Mr. I Was-right," come here and do me a favor.

GIOVANNI: At your orders, "Miss Fear-less."

They all laugh. 10

JOAN: Don't be a clown. Tell us something about Pisa, instead.

GIOVANNI: Pisa is a very attractive city. All the houses are leaning like the Tower . . .

JOAN: I've already told you: don't be a clown.

GIOVANNI: You're right! But why don't we leave? 15

JACQUELINE: Right, it's useless to waste time. We'll be in Pisa in half an hour.

And after a few minutes the four young people are on their way to Pisa.

CHRISTMAS EVE   *21*

It is Christmas Eve and the streets of Florence are crowded like the streets of all the other Italian cities. But even if the streets, the streetcars and the trackless trolleys are filled 20 *with people, they are not as crowded as the stores, especially the pastry shops. Churches also are filled with people who go from one church to another to visit the Nativity scenes. In order to celebrate Christmas, all churches have a manger which represents the birth of Jesus in a grotto with the Wise Men, the angels, etc. Among the people who are strolling through the city, are also Joan and Jacqueline. We find them in front of the display window of a large* 25 *pastry shop where they are looking at the (sweets) pastries and candy.*

JACQUELINE: How nice that panettone looks! Have you ever tasted panettone, Joan?

JOAN: Yes, but of all the Italian Christmas sweets I prefer torrone. Panettone looks more beautiful than good to me. And you? 30

JACQUELINE: I prefer panforte; I find that panforte is better than torrone.

JOAN: They are both good. Why don't we go into this pastry shop and buy some sweets?

JACQUELINE: No, let's go to another one near here. I know one of the saleswomen.

JOAN: Very well. And then let us go to see the manger in Santa Maria Novella, do you want to?

5 JACQUELINE: Certainly. Here is the other pastry shop.

SALESWOMAN: Good morning; good morning, Miss Renoir. Did you see all the people?

JACQUELINE: Yes, it's the same everywhere. Listen, give us two torroni and one large panforte.

10 JOAN: Why not just one torrone and one small panforte?

JACQUELINE: Because tomorrow our friends are coming, and one torrone and one small panforte aren't enough.

SALESWOMAN: Do you want a panforte like this one?

JACQUELINE: No, a little larger; as large as the one I saw in the
15 window.

JOAN: No, Jacqueline; this one is enough for four people; it's larger than you think.

JACQUELINE: All right then. Now give us two torroni, please.

SALESWOMAN: We have a new torrone which is delicious. Here, taste
20 it!

JOAN: You taste it too, Jacqueline; it's exquisite. All right, miss; put the two torroni with the panforte, and add up the total.

The two friends pay and leave.

JOAN: Give me the sweets, I'll carry them.

25 JACQUELINE: No, I'll carry the sweets. Tomorrow we shall eat them together, but I'll carry them now.

JOAN: Do as you please! But do me a favor: walk more slowly, I'm tired.

JACQUELINE: Listen; when you see Giovanni, don't tell him anything.
30 Don't tell him that we bought the sweets. Tomorrow we'll surprise him; all right?

AT THE POST OFFICE 22

*It is a quarter to six and Joan is walking hurriedly toward the post office. The post office closes at six o'clock and Joan has many letters that she wants to mail. She goes in and while she awaits her turn at the window where they sell stamps, a young man says to her: "How
35 many (What a lot of) letters! You must have many admirers!"*

JOAN: Enzo!

ENZO: Excuse me if I was impertinent, Miss Joan, but you have so many letters!

JOAN: Of course they are many; they are Christmas cards.

ENZO: Ah! Now I understand; did you send one to me too?   5

JOAN: No, I won't send you one because I will give you my best wishes personally. Aren't you sending any?

ENZO: No, I'm sorry. It's a fine custom but I don't follow it.

THE CLERK AT THE WINDOW: May I help you, Miss?

JOAN: Please give me some stamps.   10

CLERK: How many do you want?

JOAN: Ninety-five air mail stamps, and eighty-four regular mail.

CLERK: Excuse me, did you say you want ninety-five air mail, and eighty-four regular mail?

JOAN: Yes. (to Enzo) Even the clerk seems surprised.   15

ENZO: Yes, here in Italy we don't send so many Christmas cards.

JOAN: In America we send more and more cards every year. (to the clerk) I want to send this letter registered.

CLERK: Very well. Here are the stamps and here is the receipt.

JOAN: Thank you. Enzo, be good, and help me to stick the stamps on   20
the envelopes.

ENZO: Right away; but first I must buy a stamp too.

After a quarter of an hour Joan and Enzo have finished and go out.

JOAN: I forgot to buy a special delivery stamp.

ENZO: Never mind, we'll buy it at the Sale e Tabacchi nearby.   25

JOAN: Would you explain something to me, Enzo: Why do you call *Salt and Tobaccos* the store where they sell also cigarettes?

ENZO: (*laughs*) It's very simple. The sale of salt and tobacco is a state monopoly in Italy and so salt and tobacco are sold only in special stores called Sale e Tabacchi.   30

HAPPY NEW YEAR   *23*

Today is the first of January, it's New Year's Day. It is a holiday. It is almost noon, and the streets are crowded. Joan arrives at Giovanni's house where she has been invited for lunch. She is a little nervous because she does not yet know Giovanni's parents. She rings the bell and Giovanni comes to open the door.

GIOVANNI: Happy New Year! Come in, make yourself at home. My father and mother have been wanting to meet you for a long time.

JOAN: Excuse me for being a little late. I wanted to buy a little calendar for the New Year but all the stores are closed.

5 GIOVANNI: This is my mother ... and this is my father ... Joan Evans, the American young lady of whom I have spoken to you many times.

THE PARENTS: How do you do, Miss Evans!

JOAN: How do you do!

10 THE MOTHER: Have you been in Florence long, Miss Evans?

JOAN: Three months. I arrived on October 5th. How time flies!

THE FATHER: I know your country well, Miss Evans. When I was young I took two trips to America: the first in 1940, and the second with my wife in 1945. The first time I stayed in New York
15 from May to July; and the second from February to September.

JOAN: Then you speak English?

THE FATHER: A little, but not very well. Once however I knew it well.

THE MOTHER: Giovanni told me and my husband that last night you both went to a dance. Were there many people?

20 JOAN: About a hundred and fifty. We danced until midnight. Excuse me, but is it true that January 6th is a holiday?

THE MOTHER: Of course. It is the Epiphany, or as children say, "la Befana." January 6 is a kind of second Christmas, and many children receive candies and other presents.

25 THE FATHER: "La Befana" is a kind of Italian Santa Claus; but she is a woman, not a man.

GIOVANNI: When in Rome, do as the Romans do, dear Joan. What's important to children is that they receive presents, it doesn't matter whether on December 25th or January 6th!

30 THE MAID: Luncheon is served, madam.

THE CHURCH OF SANTA CROCE 24

The professor of art has taken his students to visit the church of Santa Croce (Holy Cross). The professor and the students are in the large square where the church is, and the professor has just begun to speak.

PROFESSOR: I am certain that many of you have already seen this
35 church, but it does not matter. There are things which deserve a second

look. The church of Santa Croce is a very ancient one. The Florentine poet Dante, whose statue we see in this square, often came to this church where there were some excellent teachers. Naturally the church today is not as it was in Dante's century. Then it was smaller and simpler. The inside of the church of Santa Croce is very beautiful and important, not 5 only artistically, but also because there are the tombs of many great Italians: Michelangelo, Niccolò Machiavelli, Galileo Galilei, Gioacchino Rossini, etc. There is also a cenotaph, namely an empty tomb, in honor of Dante. In 1302, when Dante was thirty-seven years old, he went into exile, and he died in Ravenna, where he is buried. When 10 Dante left Florence he had already written a great deal, but he had not yet finished the *Divine Comedy*. And now let's go into Santa Croce where we will see the tombs of which I spoke to you, and some frescoes by Giotto.

After about an hour, the professor and the students come out of Santa Croce. It is almost 15 *noon, and many students return home. Two or three stay on to talk with the professor. Joan and Jacqueline start out toward Piazza del Duomo. Joan says to her friend: "Why don't we take the trolley? I'm tired."*

JACQUELINE: We'll take it at the stop in Piazza del Duomo. I have a headache and I want to buy some aspirin. 20
JOAN: But there must be a pharmacy in this square also.
JACQUELINE: I know, but I always go to the same drugstore.
JOAN: In that case! . . . Santa Croce is beautiful, isn't it?
JACQUELINE: Yes. I had already seen it before, but I hadn't looked carefully at Giotto's frescoes. 25
JOAN: Did you know that Dante died in Ravenna?
JACQUELINE: Yes. The professor of Italian literature spoke to us of it. Apparently he died shortly after he had finished the *Divine Comedy*. Here is the drug store. Let's go in.

A GEOGRAPHY LESSON 25

Joan is in bed with an awful cold. Her friend Jacqueline has come to call on her. 30

JACQUELINE: Good morning, Joan, how do you feel?
JOAN: Not so well!
JACQUELINE: Too bad, I'm sorry.
JOAN: Oh, it's nothing. But this kind of cold can be very annoying.
JACQUELINE: I know. Look, I brought you the notes you wanted. And 35

now you will have to excuse me if I leave, but as you know in half
an hour we have our art history lesson.

JOAN: So long, Jacqueline, and thanks a lot.

JACQUELINE: Not at all. So long, I'll call you tonight.

5 *Once alone, poor Joan takes the notes of the geography lesson her friend has brought her, and between sneezes, tries to read them.*

"In one of the smallest cities in Italy, in the same day one can ski,
swim in the sea, visit an orange grove, eat in a hotel which was once a
medieval monastery, or sit in the open and enjoy the view of a famous
10 snow covered volcano.

This city is Taormina, in Sicily, and it is one of the many Italian cities
that give the foreigner an idea of the variety of Italian life. This is perhaps the most accurate impression that a foreigner receives in Italy
when he arrives there for the first time, and it is this variety which gives
15 Italy such an interesting character.

It would be difficult to explain otherwise why every year millions of
tourists go to visit it. Was it perhaps its history that gave Italy this
variety? It is difficult to explain, but it's true that this is the most unique
characteristic of this country.

20 Italy is a peninsula surrounded by sea and the Alps. The Alps, which
are the largest chain of mountains in Europe, separate it from the other
countries of Europe, while the Apennines cross it from north to south.
The Po is the largest river in Italy . . . ."

*Joan continues to read, but she is tired and, little by little, she closes her eyes and falls
25 asleep. What can she possibly have dreamed? Taormina? The sea? The Alps? The Po?
Who knows!*

SPORTS   26

*Giovanni, Enzo, Joan and Jacqueline got up early to go to play tennis. Today is Sunday
and they have no classes. They did not go together, however, and Jacqueline and Enzo arrive
at the tennis court several minutes before their friends. They sit down on a bench and
30 continue to talk.*

JACQUELINE: Have you been playing tennis for many years?

ENZO: Yes, but I don't play it very well. I would like to play once a
week, but it isn't always possible.

JACQUELINE: I've noticed that Italians like sports a lot.

35 ENZO: It's true; they like all sports but especially soccer and races.

JACQUELINE: Two weeks ago Joan and I went to a soccer game.
ENZO: Did you like it?
JACQUELINE: Very much. In France I often go to soccer games. But Joan had never seen one. As you know, in America university students are interested in football, which is quite different from soccer. 5
ENZO: By the way, Jacqueline, since you're French, I am sure that you like bicycle races too.
JACQUELINE: Of course.
ENZO: So do I. During the month of May there will be the most 10 famous bicycle race in Italy, the *Giro d'Italia* (Tour of Italy) and, if you want, we'll go to see it.
JACQUELINE: Does it go through Florence?
ENZO: Last year it went through Florence, but not this year. It's like the Tour of France; it doesn't always go through the same cities. 15 It always leaves from Milan, and it ends in Milan; in fact it's a tour. But, naturally, it is not a race without stops. This year the racers stop at Viareggio also, and it would be interesting to go and see them arrive.
JACQUELINE: Thank you, I should like it very much. Perhaps Joan 20 and Giovanni could also come.
GIOVANNI: Certainly! We heard your last words. But why do you still use the *Lei*? Joan and I use the *tu*. Let's all four of us use the *tu;* we are old friends by now.
ENZO: Yes, it's high time; and now let's begin the game. 25

CARNIVAL   27

JACQUELINE: Please hurry, Joan. Enzo and Giovanni will be here in a little while.
JOAN: I'm almost ready; all I have to do is get my gloves. Are you taking your raincoat?
JACQUELINE: Yes, I think it's a good idea. It's not raining any more 30 now, but it's windy and one never knows.
JOAN: By the way, what's tonight's dance called?
JACQUELINE: "Veglione"; it will last almost the whole night through. Today is "fat Tuesday," the last day of Carnival.

JOAN: That's right, I find carnival a charming custom.

JACQUELINE: Do you think that our friends will like our costumes?

JOAN: I am sure they will; you will see how surprised they'll be.

JACQUELINE: I wonder what costumes they bought . . . .

5 JOAN: The bell! It must be they.

In fact, shortly afterwards the maid comes in to call them. Joan is dressed as Harlequin and Jacqueline as Colombine. The costumes have been made by one of the best dressmakers in Florence, and they are really magnificent. The two girls go into the living room where Enzo and Giovanni are waiting for them.

10 ENZO: What magnificent costumes! You really look like two characters of the Commedia dell'Arte.

JACQUELINE: Thank you, but who are you

GIOVANNI: Who are we? Can't you tell? I am Punch and Enzo is Pantaloon.

15 JOAN: (*smiling at Enzo*) To tell you the truth, you look like a clown.

GIOVANNI: Thanks! It's carnival time and as they say, "at carnival time any joke is permissible".

ENZO: Shall we go then?

JACQUELINE: Yes, let's go! Is it still cold?

20 ENZO: Yes, very. I'm sure it's going to snow!

GIOVANNI: Nonsense! What weather! Yesterday it was almost warm.

JOAN: It's evident that the weather also is celebrating carnival time, and that it is joking too.

ENZO: The masks! Let's not forget them!

25 JACQUELINE: Don't worry! We can't go to the "Veglione" without a mask.

The four young people go out, arm in arm, and start out toward the hotel where the "Veglione" will be held.

EASTER 28

Today is Easter. Like Christmas, Easter is one of the major religious holidays and it is
30 *celebrated throughout the Christian world. Since Easter always comes in the spring, usually during Holy Week the weather is good and the streets are crowded with people. Today is a special day for Florentines, because on Easter Sunday in Florence one of the major spectacles of the year takes place — the Explosion of the Cart. The Explosion of the Cart is a medieval ceremony which takes place in Piazza del Duomo in front of the Church of Santa Maria del*

Fiore. At noon sharp in the church they light the "Little Dove", an artificial dove that flies along a wire and goes out of the church to a cart which is in the middle of the square. The cart is decorated with fireworks, and when the "Little Dove" reaches it a loud explosion is heard. The "Little Dove" continues to fly and returns to the church. If all goes well, everyone is happy. Naturally, the square and the church are full of people who have come to see 5 the ceremony.

As we said, today is Easter, and Joan and Giovanni meet in front of Joan's pension.

GIOVANNI: I wanted to phone you to tell you that I would come a little earlier, but your line was busy.

JOAN: Yesterday I saw Jacqueline and I told her that I would call this 10 morning before eleven. That's why my line was busy.

GIOVANNI: Let's take this street on the left, and let's go through Piazza San Lorenzo; there are fewer people.

JOAN: Listen, I would prefer going through Piazza della Repubblica. Nearby there is a pastry shop where they have a really beautiful 15 chocolate egg in the window. All right?

GIOVANNI: Yes, all right. Do you have chocolate eggs for Easter in America, too?

JOAN: Yes, but they are neither so large nor so beautiful as those that I've seen here. You know, Giovanni, I've noticed that in Italy 20 there isn't what we call the Easter Bunny.

GIOVANNI: No, why? In America you eat rabbit for Easter?

JOAN: No, no! However, especially for the children, the bunny and the eggs are a symbol of Easter.

GIOVANNI: Not here in Italy. Here, as you may have noticed on some 25 post cards, the symbol of Easter is the lamb, and, naturally, the eggs also. On Easter Sunday everyone eats hard boiled eggs and many eat lamb as well.

JOAN: When in Rome, do as the Romans do. It's a great world.

GIOVANNI: Here we are in Piazza San Giovanni. Saint John was a 30 great saint! He was the best of all the saints!

JOAN: Yes, a great saint, certainly. But not all those named John . . .

GIOVANNI: Enough, enough! Let's look for Enzo and Jacqueline.

JOAN: I don't see them. They probably have not yet arrived. Let's wait at this corner. Have you seen the Explosion of the Cart many 35 times?

GIOVANNI: Yes. I came here the first time with my older brother when I was three years old; and then almost every year. Once the Explosion of the Cart took place on Holy Saturday, however. You'll see how beautiful it is!   40

AT THE BEACH

The spring courses had been over a few days, and Joan and Jacqueline wanted to go to
spend a week at the beach. But where? Joan wanted to go to a beach along the Riviera:
Alassio, Portofino, Rapallo, it didn't matter where. Jacqueline, instead, preferred a beach
on the Adriatic; Rimini, Riccione, Senigallia . . . "Why don't we go to the Lido of
5 *Venice?" she said, one day. But Joan had already been in Venice, and would have preferred*
going to a new place. When Enzo asked them where they were planning to go, the girls told
him that they hadn't decided anything yet. "Why don't you go to Riccione? It's so beauti-
ful!" said Enzo. "There is a wonderful sea, and a great beach." And so they did. One fine
day they bought two tickets and went to Riccione. Since they had to go through Bologna,
10 *they stopped in that charming city, where there is a university which is famous throughout the*
world. When they arrived in Riccione it was quite late and they immediately went to a
pension which Enzo had recommended to them.

The following morning the weather was gorgeous; they got up early and after breakfast
they went to the beach. They spoke of many things and they also said what follows.

15 JACQUELINE: This is a fine place, Joan. Let's lie down here. At the
moment there are no people, but later on you'll see what a large
crowd (there'll be). What are you doing?

JOAN: I'm putting some cream on my face. I like to be tan, "la
tintarella", as they say here, but I don't want to burn my skin.

20 JACQUELINE: Speaking of tan, do you tan easily?

JOAN: Yes. Like many blondes I get tanned in a few days. What about
you?

JACQUELINE: I don't. Like some brunettes my skin is so white that I
must be careful not to take too much sun.

25 JOAN: Have you noticed that the sand is getting warm?

JACQUELINE: What time is it? I left my watch at the pension.

JOAN: Eleven. We have been here two hours. Shall we go in the water?

JACQUELINE: Let's. Then we'll dry ourselves on this beautiful sand.
Your bathing suit is really pretty. Did you bring it with you from
30   America?

JOAN: No, I bought it in Florence. Yours is very pretty too. Is it
French?

JACQUELINE: Yes, I bought it last year.

JOAN: Let's go in the water, it's hot on the beach.

FAREWELL SUPPER

35 JOAN: At what time is the train leaving?

JACQUELINE: I'm not sure, but I think it leaves at twenty minutes after ten.

JOAN: Good. I still have time to take a bath.

JACQUELINE: Yes, but hurry. Meanwhile I'll go to pay the hotel bill and I'll buy a few newspapers.   5

The two young ladies are about to leave Riccione. It was a marvelous vacation, a magnificent week; and the girls will not easily forget the blue sky and the beautiful sea of that beach. But now it is necessary for them to return to Florence to pack and to say good-bye to their friends. Their stay in Italy is about to end and they have decided to spend the last weeks visiting Rome and some cities of southern Italy.   10
Enzo and Giovanni are waiting for them at the station in Florence.

ENZO: Welcome back! Did you have a good time?

JACQUELINE: Yes, indeed! What a beautiful place — I absolutely want to go back there someday.

GIOVANNI: I hope you rested.   15

JOAN: Yes, but now there are so many things to do.

ENZO: Are you going to the pension right away?

JOAN: Yes, but first I have to stop at the American Express — I have come back without a penny and I have to cash a check.

GIOVANNI: Let's take a taxi then! When have you decided to leave 20 Florence?

JOAN: Tomorrow morning. It seems impossible that this is my last day in Florence.

ENZO: It's better not to think about it.

JACQUELINE: It's true! By the way, did Professor Bianchi come back? 25

GIOVANNI: I don't think he has come back yet.

ENZO: No, and I'm afraid he won't come back until next week.

JACQUELINE: What a shame! I should have liked to see him again. At any rate, do me a favor Enzo, I'd like you to say good-bye to him for me.   30

ENZO: Don't worry, I'll do it!

JACQUELINE: And please say good-bye to his wife and to his daughter also. They are so kind!

By this time the taxi has arrived at the American Express.

GIOVANNI: We'll leave you here, then — we'll see you tonight at the 35 farewell supper.

JOAN: At eight o'clock, right?

GIOVANNI: Yes, good-bye.

JACQUELINE, JOAN AND ENZO: Good-bye!

BASIC ITALIAN

A BUS TRIP

This morning Joan and Jacqueline left for Rome. It is a rather long trip which will take all day. Last night they said good-bye to all their friends except Giovanni and Enzo, who will join them later in Rome a few days before their departure from Italy.
It is three p.m., and the bus is speeding through the countryside south of Assisi. The bus
5 *stopped in Perugia for two hours, and the girls had time to eat in a little restaurant, and to take a brief tour of the city. They also went to see the large palace where the University for Foreigners is housed, for Perugia also has a well-known center of studies for foreigners. In fact, Jacqueline's older sister studied in Perugia. When Jacqueline was still in Paris she did not know which university to choose, but then she stopped in Florence. After Perugia the*
10 *bus stopped for almost an hour in Assisi, and the passengers went to visit the very beautiful church of St. Francis where a guide showed them Giotto's famous frescoes. Now the bus speeds rapidly towards the capital, and the two girls continue chatting.*

JOAN: This bus is very comfortable. I believe that in Italy some busses are more comfortable than the trains.

15 JACQUELINE: Yes, but the train is faster. Pardon me, but did you wash your hair yesterday?

JOAN: No. I could have washed it myself but I had it washed by the hairdresser. The sea water and the sun had ruined it.

JACQUELINE: You are right. I'll have mine washed in Rome. Tell me,
20 did you buy some chocolates in Perugia?

JOAN: Yes. Here they are, do you want some?

JACQUELINE: No. I don't want to eat them now. I wanted to know because they are excellent.

JOAN: Where shall we stop in Rome? Giovanni gave me the addresses
25 of two pensions and of a good second class hotel.

JACQUELINE: This is the hundredth time you have asked me, but I don't know what to tell you. We could stop at the hotel; it's near Via Veneto and Villa Borghese.

JOAN: We'll have to take a taxi. I really don't know where Via Veneto
30 is. In some American cities it's easy to find an address because the streets are numbered: thirtieth, thirty-first, fiftieth, etc.

JACQUELINE: Here we are in Rome! Can you see St. Peter's dome through those trees?

JACQUELINE: Finally, here we are on Via Veneto. I have heard so much about it that it seems that I already know it.

JOAN: So do I. What do you think of it?

JACQUELINE: It's one of the most interesting streets that I've ever seen.

The two girls have been in Rome for two days and, although they have little time, they 5 *want to visit at least the most important places. They have already seen the Colosseum, the Catacombs and Piazza Venezia, and today they will go to St. Peter's. Now they're walking arm in arm on Via Veneto.*

JACQUELINE: That must be the park of Villa Borghese.

JOAN: Yes! To tell you the truth I'm a little tired, let's stop for a while 10 before we go there.

JACQUELINE: Yes, let's stop at this coffee-shop. I'd like an orangeade.

JOAN: And I want an "espresso." Then I'll also be able to fix my hat.

JACQUELINE: It is really a nice little hat.

JOAN: You mean an old hat — it's old and ugly, but comfortable. 15

JACQUELINE: (*sitting down*) Well, let's see what the guide-book says about Villa Borghese. (*reads*): "Built in the XVII century by Cardinal Scipione Borghese, nephew of Paul V."

JOAN: Enough! Enough! Guide-books don't interest me. Let's go.

The two girls resume their walk and, although the park is very large, they succeed in see- 20 *ing a good part of it. At about noon they are at the Pincio and they are admiring the view of Rome and of St. Peter's.*

JOAN: I think we'd better go back to the hotel before we go to visit St. Peter's.

JACQUELINE: Yes, yes. I'm very tired and I want to rest for about an 25 hour.

JOAN: As long as the Sistine Chapel is open in the afternoon. It's the only important thing that I've already seen in Rome and which I would like to see again.

JACQUELINE: Yes! The guide-book says that it's open until five. You 30 see that guide-books are good for something.

JOAN: Maybe so, but I don't understand how you can carry around a big book like that; it's like a dictionary.

JACQUELINE: It's not really that big; look, I can put it in my purse.

The two girls start out toward a taxi which has stopped at the corner. 35

IN NAPLES

The gulf of Naples is without doubt one of the most magnificent in Europe and in the world, and it is also one of the most active harbors in the Mediterranean. Naples offers an unforgettable spectacle to those who see it for the first time — with its blue sea, the prome-nade along the sea, Vesuvius, Capri and the other islands, and its wonderful surroundings.
5 *Joan and Jacqueline have been in Naples three days, and have already visited the most interesting places. They have taken a trip to Capri and to the Blue Grotto; they have taken a drive to Amalfi; they have spent several hours in Pompei, and they have visited the very beautiful Arcade, where they had a coffee-ice. Their visit to the National Museum was very interesting. Now it's one in the afternoon and they are seated at a small table in one of the*
10 *restaurants along the gulf.*

JACQUELINE: On this menu they have all the Neapolitan specialties.

JOAN: I'm really not very hungry. I'd be happy with two eggs.

JACQUELINE: You are kidding! We must try their spaghetti with baby clams. Where did the waiter go?

15 JOAN: He is that tall young man with the white coat who is talking with one of the musicians. There is no hurry. I am a little tired; in fact one of my shoes hurts me and I'd like to sit and rest for about an hour.

JACQUELINE: There were so many rooms in that museum that we must
20   have walked at least two miles.

JOAN: That's true. But think of how many hundreds of things we have seen!

JACQUELINE: Undoubtedly it's one of the most beautiful museums I have ever seen.

25 JOAN: I don't know yet whether next year I'll come back to Italy, but if I do I will come to Naples again.

JACQUELINE: I'm sorry I was unable to come here sooner. What shall we do after lunch?

JOAN: Once we have finished lunch we shall take a carriage and we
30   shall go for a ride along the coast.

JACQUELINE: It's an excellent idea.

JOAN: I wonder if it's very cold here in Naples in the winter?

JACQUELINE: I don't know, but I don't believe it is very cold. I believe, however, that fall and spring are the best seasons.

35 JOAN: Listen! The musicians have started playing a popular song.

JACQUELINE: Yes. It's pretty. Here is the waiter.

JOAN: Thank Heavens! Now I too am hungry.

The two friends, Joan and Jacqueline, are again in Rome after a visit of three days to Naples and its environs. Tomorrow will be their last day in Italy.

JOAN: Oh! How I would like to stay in Italy two or three more months. If I didn't absolutely have to go back home, I would do it.

JACQUELINE: I too! If I had had the money I would have stayed in 5 Florence another year.

JOAN: What time is it?

JACQUELINE: It's already ten twenty. Giovanni wrote in his letter that he wanted us to go to meet them at the station. But I don't think we will be able to. 10

JOAN: Why not?

JACQUELINE: We have to buy the tickets for the opera and if we don't go before noon they'll be sold out. If we had bought them last night, now we wouldn't be in such a hurry.

JOAN: What opera is there tonight? 15

JACQUELINE: *Tosca.*

JOAN: Are you sure? I thought it was *Aïda.*

JACQUELINE: Here, look at the program.

JOAN: It's true, it really is *Tosca.* By the way, you who are always carrying that guide-book around, what can you tell me about the 20 Baths of Caracalla?

JACQUELINE: Let's see — here, page 225. Baths of Caracalla — "The baths were large buildings for (public) baths among the Romans. The Baths of Caracalla (186–217 A.D.) were built by this emperor and have remained in a fair state of preservation through the cen- 25 turies. Today they are used for open air spectacles during the summer." Enough?

JOAN: Yes, yes! It's clear enough. What will we do after the opera?

JACQUELINE: I don't know, I think Enzo said that he wanted to go to a restaurant to eat something. 30

JOAN: Oh yes, now I remember — at Alfredo's.

JACQUELINE: Who is Alfredo?

JOAN: What! Don't you know who Alfredo is? "Alfredo's" is one of the most famous restaurants in Rome — in fact it's very famous for its noodles with butter — they're delicious. And now we'd better go 35 to buy the tickets.

Today is the day of Joan's and Jacqueline's departure. At four in the afternoon, after packing and paying the bill, they telephoned Enzo and Giovanni who came to get them in a taxi in order to take them to the airport. Joan and Jacqueline will leave on the same airplane for Paris, where Joan will spend one week at Jacqueline's before going on to New York and
5 *San Francisco. After Joan and Jacqueline leave, Giovanni and Enzo will go straight to the station, where they will try to catch the streamliner for Florence. The four friends are at the airport and are waiting for the announcement of the flight to Paris.*

JOAN : Jacqueline, you haven't told me yet whether you like this hat I bought for the trip.
10 JACQUELINE : Yes, but as you will remember I wanted you to buy the red one. It looked better on you.
ENZO : Too bad that Giovanni and I cannot go with you as far as Paris!
GIOVANNI : It's true. But you are lucky; Paris is not so far from Italy . . . San Francisco, instead, is almost at the antipodes!
15 JOAN : But today with a jet it does not take too long. It's a matter of hours. And then flying is so wonderful!
GIOVANNI : It's true. But it's not the hours that I need (am lacking . . .)
ENZO : Well, at any rate the four of us will meet in Florence next June.
JOAN : By all means. At the end of next spring I will graduate, and I
20 am sure that my parents will let me come back to Italy.
(*Announcer*): Alitalia's flight No. 925 for Paris is ready for boarding.
GIOVANNI : Well, good-bye, Joan. Have a wonderful trip and don't forget to write. Good-bye, Jacqueline, bon voyage.
ENZO : Good-bye, Jacqueline. We shall see each other in Paris at
25 Christmas. Bye-bye, Joan, say hello to New York's skyscrapers for me.

ENZO : Ten months are long, but they will go by fast, you will see.
GIOVANNI : Yes, it's true, but ten months are ten months! At least if she lived in London! But no, she lives in San Francisco, at the
30 antipodes.

APPENDICES

AUXILIARY VERBS

Simple Tenses

INFINITIVE	avere to have		ęssere to be	
GERUND	avęndo		essęndo	
PRESENT INDICATIVE	hǫ	abbiamo	sono	siamo
	hai	avete	sęi	siete
	ha	hanno	è	sono
IMPERFECT INDICATIVE	avevo	avevamo	ęro	eravamo
	avevi	avevate	ęri	eravate
	aveva	avęvano	ęra	ęrano
PAST ABSOLUTE	ębbi	avemmo	fui	fummo
	avesti	aveste	fosti	foste
	ębbe	ębbero	fu	fųrono
FUTURE	avrǫ	avremo	sarǫ	saremo
	avrai	avrete	sarai	sarete
	avrà	avranno	sarà	saranno
PRESENT CONDITIONAL	avręi	avremmo	saręi	saremmo
	avresti	avreste	saresti	sareste
	avrębbe	avrębbero	sarębbe	sarębbero
IMPERATIVE	——	abbiamo	——	siamo
	abbi	abbiate	sii	siate
	ạbbia	ạbbiano	sia	sịano
PRESENT SUBJUNCTIVE	ạbbia	abbiamo	sia	siamo
	ạbbia	abbiate	sia	siate
	ạbbia	ạbbiano	sia	sịano
IMPERFECT SUBJUNCTIVE	avessi	avęssimo	fossi	fǫssimo
	avessi	aveste	fossi	foste
	avesse	avęssero	fosse	fǫssero

COMPOUND TENSES

PAST PAR.	avuto	stato (-a, -i, -e)
PERFECT INF.	avere avuto	ẹssere stato (-a, -i, -e)
PAST GERUND	avẹndo avuto	essẹndo stato (-a, -i, -e)

PRESENT PERFECT INDICATIVE	hǫ ⎫ hai ⎪ ha ⎪ ⎬ avuto abbiamo ⎪ avete ⎪ hanno ⎭	sono ⎫ sẹi ⎬ stato (-a) ẹ̀ ⎭ siamo ⎫ siete ⎬ stati (-e) sono ⎭
PAST PERFECT INDICATIVE I	avevo ⎫ avevi ⎪ aveva ⎪ ⎬ avuto avevamo ⎪ avevate ⎪ avẹvano ⎭	ẹro ⎫ ẹri ⎬ stato (-a) ẹra ⎭ eravamo ⎫ eravate ⎬ stati (-e) ẹrano ⎭
PAST PERFECT INDICATIVE II	ẹbbi ⎫ avesti ⎪ ẹbbe ⎪ ⎬ avuto avemmo ⎪ aveste ⎪ ẹbbero ⎭	fui ⎫ fosti ⎬ stato (-a) fu ⎭ fummo ⎫ foste ⎬ stati (-e) fu̞rono ⎭

FUTURE PERFECT	avrò avrai avrà avremo avrete avranno	} avuto	sarò sarai sarà saremo sarete saranno	} stato (-a) } stati (-e)
PERFECT CONDITIONAL	avrẹi avresti avrẹbbe avremmo avreste avrẹbbero	} avuto	sarẹi saresti sarẹbbe saremmo sareste sarẹbbero	} stato (-a) } stati (-e)
PRESENT PERFECT SUBJUNCTIVE	ạbbia ạbbia ạbbia abbiamo abbiate ạbbiano	} avuto	sia sia sia siamo siate sịano	} stato (-a) } stati (-e)
PAST PERFECT SUBJUNCTIVE	avessi avessi avesse avẹssimo aveste avẹssero	} avuto	fossi fossi fosse fọssimo foste fọssero	} stato (-a) } stati (-e)

REGULAR VERBS

SIMPLE TENSES

INFINITIVES

1st conjugation	2nd conjugation	3rd conjugation	
parl **are**	ripet **ere**	cap **ire**	dorm **ire**

GERUNDS

parl **ando**	ripet **ęndo**	cap **ęndo**	dorm **ęndo**

PRESENT INDICATIVE

parl **o**	ripęt **o**	cap **isc o**	dǫrm **o**
parl **i**	ripęt **i**	cap **isc i**	dǫrm **i**
parl **a**	ripęt **e**	cap **isc e**	dǫrm **e**
parl **iamo**	ripet **iamo**	cap **iamo**	dorm **iamo**
parl **ate**	ripet **ete**	cap **ite**	dorm **ite**
parl **ano**	ripęt **ono**	cap **isc ono**	dǫrm **ono**

IMPERFECT INDICATIVE

parl **avo**	ripet **evo**	cap **ivo**	dorm **ivo**
parl **avi**	ripet **evi**	cap **ivi**	dorm **ivi**
parl **ava**	ripet **eva**	cap **iva**	dorm **iva**
parl **avamo**	ripet **evamo**	cap **ivamo**	dorm **ivamo**
parl **avate**	ripet **evate**	cap **ivate**	dorm **ivate**
parl **avano**	ripet **ęvano**	cap **ivano**	dorm **ivano**

PAST ABSOLUTE

parl **ai**	ripet **ei**	cap **ii**	dorm **ii**
parl **asti**	ripet **esti**	cap **isti**	dorm **isti**
parl **ò**	ripet **è**	cap **ì**	dorm **ì**
parl **ammo**	ripet **emmo**	cap **immo**	dorm **immo**
parl **aste**	ripet **este**	cap **iste**	dorm **iste**
parl **arono**	ripet **ęrono**	cap **irono**	dorm **irono**

parler **ò**	ripeter **ò**	capir **ò**	dormir **ò**
parler **ai**	ripeter **ai**	capir **ai**	dormir **ai**
parler **à**	ripeter **à**	capir **à**	dormir **à**
parler **emo**	ripeter **emo**	capir **emo**	dormir **emo**
parler **ete**	ripeter **ete**	capir **ete**	dormir **ete**
parler **anno**	ripeter **anno**	capir **anno**	dormir **anno**

PRESENT CONDITIONAL

parler **ęi**	ripeter **ęi**	capir **ęi**	dormir **ęi**
parler **esti**	ripeter **esti**	capir **esti**	dormir **esti**
parler **ębbe**	ripeter **ębbe**	capir **ębbe**	dormir **ębbe**
parler **emmo**	ripeter **emmo**	capir **emmo**	dormir **emmo**
parler **este**	ripeter **este**	capir **este**	dormir **este**
parler **ębbero**	ripeter **ębbero**	capir **ębbero**	dormir **ębbero**

IMPERATIVE

parl **a**	ripęt **i**	cap **isc i**	dọrm **i**
parl **i**	ripęt **a**	cap **isc a**	dọrm **a**
parl **iamo**	ripet **iamo**	cap **iamo**	dorm **iamo**
parl **ate**	ripet **ete**	cap **ite**	dorm **ite**
parl **ino**	ripęt **ano**	cap **ịsc ano**	dọrm **ano**

PRESENT SUBJUNCTIVE

parl **i**	ripęt **a**	cap **isc a**	dọrm **a**
parl **i**	ripęt **a**	cap **isc a**	dọrm **a**
parl **i**	ripęt **a**	cap **isc a**	dọrm **a**
parl **iamo**	ripet **iamo**	cap **iamo**	dorm **iamo**
parl **iate**	ripet **iate**	cap **iate**	dorm **iate**
parl **ino**	ripęt **ano**	cap **ịsc ano**	dọrm **ano**

IMPERFECT SUBJUNCTIVE

parl **assi**	ripet **essi**	cap **issi**	dorm **issi**
parl **assi**	ripet **essi**	cap **issi**	dorm **issi**
parl **asse**	ripet **esse**	cap **isse**	dorm **isse**
parl **assimo**	ripet **essimo**	cap **issimo**	dorm **issimo**
parl **aste**	ripet **este**	cap **iste**	dorm **iste**
parl **assero**	ripet **essero**	cap **issero**	dorm **issero**

REGULAR VERBS

COMPOUND TENSES

PAST PARTICIPLES

| parl **ato** | ripet **uto** | cap **ito** | dorm **ito** |

PERFECT INFINITIVES

| avere **parlato** | avere **ripetuto** | avere **capito** | avere **dormito** |

PAST GERUNDS

| avẹndo **parlato** | avẹndo **ripetuto** | avẹndo **capito** | avẹndo **dormito** |

PRESENT PERFECT INDICATIVE

| họ hai ha abbiamo avete hanno | parlato | ripetuto | capito | dormito |

PAST PERFECT INDICATIVE I

| avevo avevi aveva avevamo avevate avẹvano | parlato | ripetuto | capito | dormito |

PAST PERFECT INDICATIVE II

| ẹbbi avesti ẹbbe avemmo aveste ẹbbero | parlato | ripetuto | capito | dormito |

FUTURE PERFECT			
avrò avrai avrà avremo avrete avranno } parlato	ripetuto	capito	dormito

PERFECT CONDITIONAL			
avrei avresti avrebbe avremmo avreste avrebbero } parlato	ripetuto	capito	dormito

PRESENT PERFECT SUBJUNCTIVE			
abbia abbia abbia abbiamo abbiate abbiano } parlato	ripetuto	capito	dormito

PAST PERFECT SUBJUNCTIVE			
avessi avessi avesse avessimo aveste avessero } parlato	ripetuto	capito	dormito

Irregular Verbs

NOTES ON THE IRREGULAR VERBS

1. An asterisk (*) indicates that the verb is conjugated with **ẹssere.**
2. A dagger (†) indicates that the verb is sometimes conjugated with **ẹssere,** sometimes with **avere.** In general, the verbs marked with a dagger are conjugated with **avere** when they take a direct object. For special cases, see Lesson 27, section III and Lesson 33, section III.
3. See Notes to Appendices and Vocabularies on p. 307.

Infinitive	Gerund and Past Participle	Present Indicative	Imperfect Indicative	Past Absolute
andare* *to go*	andando andato	vado vai va andiamo andate vanno	andavo andavi andava andavamo andavate andạvano	andai andasti andò andammo andaste andạrono
bere *to drink*	bevẹndo bevuto	bevo bevi beve beviamo bevete bẹvono	bevevo bevevi beveva bevevamo bevevate bevẹvano	bevvi bevesti bevve bevemmo beveste bẹvvero
chiẹdere *to ask*	chiedẹndo chiẹsto	chiẹdo chiẹdi chiẹde chiediamo chiedete chiẹdono	chiedevo chiedevi chiedeva chiedevamo chiedevate chiedẹvano	chiẹsi chiedesti chiẹse chiedemmo chiedeste chiẹsero
chiụdere *to close*	chiudẹndo chiuso	chiudo chiudi chiude chiudiamo chiudete chiụdono	chiudevo chiudevi chiudeva chiudevamo chiudevate chiudẹvano	chiusi chiudesti chiuse chiudemmo chiudeste chiụsero
conọscere *to know*	conoscẹndo conosciuto	conosco conosci conosce conosciamo conoscete conọscono	conoscevo conoscevi conosceva conoscevamo conoscevate conoscẹvano	conobbi conoscesti conobbe conoscemmo conosceste conọbbero
dare *to give*	dando dato	dọ dai dà diamo date danno	davo davi dava davamo davate dạvano	diẹdi desti diẹde demmo deste diẹdero
dire *to say,* *to tell*	dicẹndo detto	dico dici dice diciamo dite dịcono	dicevo dicevi diceva dicevamo dicevate dicẹvano	dissi dicesti disse dicemmo diceste dịssero

Future	Present Conditional	Imperative	Present Subjunctive	Imperfect Subjunctive
andrò	andręi	——	vada	andassi
andrai	andresti	va'	vada	andassi
andrà	andrębbe	vada	vada	andasse
andremo	andremmo	andiamo	andiamo	andąssimo
andrete	andreste	andate	andiate	andaste
andranno	andrębbero	vądano	vądano	andąssero
berrò	berręi	——	beva	bevessi
berrai	berresti	bevi	beva	bevessi
berrà	berrębbe	beva	beva	bevesse
berremo	berremmo	beviamo	beviamo	bevęssimo
berrete	berreste	bevete	beviate	beveste
berranno	berrębbero	bęvano	bęvano	bevęssero
chiederò	chiederęi	——	chięda	chiedessi
chiederai	chiederesti	chiędi	chięda	chiedessi
chiederà	chiederębbe	chięda	chięda	chiedesse
chiederemo	chiederemmo	chiediamo	chiediamo	chiedęssimo
chiederete	chiedereste	chiedete	chiediate	chiedeste
chiederanno	chiederębbero	chiędano	chiędano	chiedęssero
chiuderò	chiuderęi	——	chiuda	chiudessi
chiuderai	chiuderesti	chiudi	chiuda	chiudessi
chiuderà	chiuderębbe	chiuda	chiuda	chiudesse
chiuderemo	chiuderemmo	chiudiamo	chiudiamo	chiudęssimo
chiuderete	chiudereste	chiudete	chiudiate	chiudeste
chiuderanno	chiuderębbero	chiųdano	chiųdano	chiudęssero
conoscerò	conosceręi	——	conosca	conoscessi
conoscerai	conosceresti	conosci	conosca	conoscessi
conoscerà	conoscerębbe	conosca	conosca	conoscesse
conosceremo	conosceremmo	conosciamo	conosciamo	conoscęssimo
conoscerete	conoscereste	conoscete	conosciate	conosceste
conosceranno	conoscerębbero	conǫscano	conǫscano	conoscęssero
darò	daręi	——	dia	dessi
darai	daresti	da'	dia	dessi
darà	darębbe	dia	dia	desse
daremo	daremmo	diamo	diamo	dęssimo
darete	dareste	date	diate	deste
daranno	darębbero	dįano	dįano	dęssero
dirò	diręi	——	dica	dicessi
dirai	diresti	di'	dica	dicessi
dirà	dirębbe	dica	dica	dicesse
diremo	diremmo	diciamo	diciamo	dicęssimo
direte	direste	dite	diciate	diceste
diranno	dirębbero	dįcano	dįcano	dicęssero

Infinitive	Gerund and Past Participle	Present Indicative	Imperfect Indicative	Past Absolute
dovere† *to have to, must*	dovęndo dovuto	dęvo dęvi dęve dobbiamo dovete dęvono	dovevo dovevi doveva dovevamo dovevate dovęvano	dovei dovesti dovè dovemmo doveste dovęrono
fare *to do, to make*	facęndo fatto	faccio (fǫ) fai fa facciamo fate fanno	facevo facevi faceva facevamo facevate facęvano	feci facesti fece facemmo faceste fęcero
lęggere *to read*	leggęndo lętto	lęggo lęggi lęgge leggiamo leggete lęggono	leggevo leggevi leggeva leggevamo leggevate leggęvano	lęssi leggesti lęsse leggemmo leggeste lęssero
męttere *to put*	mettęndo messo	metto metti mette mettiamo mettete męttono	mettevo mettevi metteva mettevamo mettevate mettęvano	misi mettesti mise mettemmo metteste misero
morire* *to die*	moręndo mǫrto	muǫio muǫri muǫre moriamo morite muǫiono	morivo morivi moriva morivamo morivate morįvano	morii moristi morì morimmo moriste morįrono
nascere* *to be born*	nascęndo nato	nasco nasci nasce nasciamo nascete nąscono	nascevo nascevi nasceva nascevamo nascevate nascęvano	nącqui nascesti nącque nascemmo nasceste nącquero
piacere* *to be pleasing*	piacęndo piaciuto	piąccio piaci piace piacciamo piacete piącciono	piacevo piacevi piaceva piacevamo piacevate piacęvano	piącqui piacesti piącque piacemmo piaceste piącquero

Future	Present Conditional	Imperative	Present Subjunctive	Imperfect Subjunctive
dovrò	dovrei	———	deva	dovessi
dovrai	dovresti	———	deva	dovessi
dovrà	dovrebbe	———	deva	dovesse
dovremo	dovremmo	———	dobbiamo	dovessimo
dovrete	dovreste	———	dobbiate	doveste
dovranno	dovrebbero	———	devano	dovessero
farò	farei	———	faccia	facessi
farai	faresti	fa'	faccia	facessi
farà	farebbe	faccia	faccia	facesse
faremo	faremmo	facciamo	facciamo	facessimo
farete	fareste	fate	facciate	faceste
faranno	farebbero	facciano	facciano	facessero
leggerò	leggerei	———	legga	leggessi
leggerai	leggeresti	leggi	legga	leggessi
leggerà	leggerebbe	legga	legga	leggesse
leggeremo	leggeremmo	leggiamo	leggiamo	leggessimo
leggerete	leggereste	leggete	leggiate	leggeste
leggeranno	leggerebbero	leggano	leggano	leggessero
metterò	metterei	———	metta	mettessi
metterai	metteresti	metti	metta	mettessi
metterà	metterebbe	metta	metta	mettesse
metteremo	metteremmo	mettiamo	mettiamo	mettessimo
metterete	mettereste	mettete	mettiate	metteste
metteranno	metterebbero	mettano	mettano	mettessero
morrò	morrei	———	muoia	morissi
morrai	morresti	muori	muoia	morissi
morrà	morrebbe	muoia	muoia	morisse
morremo	morremmo	moriamo	moriamo	morissimo
morrete	morreste	morite	moriate	moriste
morranno	morrebbero	muoiano	muoiano	morissero
nascerò	nascerei	———	nasca	nascessi
nascerai	nasceresti	nasci	nasca	nascessi
nascerà	nascerebbe	nasca	nasca	nascesse
nasceremo	nasceremmo	nasciamo	nasciamo	nascessimo
nascerete	nascereste	nascete	nasciate	nasceste
nasceranno	nascerebbero	nascano	nascano	nascessero
piacerò	piacerei	———	piaccia	piacessi
piacerai	piaceresti	piaci	piaccia	piacessi
piacerà	piacerebbe	piaccia	piaccia	piacesse
piaceremo	piaceremmo	piacciamo	piacciamo	piacessimo
piacerete	piacereste	piacete	piacciate	piaceste
piaceranno	piacerebbero	piacciano	piacciano	piacessero

INFINITIVE	GERUND AND PAST PARTICIPLE	PRESENT INDICATIVE	IMPERFECT INDICATIVE	PAST ABSOLUTE
poteret *to be able*	potęndo potuto	pọsso puọi può̀ possiamo potete pọssono	potevo potevi poteva potevamo potevate potẹvano	potei potesti potè potemmo poteste potẹrono
prẹndere *to take*	prendẹndo preso	prẹndo prẹndi prẹnde prendiamo prendete prẹndono	prendevo prendevi prendeva prendevamo prendevate prendẹvano	presi prendesti prese prendemmo prendeste prẹsero
rịdere *to laugh*	ridẹndo riso	rido ridi ride ridiamo ridete rịdono	ridevo ridevi rideva ridevamo ridevate ridẹvano	risi ridesti rise ridemmo rideste rịsero
rimanere* *to remain*	rimanẹndo rimasto	rimango rimani rimane rimaniamo rimanete rimạngono	rimanevo rimanevi rimaneva rimanevamo rimanevate rimanẹvano	rimasi rimanesti rimase rimanemmo rimaneste rimạsero
rispọndere *to answer*	rispondẹndo risposto	rispondo rispondi risponde rispondiamo rispondete rispọndono	rispondevo rispondevi rispondeva rispondevamo rispondevate rispondẹvano	risposi rispondesti rispose rispondemmo rispondeste rispọsero
salire† *to go up*	salẹndo salito	salgo sali sale saliamo salite sạlgono	salivo salivi saliva salivamo salivate salịvano	salii salisti salì salimmo saliste salịrono
sapere *to know*	sapẹndo saputo	sọ sai sa sappiamo sapete sanno	sapevo sapevi sapeva sapevamo sapevate sapẹvano	sẹppi sapesti sẹppe sapemmo sapeste sẹppero

Future	Present Conditional	Imperative	Present Subjunctive	Imperfect Subjunctive
potrò	potręi	———	pǫssa	potessi
potrai	potresti	———	pǫssa	potessi
potrà	potrębbe	———	pǫssa	potesse
potremo	potremmo	———	possiamo	potęssimo
potrete	potreste	———	possiate	poteste
potranno	potrębbero	———	pǫssano	potęssero
prenderò	prenderęi	———	pręnda	prendessi
prenderai	prenderesti	pręndi	pręnda	prendessi
prenderà	prenderębbe	pręnda	pręnda	prendesse
prenderemo	prenderemmo	prendiamo	prendiamo	prendęssimo
prenderete	prendereste	prendete	prendiate	prendeste
prenderanno	prenderębbero	pręndano	pręndano	prendęssero
riderò	rideręi	———	rida	ridessi
riderai	rideresti	ridi	rida	ridessi
riderà	riderębbe	rida	rida	ridesse
rideremo	rideremmo	ridiamo	ridiamo	ridęssimo
riderete	ridereste	ridete	ridiate	rideste
rideranno	riderębbero	rįdano	rįdano	ridęssero
rimarrò	rimarręi	———	rimanga	rimanessi
rimarrai	rimarresti	rimani	rimanga	rimanessi
rimarrà	rimarrębbe	rimanga	rimanga	rimanesse
rimarremo	rimarremmo	rimaniamo	rimaniamo	rimanęssimo
rimarrete	rimarreste	rimanete	rimaniate	rimanesse
rimarranno	rimarrębbero	rimạngano	rimạngano	rimanęssero
risponderò	risponderęi	———	risponda	rispondessi
risponderai	risponderesti	rispondi	risponda	rispondessi
risponderà	risponderębbe	risponda	risponda	rispondesse
risponderemo	risponderemmo	rispondiamo	rispondiamo	rispondęssimo
risponderete	rispondereste	rispondete	rispondiate	rispondeste
risponderanno	risponderębbero	rispǫndano	rispǫndano	rispondęssero
salirò	saliręi	———	salga	salissi
salirai	saliresti	sali	salga	salissi
salirà	salirębbe	salga	salga	salisse
saliremo	saliremmo	saliamo	saliamo	salįssimo
salirete	salireste	salite	saliate	saliste
saliranno	salirębbero	sạlgano	sạlgano	salįssero
saprò	sapręi	———	sạppia	sapessi
saprai	sapresti	sappi	sạppia	sapessi
saprà	saprębbe	sạppia	sạppia	sapesse
sapremo	sapremmo	sappiamo	sappiamo	sapęssimo
saprete	sapreste	sappiate	sappiate	sapeste
sapranno	saprębbero	sạppiano	sạppiano	sapęssero

INFINITIVE	GERUND AND PAST PARTICIPLE	PRESENT INDICATIVE	IMPERFECT INDICATIVE	PAST ABSOLUTE
scegliere *to choose*	scegliendo scelto	scelgo scegli sceglie scegliamo scegliete scelgono	sceglievo sceglievi sceglieva sceglievamo sceglievate sceglievano	scelsi scegliesti scelse scegliemmo sceglieste scelsero
scendere† *to go down*	scendendo sceso	scendo scendi scende scendiamo scendete scendono	scendevo scendevi scendeva scendevamo scendevate scendevano	scesi scendesti scese scendemmo scendeste scesero
scrivere *to write*	scrivendo scritto	scrivo scrivi scrive scriviamo scrivete scrivono	scrivevo scrivevi scriveva scrivevamo scrivevate scrivevano	scrissi scrivesti scrisse scrivemmo scriveste scrissero
sedere *to sit down*	sedendo seduto	siedo siedi siede sediamo sedete siedono	sedevo sedevi sedeva sedevamo sedevate sedevano	sedei sedesti sedè sedemmo sedeste sederono
spendere *to spend*	spendendo speso	spendo spendi spende spendiamo spendete spendono	spendevo spendevi spendeva spendevamo spendevate spendevano	spesi spendesti spese spendemmo spendeste spesero
stare* *to stay*	stando stato	sto stai sta stiamo state stanno	stavo stavi stava stavamo stavate stavano	stetti stesti stette stemmo steste stettero
tenere *to keep*	tenendo tenuto	tengo tieni tiene teniamo tenete tengono	tenevo tenevi teneva tenevamo tenevate tenevano	tenni tenesti tenne tenemmo teneste tennero

FUTURE	PRESENT CONDITIONAL	IMPERATIVE	PRESENT SUBJUNCTIVE	IMPERFECT SUBJUNCTIVE
sceglierò	sceglierei	———	scelga	scegliessi
sceglierai	sceglieresti	scegli	scelga	scegliessi
sceglierà	sceglierebbe	scelga	scelga	scegliesse
sceglieremo	sceglieremmo	scegliamo	scegliamo	scegliessimo
sceglierete	scegliereste	scegliete	scegliate	sceglieste
sceglieranno	sceglierebbero	scelgano	scelgano	scegliessero
scenderò	scenderei	———	scenda	scendessi
scenderai	scenderesti	scendi	scenda	scendessi
scenderà	scenderebbe	scenda	scenda	scendesse
scenderemo	scenderemmo	scendiamo	scendiamo	scendessimo
scenderete	scendereste	scendete	scendiate	scendeste
scenderanno	scenderebbero	scendano	scendano	scendessero
scriverò	scriverei	———	scriva	scrivessi
scriverai	scriveresti	scrivi	scriva	scrivessi
scriverà	scriverebbe	scriva	scriva	scrivesse
scriveremo	scriveremmo	scriviamo	scriviamo	scrivessimo
scriverete	scrivereste	scrivete	scriviate	scriveste
scriveranno	scriverebbero	scrivano	scrivano	scrivessero
sederò	sederei	———	sieda	sedessi
sederai	sederesti	siedi	sieda	sedessi
sederà	sederebbe	sieda	sieda	sedesse
sederemo	sederemmo	sediamo	sediamo	sedessimo
sederete	sedereste	sedete	sediate	sedeste
sederanno	sederebbero	siedano	siedano	sedessero
spenderò	spenderei	———	spenda	spendessi
spenderai	spenderesti	spendi	spenda	spendessi
spenderà	spenderebbe	spenda	spenda	spendesse
spenderemo	spenderemmo	spendiamo	spendiamo	spendessimo
spenderete	spendereste	spendete	spendiate	spendeste
spenderanno	spenderebbero	spendano	spendano	spendessero
starò	starei	———	stia	stessi
starai	staresti	sta'	stia	stessi
starà	starebbe	stia	stia	stesse
staremo	staremmo	stiamo	stiamo	stessimo
starete	stareste	state	stiate	steste
staranno	starebbero	stiano	stiano	stessero
terrò	terrei	———	tenga	tenessi
terrai	terresti	tieni	tenga	tenessi
terrà	terrebbe	tenga	tenga	tenesse
terremo	terremmo	teniamo	teniamo	tenessimo
terrete	terreste	tenete	teniate	teneste
terranno	terrebbero	tengano	tengano	tenessero

INFINITIVE	GERUND AND PAST PARTICIPLE	PRESENT INDICATIVE	IMPERFECT INDICATIVE	PAST ABSOLUTE
uscire* *to go out*	uscęndo uscito	ęsco ęsci ęsce usciamo uscite ęscono	uscivo uscivi usciva uscivamo uscivate uscivano	uscii uscisti uscì uscimmo usciste uscirono
vedere *to see*	vedęndo veduto (visto)	vedo vedi vede vediamo vedete vędono	vedevo vedevi vedeva vedevamo vedevate vedevano	vidi vedesti vide vedemmo vedeste videro
venire* *to come*	venęndo venuto	vęngo vięni vięne veniamo venite vęngono	venivo venivi veniva venivamo venivate venivano	venni venisti venne venimmo veniste vęnnero
vivere† *to live*	vivęndo vissuto	vivo vivi vive viviamo vivete vivono	vivevo vivevi viveva vivevamo vivevate vivevano	vissi vivesti visse vivemmo viveste vissero
volere† *to want*	volęndo voluto	vǫglio vuǫi vuǫle vogliamo volete vǫgliono	volevo volevi voleva volevamo volevate volevano	vǫlli volesti vǫlle volemmo voleste vǫllero

Future	Present Conditional	Imperative	Present Subjunctive	Imperfect Subjunctive
uscirò	uscirẹi	——	ẹsca	uscissi
uscirai	usciresti	ẹsci	ẹsca	uscissi
uscirà	uscirẹbbe	ẹsca	ẹsca	uscisse
usciremo	usciremmo	usciamo	usciamo	uscịssimo
uscirete	uscireste	uscite	usciate	usciste
usciranno	uscirẹbbero	ẹscano	ẹscano	uscịssero
vedrò	vedrẹi	——	veda	vedessi
vedrai	vedresti	vedi	veda	vedessi
vedrà	vedrẹbbe	veda	veda	vedesse
vedremo	vedremmo	vediamo	vediamo	vedẹssimo
vedrete	vedreste	vedete	vediate	vedeste
vedranno	vedrẹbbero	vẹdano	vẹdano	vedẹssero
verrò	verrẹi	——	vẹnga	venissi
verrai	verresti	viẹni	vẹnga	venissi
verrà	verrẹbbe	vẹnga	vẹnga	venisse
verremo	verremmo	veniamo	veniamo	venịssimo
verrete	verreste	venite	veniate	veniste
verranno	verrẹbbero	vẹngano	vẹngano	venịssero
vivrò	vivrẹi	——	viva	vivessi
vivrai	vivresti	vivi	viva	vivessi
vivrà	vivrẹbbe	viva	viva	vivesse
vivremo	vivremmo	viviamo	viviamo	vivẹssimo
vivrete	vivreste	vivete	viviate	viveste
vivranno	vivrẹbbero	vịvano	vịvano	vivẹssero
vorrò	vorrẹi	——	vọglia	volessi
vorrai	vorresti	vọgli	vọglia	volessi
vorrà	vorrẹbbe	vọglia	vọglia	volesse
vorremo	vorremmo	vogliamo	vogliamo	volẹssimo
vorrete	vorreste	vogliate	vogliate	voleste
vorranno	vorrẹbbero	vọgliano	vọgliano·	volẹssero

VOCABULARIES

FOREWORD

For the meaning of the inferior dots and hooks that accompany some vowels and the italicized *s* and *z* in certain words, see INSTRUCTIONS TO THE STUDENT on page xvi preceding *Lesson 1*.

A preposition in parentheses after a verb indicates that the verb requires that preposition before a dependent infinitive. An asterisk (*) is used to mark verbs that are conjugated with **ẹssere.** A dagger (†) after a verb means that the verb in question may be conjugated either with **avere** or **ẹssere.** In general, the verbs which are accompanied by a dagger are conjugated with **avere** when they have a direct object. For special cases, see Lesson 27, section III and Lesson 33, section III.

ITALIAN—ENGLISH VOCABULARY

— A —

a at, in, to
abbastanza enough
abbronzare to tan
abitare to live, dwell
abito suit (*of clothes*)
accendere to light
accomodarsi* to make oneself comfortable; **s'accomodi** please come in, make yourself comfortable
accompagnare to accompany
acqua water; **andare in acqua** to go in the water
addio good-bye
addormentarsi* to fall asleep
adesso now
Adriatico Adriatic
aereo airplane
aeroplano airplane
aeroporto airport
affatto: niente affatto not at all
affollato crowded
affresco fresco painting
aggiustare to fix
agitato excited, nervous
agnello lamb
agosto August
aiutare (a) to help
aiuto help
albergo hotel
albero tree
alcuni some, a few
allora then
almeno at least
Alpi *f.pl.* Alps
alto tall, high; **in alto** above
altrimenti otherwise
altro other; **ieri l'altro** day before yesterday
alzare to lift; **alzarsi*** to get up, rise
Amalfi *f.* a little town on the rugged coast south of Naples

America America
americano American
amico friend
ammiratore *m.* admirer
anche also, too
ancora yet, still
andare* to go
angelo angel
angolo corner
anno year; **Buon Anno!** Happy New Year!
annunziare to announce, call
antico ancient, old
antipasto hors d'oeuvres
antipodi *m.pl.* antipodes
aperto open; **all'aperto** in the open air, outdoors
apparecchio telephone (instrument)
appena just; **appena (che)** as soon as
Appennini *m.pl.* Apennines
appuntamento appointment, date
appunto note
aprile *m.* April
aprire to open
aranceto orange grove
aranciata orangeade
Arlecchino Harlequin
Arno river flowing through Florence
arrivare* to arrive
arrivederci, arrivederLa good-bye; till we meet again
arrivo arrival
arrossire* (**isc**) to blush
arte *f.* art
artificiale artificial
artista *m.* or *f.* artist
artistico artistic
asciugare to dry
ascoltare to listen, to listen to
aspettare to wait, wait for
aspetto appearance, "look"
aspirina aspirin

assaggiare to taste
assegno check; assegno per viaggiatori traveller's check
Assisi f. a town in central Italy,
birthplace of Saint Francis
assolutamente absolutely
attaccare to attach, to put
attento attentive; stare attento a to
be careful to
attivo active
attraverso across
auguri m.pl. best wishes; fare gli
auguri to offer best wishes
autobus m. bus
automobile f. automobile, car; in
automobile by car
autore m. author
autostrada freeway, highway
autunno fall, autumn
avanti ahead; andare avanti to go
ahead
avere to have
aviogetto jet (plane)
avviarsi* to start out
avvicinarsi* (a) to come near, approach
azzurro blue

— B —
bagaglio baggage
bagno bath; fare il bagno to take a
bath
baia bay
ballare to dance
ballo dance, ball
bambino child, baby
banca bank
bar m. coffee shop
basilica basilica, cathedral
basso: in basso below
bassorilievo basrelief
basta enough
bastare* to be enough
battistero baptistry
be'! (abbreviation of bene) well!
Bellagio f. a town on Lake Como
bello beautiful
bene well; va bene? is that all right?
benedire to bless

benissimo very well, fine
benvenuto! welcome! dare il benvenuto to extend one's welcome
bere to drink
bianco white
bibita drink; beverage
biblioteca library; in biblioteca in
the library
bicchiere m. (drinking) glass
bicicletta bicycle
biglietteria ticket office
biglietto ticket
bionda blonde (woman)
bisogna it is necessary to, one must
bisogno need; avere bisogno di to
need
bistecca beefsteak
borsa purse, handbag
braccetto: a braccetto arm-in-arm
braccio (pl. le braccia) arm
bravo fine, good, skillful
breve short, brief
bruciare to burn
bruna brunette (woman)
brutto ugly
buono good; buon divertimento!
have a good time!
burro butter
bussare to knock
busta envelope

— C —
cabina (telefonica) telephone booth,
cabin, cabana
caffè m. coffee, coffee shop, cafe, cup
of coffee
calcio soccer
caldo warm; fare caldo to be warm
(weather)
calendario calendar
cambiare to change; cambiarsi* to
change one's clothes
cambio exchange
camera bedroom, room
cameriera waitress, maid
cameriere m. waiter
camicia shirt
camminare to walk
campagna country, countryside

campanęllo bell (*of door, office*)
campanile *m.* belltower
campo field; campo di tęnnis tennis court
Canąl Grande *m.* Grand Canal, the largest canal in Venice
cantare to sing
cantoria choir, chorus
canzone *f.* song
capello hair (*one*); capelli hair
capire (isc) to understand
capitale *f.* capital
Capodanno New Year's Day
cappęllo hat
Capri *f.* a small island off Naples
carąttere *m.* character
cardinale *m.* cardinal
carino pretty
Carlo Charles
carne *f.* meat
Carnevale *m.* Carnival-time
carnevalesco (*pertaining to*) Carnival
caro dear
carro cart; carretto cart
carrǫzza carriage
carta paper; carta da lęttere stationery; carta d'identità identification card
cartoleria stationery store
cartolina postcard
casa house; a casa at home; home
Cascine *f.pl.* a public park in Florence
castęllo castle
Catacombe *f.pl.* Catacombs
catąlogo catalogue
categoria category, class
catena chain
cattedrale *f.* cathedral
cattivo bad
cena supper; cena d'addio farewell supper
cenotąfio cenotaph
centinąio (*pl.* le centinąia) about one hundred
cęnto one hundred
centrale elęttrica *f.* power house
cęntro center; downtown
cercare to look for; cercare di to try
cerimǫnia ceremony

certamente certainly
cęrto certain, sure; cęrto (che) certainly, of course
cervęllo brain
che that; than; who, whom, which; che . . . ! what a . . . !; che? what?; che cǫsa? what?
chi who, whom, he who, him who; di chi? whose?
chiamare to call; to call on; chiamarsi* to be named, be called
chiaro clear
chięsa church
chiụdere to close; *p.p.* chiuso
chiuso closed
ci here, there; c'ę̀ there is
ciao hello, good-bye (*colloquial*)
cięlo sky
cịnema (cinematǫgrafo) *m.* movies
cioccolatino chocolate candy
cioccolato chocolate
cioę̀ that is, namely
circa about, approximately
circondato surrounded
città city; Città del Vaticano Vatican City; in città in town, downtown, into town, in the city
classe *f.* class, classroom
cląssico classic
cognome *m.* surname
colazione *f.* lunch, breakfast; fare colazione to have lunch, breakfast; prima colazione breakfast
collina hill
colomba, colombina dove
colore *m.* color
Colossęo Colosseum
come how, as; come sta? how are you? (*polite singular*); come stanno? how are you? (*polite plural*); come va? how goes it?; cosí . . . come as (so) . . . as
Commędia dell'Arte improvised comedy, an Italian genre of the Renaissance
commerciale commercial
cǫmodo comfortable
compagno companion; compagno di scuǫla school friend

comprare to buy
comunicazione *f.* communication
con with
conferęnza lecture; **fare una conferęnza** to give a lecture
conįglio rabbit
conoscęnza acquaintance; **fare la
conoscęnza (di)** to meet, to make
the acquaintance (of)
conǫscere to know, be acquainted
with
consegna delivery
conservazione *f.* conservation, preservation
consįstere to consist
contare (di) to plan to
contęnto glad, satisfied
continuare (a) to continue
conto bill, check; **fare il conto** to add
up (*the bill*)
contrasto contrast
convęnto monastery, convent
conversare to converse, chat
copertina cover (*of a book*)
copęrto (di) covered (with)
corąggio courage; **farsi* corąggio** to
take courage, cheer up
cordiale cordial, polite
cǫrrere† to run; to speed
corridore *m.* racer
corrispǫndere to correspond
corsivo italic
corsa race, fast trip
corso course
cǫsa thing; **che cǫsa?** what? **cǫsa?**
what?
cosí thus, so; **se ę cosí** in that case;
cosí ... come as (so) ... as
costare* to cost
costruire (isc) to build
costume *m.* costume; **costume da
bagno** bathing suit
cravatta necktie
crędere to believe, think
cręma cream, lotion
cristiano Christian
Cristǫforo Colombo Christopher
Columbus
cugina, cugino cousin

cui whom, which
cųpola dome

— **D** —

da from, by; at the house (shop, *etc.*)
of
dappertutto everywhere
dare to give; **dare del Lęi (tu, voi)** to
address as **Lęi, (tu, voi)**
dato che since
davanti (a) before, in front (of)
davvero truly
decįdere (di) to decide; *p.p.* **deciso**
decorato decorated
delizioso delicious
denaro money
desiderare [di] to wish, desire
dęstro right; **a dęstra** to the right
detto (*p.p. of* **dire**) said
dęvo I must
di of, than, from
dice says
dicęmbre *m.* December
diffįcile difficult, hard
dimenticare (di) to forget
dintorni *m.pl.* surroundings
dire to tell, say; *p.p.* **detto; volere
dire** to mean, signify
direttamente directly
dirętto express train
dispiacere* to be sorry; **mi dispiace**
I am sorry
dito (*pl.* **le dita**) finger
divęrso different; **divęrsi** various,
several
divertimento amusement; **buǫn divertimento!** have a good time!
divertirsi* to amuse oneself, have a
good time
divin(o) divine
Divina Commędia Divine Comedy,
Dante's (1265–1321) main work
dizionąrio dictionary
documentąrio travelogue, documentary
Dǫge *m.* Doge, title of the head of the
old Venetian Republic
dolce *m.* sweet, dessert
dǫllaro dollar

dolore *m.* ache, pain; **dolǫr di tęsta** headache
domanda question
domandare to ask; **domandare a** to ask of (*a person*)
domani tomorrow
domęnica Sunday
dǫnna woman
dopo after, afterwards; **dopo che** after; **pǫco dopo** *or* **dopo pǫco** a little later, shortly afterward
dormire to sleep
dottore *m.* doctor
dove where; **dov'ę?** where is?
dovere to have to, must; to owe; **il dovere** duty
dųbbio doubt
dubitare to doubt
due two
dųnque well then
duǫmo cathedral
durante during
durare* to last

— E —

e and
ę is; **c'ę** there is
eccellęnte excellent
eccętera et cetera
eccętto except
ęcco here is, here are, there is, there are
ed and
edifįcio building
entrare* to enter; **entrare in classe** to enter the class, come (go) into the classroom
entrata entrance
Ęnzo masculine proper name
Epifania Epiphany
erbaggi *m.pl.* vegetables
esame *m.* examination
esaurito sold out, finished, exhausted
esclamazione *f.* exclamation
esįlio exile; **andare in esįlio** to go into exile
espręsso special delivery letter; black Italian coffee
ęssere* to be

estate *f.* summer
Ętna Aetna, a volcano in Sicily
Eurǫpa Europe
evviva long live, hurray

— F —

fa ago; **molto tęmpo fa** a long time ago
fąbbrica factory
facchino porter
fącile easy
facilmente easily
fame *f.* hunger; **avere fame** to be hungry
famįglia family
famoso famous
fare to do, make; *p.p.* **fatto; fare vedere** to show
farmacia pharmacy, drugstore
fąuno faun
favore *m.* favor; **per favore** please
favoręvole favorable
fazzoletto handkerchief
febbrąio February
felice happy
fermarsi* to stop
fermata stop
fęsta festivity; **ę fęsta** it is a holiday
festeggiare to celebrate
fettuccine *f.pl.* egg noodles; **fettuccine al burro** egg noodles with butter
fięra fair
Fięsole *f.* a town overlooking Florence
fįglia daughter
fįglio son
filo wire
fįlobus *m.* trackless trolley
finalmente finally
fine *f.* end
finęstra window
finire (isc) (di) to finish
fino: fino a until; as far as
fiore *m.* flower
fiorentino Florentine
Firęnze *f.* Florence
fiume *m.* river
fǫglio sheet (*of paper*)

folla crowd
fontana fountain
fọro forum
forse perhaps
fọrtẻ strong; loudly; **piú fọrtẻ** louder
fra between, among, in, within (*time*)
Francesco Francis
francese French; **il francese** the French language
Frạncia France
francobollo stamp; **francobollo esprẹsso** special delivery stamp
fratẹllo brother
frattẹmpo: nel frattẹmpo in the meantime
freddo cold; **avere freddo** to be cold (*person*); **fare freddo** to be cold (*weather*)
fresco cool; **fare fresco** to be cool (*weather*)
fretta haste; **avere fretta** to be in a hurry; **in fretta** in a hurry, in haste
fritto misto mixed grill
frutta fruit
fuga fugue
fuọco fire; **fuọchi artificiali** fireworks
fuọri out, outside

— G —

galleria gallery, arcade
garọfano carnation
gelato ice cream
genitore *m.* parent
gennạio January
Gẹnova Genoa, a large city in northern Italy
gẹnte *f.* people
gentile kind, polite, friendly
geografia geography
Gesú Jesus
gettare to throw
gettone *m.* token
già already; **già!** yes, of course!
giacca coat, jacket
giallo yellow
Gianịcolo one of the hills of Rome
giardino garden; **in giardino** in the garden
Gina Jean

giocare to play; **giocare a tẹnnis** to play tennis
Giọrgio George
giornale *m.* newspaper
giornata day
giorno day; **buọn giorno** good morning, good day; **il giorno dopo** the next day
Giọtto (1266–1337) Florentine artist
giọvane young; *m.* young man
giovanotto young man
Giovanni John
giovedí *m.* Thursday
giro tour; **andare in giro** to wander; **fare il giro** to make the tour, the rounds; **fare un giro** to go around, make a tour
gita excursion
giugno June
godere to enjoy
golfo gulf
gọndola gondola
gran, grande large, big, great
granita di caffẹ̀ coffee ice
grattaciẹlo skyscraper
grạzie thank you; **grạzie lo stesso** thank you just the same
grẹco Greek
gridare to shout, scream
grido (*pl.* **le grida**) scream
grọtta grotto, cave
guanto glove
guardare to look, look at
guạrdia policeman, guard; **guạrdia svịzzera** Swiss Guard
guida guide; guidebook

— H —

ha has
hanno they have

— I —

idẹa idea
iẹri yesterday; **iẹri sera** last night; **iẹri l'altro, l'altro iẹri** day before yesterday
imparare (a) to learn
imperatore *m.* emperor
impermeạbile *m.* raincoat

impertinẹnte impertinent
impiegata, impiegato clerk
importante important
importare* to matter; non impọrta it does not matter
impossịbile impossible
impostare to mail
impressione *f.* impression
in in, into, within
incantẹvole enchanting
inchiọstro ink
incominciare (a) to begin
incontrare to meet
incontro meeting
indimenticạbile unforgettable
indirizzo address
indụstria industry
infatti in fact
informato informed
Inghiltẹrra England
inglese English; l'inglese *m.* the English language
insalata salad
insegnare (a) to teach
insiẹme together
insomma in short
interessante interesting
interessare to interest
intẹrno interior
inụtile useless
invece instead
invernale *adj.* winter, of the winter
invẹrno winter
invitare to invite
invitato guest
iscritto enrolled
ịsola island
Itạlia Italy
italiano Italian; l'italiano the Italian language

— L —

là there
labbro (*pl.* le labbra) lip
lago lake; Lago di Cọmo Lake Como, a lake in northern Italy
laguna lagoon
Lambretta Italian motor scooter
largo wide

lasciare to leave; let, allow
laurearsi* to graduate (*university*)
lavarsi* to wash oneself
lẹggere to read; *p.p.* lẹtto
leggiẹro light (*in weight*)
lẹttera letter
letteratura literature
lẹtto bed
lettura reading
Levante *m.* Near East
lezione *f.* lesson
lí there
libreria bookstore
libro book
Lido beach resort in Venice
lịnea line
lira *lira*, the monetary unit of Italy
lista menu
Londra London
lontano far, far away
lụglio July
Luisa Louise
lunedí *m.* Monday
lungo long; along
luọgo place; avere luọgo to take place

— M —

ma but, however
macché! nonsense!
macedọnia di frutta fruit cocktail
madre *f.* mother
maestro teacher
magari I wish it were so
mạggio May
maggiore greater, greatest, old, oldest
mạglia sweater
magnịfico magnificent
mai never, ever
male badly; fare male to hurt, ache; meno male! it's a good thing!
mancare to lack
mandare to send
mangiare to eat
mano *f.* hand (*pl.* le manı); dare la mano a to shake hands with; in mano in one's hand
mare *m.* sea
Maria Mary
marina beach, seaside

Mario masculine proper name

marito husband

martedí *m.* Tuesday; **martedí grasso** Shrove Tuesday, last day of Carnival

marzo March

maschera mask

massimo: al massimo at the most

matita pencil

mattina morning; **di mattina** in the morning

mattinata morning (*descriptive*)

mazzo bouquet

medioevale medieval

Mediterraneo Mediterranean (Sea)

meglio better, best

meno less; **a meno che . . . non** unless; **il meno** the least

mentre while

meraviglioso wonderful, marvelous

mercato market; **mercato all'aperto** open-air market; **mercato dei fiori** flower market

mercoledí *m.* Wednesday

meridionale southern

mese *m.* month

metropolitana subway

mettere to put, place

mezzanotte *f.* midnight

mezzo middle; **in mezzo a** in the middle of

mica at all

migliaio (*pl.* **le migliaia**) about a thousand

miglio (*pl.* **le miglia**) mile; **fare due (tre,** *etc.***) miglia** to walk two (three, *etc.*) miles

migliore better, best

Milano *f.* Milan

minestra soup

minore smaller, smallest, younger, youngest

minuto minute

mitragliatrice *f.* machine gun

moda fashion; **Alta Moda** High Fashion

moderno modern

modo manner; **ad ogni modo** at any rate

moglie *f.* wife

molto much; very

momento moment; **un momento** just a minute

mondo world

monopolio monopoly

monte *m.* mountain

Montecatini *f.* a town near Florence (famous for its water springs)

monumento monument

morire* to die, *p.p.* **morto** dead

Murano *f.* an island near Venice

museo museum

musica music

musicista *m. and f.* musician

— N —

nacque past absolute of **nascere** to be born

napoletano Neapolitan

Napoli *f.* Naples

nascita birth

Natale *m.* Christmas

nato *p.p. of* **nascere** to be born

naturalmente naturally

nazionale national

né . . . né neither . . . nor

neanche not even

necessario necessary

negozio store, shop

nemmeno not even

nero black

nessuno no one

neve *f.* snow

nevicare† to snow

niente nothing

nipote *m. and f.* nephew, niece

no no

nome *m.* name

non not

nord *m.* north

notare to notice, note

notizia news (news item)

novembre *m.* November

nulla nothing

numerare to number

numero number; **formare un numero** to dial a number

nuotare to swim

nuǫvo new; **di nuǫvo** again; **cǫsa c'è di nuǫvo?** what's new?

— O —

o or
ǫcchio eye
occupato busy
offrire to offer
ǫggi today
ogni each, every
ognuno each one
onore *m.* honor
ǫpera opera
ora now; **da ora in pǫi** from now on; **per ora** for the time being; **sarèbbe l'ora** it is high time
ora hour
orǎrio timetable; **in orǎrio** on schedule
ordinare to order
oretta: **un'oretta** about an hour
ormai now, by now
orolǫgio watch, clock
ǫsso (*pl.* **le ǫssa**) bone
ǫttimo excellent, very good
ottobre *m.* October

— P —

padre *m.* father
paese *m.* country; **paese che vai, usanza che trǫvi** when in Rome, do as the Romans do
pagare to pay, pay for
pǎgina page
pǎglia straw
pagliǎccio clown; **fare il pagliǎccio** to clown
pǎio (*pl.* **le pǎia**) pair
palazzo palace
Pǎlio a horse race run in Siena twice a year
panchina bench
pane *m.* bread
panettone *m.* an Italian cake
panfǫrte *m.* an Italian sweet
panna cream, whipped cream
paradiso paradise
parco park
parere* to seem; **a quanto pare** apparently; **Le pare (ti pare,** *etc.***)!** don't mention it! not at all!
Parigi *f.* Paris
parlare to speak
parǫla word
parrucchiere *m.* hairdresser, barber
parte *f.* part; **da parte mia** on my behalf; **da queste parti** in this neighborhood
partènza departure **èssere in partenza** to be leaving, be ready to leave
partire* to leave, depart
partita match, game; **partita di cǎlcio** soccer match
Pǎsqua Easter
passapǫrto passport
passare† to pass, spend (*time*); to go by
passeggiata walk, promenade; **fare una passeggiata** to take a walk, *also* to take a ride
passeggiero passenger
pasticceria pastry shop
pǎtria country; **in pǎtria** in one's country, to one's country
paura fear; **avere paura** to be afraid
peccato! too bad!
pèggio worse, worst
peggiore worse, worst
pèlle *f.* skin
pendènte leaning
penìsola peninsula
penna pen
pensare (di) to think; **pensare a** to think of (*a person or thing*)
pensione *f.* pension, boarding house
per for; in order to; through
perché why, because
pèrdere to lose
però but, however
persona person
personalmente personally
Perǔgia a city in central Italy
pesce *m.* fish
pèssimo very bad
piacere *m.* pleasure; **piacere*** to be pleasing; **piacere!** pleased to meet you! **per piacere** please

piano slowly
pianoforte *m.* piano
piazza square
Piazzale Michelàngelo *m.* a large open terrace overlooking Florence
piazzetta little square
piccolo small, little
piède *m.* foot; **a pièdi** on foot
pièno (di) full (of), filled (with)
Piètro Peter
pino pine
piòvere† to rain
Pisa a city in Tuscany
piscina swimming pool
pisèllo pea
pista track; **pista di collàudo** proving ground (*for autos*)
piú more; **sempre piú** more and more; **il piú** the most
piuttòsto rather
pò' shortened form of **poco**
pòco little; **a pòco a pòco** little by little; **fra pòco** in a little while
podere *m.* farm
poèta *m.* poet
pòi after, then
poiché since
pollo chicken
pomeriggio afternoon
Pompèi *f.* Pompeii
ponte *m.* bridge
porcellino little pig
pòrta door
portare to carry, bring, take; to wear (*clothes*); **portarsi* diètro** to carry around
pòrto port, harbor
pòsta mail, post office; **pòsta aèrea** air mail
posto place, spot
potere† to be able, can, may
pòvero poor
pranzare to dine
pranzo dinner
prato meadow, park
preciso precise, exactly, on the dot (*in time expressions*)
preferire (isc) to prefer
preferito favorite

prègo you're welcome; please! I beg you!
prèndere to take; *p.p.* **preso**
preparare to prepare
presentare to present, introduce
presènte present
presèpio manger, Nativity Scene
preso taken
prèsso near, among; in care of
prèsto early, soon
prèzzo price
prima before, first; **prima di +** *noun* = before + *noun*
primavèra spring
primo first
professore *m.* professor
programma *m.* plan, program
pronto ready; **pronto!** hello (*over the telephone*)
propòsito: a propòsito by the way
pròprio really, indeed, truly
proseguire to continue
pulire (isc) to clean
punto point; **punto di vista** point of view; **in punto** exactly (*of time*)
purché provided
purtroppo unfortunately

— Q —

quà here
quadèrno notebook
qualche some, a few, any
quale which, which one, what; **il quale** who, whom, that, which
quando when
qualcòsa something
quanto how much; **a quanto pare** apparently; **tanto ... quanto** as (so) ... as
quasi almost
quello that, that one; **quello che** what; **di quèl che** than
questo this, this one
quì here

— R —

raccomandarsi* to beg; **mi raccomando** I beg you, please

raccomandato registered (*mail*)
raffreddore *m.* head cold
ragazza girl
ragazzo boy
raggiụngere to join, reach
ragione *f.* reason; avere ragione to
  be right
rạpido streamliner
rappresentare to represent
raramente rarely
Ravenna a city in Northern Italy
re *m.* king; Re Magi Three Wise Men
regalo present, gift
regolare regular
religioso religious
restare* to remain
rettore *m.* president (*of a university*)
ricẹvere to receive
ricevimento reception
ricevitore *m.* receiver
ricevuta receipt
richiẹdere to require
riconọscere to recognize
ricordare (di) to remember
ricọrdo souvenir
rịdere to laugh
riempire to fill; *gerund* riempiẹndo
rimanere* to remain
rimasto *p.p. of* rimanere to remain
rinfresco refreshment
ringraziare to thank
ripẹtere to repeat
riportare to take back, bring back
riposare, riposarsi to rest
riprẹndere to take again; riprẹndere
  il cammino to continue on one's
  way
riscaldare to warm (up)
riscuọtere to cash
rispọndere to answer; *p.p.* risposto
ristorante *m.* restaurant
ritardo delay; ẹssere in ritardo to
  be late
ritornare* to return
ritratto portrait
riuscire* (a) to succeed
rivedere to see again
Riviera di levante Eastern Riviera
rivista magazine

Roma Rome
romano Roman
romanzo novel
rọsa rose
rosso red
rovina ruin
rovinare to ruin

— S —

sạbato Saturday
sạbbia sand
sala hall; sala d'aspẹtto waiting
  room; sala da pranzo dining room
sale *m.* salt
salire† to go up, climb, get on (*train*)
salone *m.* large hall, reception hall
salọtto living room
salutare to greet, say good-bye;
  salutarsi to greet one another
saluto greeting
santo saint, holy
sapere to know, know how
sarta dressmaker
sbrigarsi* to hurry
scalinata flight of steps
scarpa shoe
scạtola box
scẹgliere to choose
scena scene
scẹndere to descend, go down
scherzare to joke
scherzo joke, prank
sciare to ski
scọppio explosion
scorso last; l'anno scorso last year
scritto written
scrịvere to write; *p.p.* scritto
scuọla school
scusarsi* to excuse oneself, apologize; scusi pardon me (*polite
  singular*)
sdraiarsi* to lie down, stretch out
se if, whether
sebbẹne although
seccante bothersome, annoying
sẹcolo century
sedersi* to sit down
seduto seated

segreto secret
seguente following
seguire to follow, take (*a course*)
sembrare* to seem
semplice simple
sempre always
sentire to hear; to listen; **sentire parlare di** to hear about; **sentirsi** to feel
senza without
separare to separate
sepolto buried
sera evening; **buona sera** good afternoon, good evening; **di sera** in the evening
servire to serve
servizio service
sete thirst; **avere sete** to be thirsty
settembre *m.* September
settimana week; **la settimana ventura** next week
sfogliare to leaf through
sí yes; **eh sí!** oh yes! that's right!
Sibilla Cumana Cumaean Sibyl
Sicilia Sicily; **Siciliano** Sicilian
sicuro sure, safe
Siena a city in Tuscany
sigaretta cigarette
significare to mean
signora Mrs., lady, woman
signore *m.* Mr., sir, gentleman
signorina Miss, young lady
silenzio silence
simbolo symbol
simpatico charming, pleasant
sinistro left; **a sinistra** to the left
sodo hard-boiled
soffiatore *m.* blower
soggiorno sojourn, stay
sognare to dream
solamente only
soldo penny; *pl.* money
sole *m.* sun
solito: di solito usually
solo alone, only
sonno sleep; **avere sonno** to be sleepy
sorpresa surprise; **fare una sorpresa** to surprise; **sorpreso** surprised
sorridere to smile

sospirare to sigh; **sospiro** sigh
sosta stop, pause
Spagna Spain
speciale special
specialità specialty
specialmente especially
specie *f.* kind
sperare (di) to hope
spese: fare le spese to shop
spesso often
spettacolo spectacle, performance
spiaggia beach
spiegare to explain
splendere to shine
sport *m.* sport
sportello teller's (clerk's) window
squisito exquisite
stabilirsi* (**isc**) to settle (down)
stadio stadium, field (sports)
stagione *f.* season
stamani this morning
stanco tired
stanza room
stazione ferroviaria station, depot
stare* to be; **come sta?** how are you? (*polite singular*); **come stanno?** how are you? (*polite plural*); **stare bene a** to look well on; **stare per** to be about to
starnuto sneeze
stasera this evening, tonight
Stati Uniti United States
stato state, condition; *p.p. of* **essere**
statua statue
stazione *f.* station
stesso same; **grazie lo stesso** thank you just the same
stoffa material; **stoffe** textiles
storia story, history
strada street, road
straniero foreigner
strano strange, peculiar
studente *m.* student
studentessa girl student
studiare to study
studio study; **continuare gli studi** to continue one's education
su on, upon, concerning; **su via!** come now, come on!

sụbito immediately
sud *m.* south; **a sud di** south of
suonare to ring, play (*an instrument*)
svẹglio awake
svịzzero Swiss

— T —

tabacco tobacco
tagliatẹlle *f.pl.* noodles
tanto much, so much; **tanto . . .
    quanto** as(so) . . . as
Taormina a town on the east coast
    of Sicily
tardi late; **ẹssere tardi** to be late
    (*of time*)
tassí *m.* taxi
tạvola (-o) table
telefonare (**a**) to telephone (*someone*)
telefonata telephone call; **telefonata
    interurbana** long-distance call;
    fare una telefonata to make a call
telẹfono telephone
telegramma *m.* telegram
tẹmpio temple
tẹmpo time; weather; **a tẹmpo** on
    time; **che tẹmpo fa?** how is the
    weather?
tẹnnis *m.* tennis; **campo di tẹnnis**
    tennis court
tẹrme *f.pl.* spa, hot springs
terrịbile terrible
tẹsta head; **avere mal di tẹsta** to have
    a headache
tintarẹlla tan; **prẹndere la tintarẹlla**
    to get a tan, to tan
tomba tomb, grave
Torino *f.* Turin, a large city in
    northern Italy
tornato: **bẹn tornato!** welcome back!
torre *f.* tower
torrone *m.* an Italian candy
torta cake
tram *m.* streetcar
trattarsi di to be matter of
traversare to cross
trẹno train
triste sad
trọppo too, too much
trovare to find; to call upon; **trovarsi***

to get along (*in a place*); to be
    located
tuffarsi* to dive
turista *m. and f.* tourist
turno turn
tutto all; everthing; **tutti** everybody;
    tutto + *definite article* the whole;
    tutti e due *or* **tutt'e due** (**tre,** *etc.*)
    both (all three, *etc.*)

— U —

uffịcio office; **uffịcio telefọnico** tele-
    phone office
ụltimo last, latest
ụnico only, single
università university
universitạrio of the university
uọmo (*pl.* uọmini) man
uọvo (*pl.* le uọva) egg
usanza custom
usare to use
uscire* to go out
ụtile useful

— V —

vacanza vacation
valere to be worth
valịgia suitcase; **fare le valige** to pack
varietà variety
Vaticano Vatican
vẹcchio old
vedere to see; **si vede che** evidently;
    si vede che . . . ? can you tell . . . ?
veduta view, sight
Veglione *m.* all-night dance
veloce fast; **velocemente** rapidly, fast
vẹndita sale
venerdí *m.* Friday
Venẹzia Venice
venire* to come; *p.p.* **venuto**
venti twenty
vẹnto wind; **tirare vẹnto** to be windy
venturo next; **la settimana ventura**
    next week
veramente truly, as a matter of fact
verde green
Vẹrgine *f.* Virgin
verità truth

vero true; **vero?** *abbreviation of* **non è vero?** isn't it, isn't that right?; **è vero che?** is it true that?
verso toward, about
Vespa Italian motor scooter
vestirsi* to dress oneself, to get dressed
vestito da dressed as
Vesuvio Vesuvius
vetrina display window
vetro glass
vi there
via street; **per le vie** in the streets; **Via Appia** Appian Way, an old Roman road outside of Rome; **andar via** to go away
viaggiare to travel
viaggio trip, journey, voyage; **buon viaggio** have a good trip, bon voyage; **essere in viaggio** to be traveling, be on one's way; **fare un viaggio** to take a trip
Viareggio *f.* a sea-resort in Tuscany
vicino (a) near; **lí vicino** near there; **proprio vicino** quite near; **qui vicino** near here, nearby
vicolo narrow street, alley
vigile urbano *m.* policeman

vigilia eve
villa villa, country home
vino wine
violetta violet
visita visit
visitare to visit
viso face
visto *p.p. of* **vedere**
vita life
vitello veal; **vitello arrosto** roast veal
vivere† to live
voce *f.* voice; **ad alta voce** aloud
volare to fly
volentieri willingly, gladly
volere to want, be willing; **volere dire** to mean, signify; **volerci** to take (*of time*)
volo flight
volta time (*turn*); **una volta alla settimana** once a week
vulcano volcano
vuole wants
vuoto empty

— Z —

zia aunt
zio uncle

ENGLISH—ITALIAN VOCABULARY

— A —

able: to be able potere†
about circa
absolutely assolutamente
accompany accompagnare
acquaintance conoscęnza; **to make the acquaintance of** fare la conoscęnza di
across attravęrso
active attivo
address indirizzo; **to address someone as Lęi (tu, voi)** dare del Lęi (tu, voi)
admirer ammiratore *m.*
Adriatic Adriątico
afraid: to be afraid avere paura
after dopo, pǫi; **a little later** pǫco dopo *or* dopo pǫco; dopo che (*before an inflected verb*)
afternoon pomerįggio
afterwards dopo
ago fa; **a long time ago** molto tęmpo fa
ahead avanti; **to go ahead** andare avanti
airplane aeroplano, aęreo
airport aeropǫrto
all tutto; **all three (four,** etc.**)** tutti e tre (quattro, *ecc.*); **not at all** nięnte affatto
almost quaſi
alone solo
along lungo
aloud ad alta voce, fǫrte
Alps Alpi *f. pl.*
already già
also anche
although sebbęne
always sęmpre
America Amęrica
American americano
among fra

ancient antico
and e, ed
angel ąngelo
answer rispǫndere
antipodes antįpodi *m.pl.*
Apennines Appennini *m.pl.*
apparently a quanto pare
appointment appuntamento
approach avvicinarsi*
approximately circa
April aprile *m.*
arcade galleria
arm brąccio (*pl.* le brąccia); **arm-in-arm** a braccetto
around: to go around andare in giro
arrival arrivo
arrive arrivare*
art arte *f.*
artificial artificiale
artist artista *m. and f.*
artistic artįstico
as come; **as . . . as** cosí . . . come
ask domandare
asleep: to fall asleep addormentarsi*
aspirin aspirina
at a, ad
August agosto
aunt zia
author autore *m.*
automobile automǫbile *f.*
autumn autunno
awake svęglio
away: to go away andare via

— B —

baby bambino
bad cattivo; **very bad** pęssimo; **too bad!** peccato!
badly male
baggage bagąglio
ball ballo
bank banca

barber parrucchiẹre m.

bath bagno; **to take a bath** fare il bagno

be ẹssere*, stare*; **to be about to** stare per; **to be located** trovarsi*

beach spiạggia

beautiful bẹllo

because perché

bed lẹtto

bedroom cạmera

beefsteak bistecca

before **(in front of)** davanti a; (*adverb meaning* **first**) prima; (*referring to time*) prima di

beg raccomandarsi*; **I beg you!** mi raccomando

begin incominciare (a)

behalf: **on my behalf** da parte mia

believe crẹdere

bell campanẹllo

bench panchina

best mẹglio *adv.*; migliore *adj.*

better mẹglio *adv.*; migliore *adj.*

between fra

bicycle bicicletta

big grande

bill conto

birth nạscita

black nero

blue azzurro

blush arrossire* (isc)

bone ọsso (*pl.* le ọssa)

book libro

bookstore libreria

both tutt'e due

bouquet mazzo

box scạtola

boy ragazzo

brain cervẹllo

bread pane m.

breakfast (prima) colazione f.

bridge ponte m.

brief brẹve

bring portare

brother fratẹllo

build costruire (isc)

building edifịcio

buried sepolto

burn bruciare

bus ạutobus m.

busy occupato

but ma

butter burro

buy comprare

by da

— C —

cabin cabina

cake torta

calendar calendạrio

call, call on chiamare

called: **to be called** chiamarsi*

can **(to be able)** poteret; **(to know how)** sapere

capital capitale f.

card: **identification card** carta d'identità; **(post-) card** cartolina

cardinal cardinale m.

care: **in care of** prẹsso

careful attẹnto; **to be careful to** stare attẹnto a

carnation garọfano

Carnival Carnevale m.

carriage carrọzza

carry portare; **to carry around** portarsi* diẹtro

cart carro

cash riscuọtere

Catacombs Catacombe f.pl.

catalogue catạlogo

category categoria

celebrate festeggiare

cenotaph cenotạfio

center cẹntro

century sẹcolo

ceremony cerimọnia

certain cẹrto

certainly certamente

chain catena

change cambiare; **to change one's clothes** cambiarsi*

character carạttere m.

Charles Carlo

charming simpạtico

check assegno, conto; **traveler's check** assegno per viaggiatori

cheer **(up)** farsi* corạggio

chicken pollo

child bambino
chocolate cioccolato; chocolate candy cioccolatino
choose scégliere
Christian cristiano
Christmas Natale *m.*
church chiésa
cigarette sigaretta
city città
class, classroom classe *f.*
classic clássico
clean pulire (isc)
clear chiaro
clerk impiegato, impiegata
clock orológio
close chiúdere; *p.p.* chiuso
closed chiuso
clown pagliáccio; to clown, to be a clown fare il pagliáccio
coffee caffé *m.*; coffee shop caffé, bar *m.;* coffee ice granita di caffé
cold freddo; to be cold avere freddo (*of a person*); fare freddo (*of weather*); head cold raffreddore *m.*
color colore *m.*
Colosseum Colossèo
come venire* (*p.p.* venuto); come near avvicinarsi*; come now! su via!
comfortable cómodo; to make oneself comfortable accomodarsi*
commercial commerciale
communication comunicazione *f.*
companion compagno
concerning su
condition stato
conservation conservazione *f.*
consist consístere
continue continuare (a), proseguire
converse conversare
cool fresco; to be cool fare fresco (*weather*)
cordial cordiale
corner ángolo
correspond corrispóndere
cost costare
costume costume *m.*
country, countryside campagna; (*fatherland*) pátria; (*nation*) paese *m.*

courage corággio; to take courage farsi* corággio
course corso; of course! cérto!; to take a course seguire un corso
cousin cugino, cugina
cover (*of book*) copertina
covered (with) copérto (di)
cream (*lotion*) créma; (*whipped*) panna
cross traversare
crowd folla
crowded affollato
custom usanza

— D —

dance ballo; to dance ballare; all-night dance Veglione *m.*
date appuntamento
daughter fíglia
day giorno, giornata; good day buón giorno; the next day il giorno dopo
dear caro
December dicémbre *m.*
decide decídere (di)
decided deciso
decorated decorato
delicious delizioso
departure partènza
descend scéndere†
desire desiderare
dessert dolce *m.*
dictionary dizionário
die morire*; *p.p.* mórto
different divèrso
difficult difficile
dine pranzare
dinner pranzo
dive tuffarsi*
do fare
doctor dottore *m.*
dollar dóllaro
dome cúpola
door pórta
doubt dúbbio; to doubt dubitare
dove colomba
dream sognare
dress vestirsi*
dressed vesito; dressed as vestito da; to get dressed vestirsi*

dressmaker sarta
drink bere
drugstore farmacia
dry asciugare
during durante

— E —

each ogni; each one ognuno
early pręsto
easily facilmente
Easter Pąsqua
easy fącile
eat mangiare
egg uǫvo (*pl.* le uǫva); hard-boiled
  egg uǫvo sǫdo
emperor imperatore *m.*
empty vuǫto
enchanting incantęvole
end fine *f.*
England Inghiltęrra
English inglese; the English language l'inglese
enjoy godere; to enjoy oneself divertirsi*
enough abbastanza; to be enough
  bastare*; enough! basta!
enrolled iscritto
enter entrare*
entrance entrata
envelope busta
Epiphany Epifania
especially specialmente
et cetera eccętera
Europe Eurǫpa
eve vigįlia
even: not even neanche, nemmeno
evening sera; good evening! buǫna
  sera! this evening questa sera,
  stasera; in the evening di sera
ever (*in questions*) mai
every ogni
everybody tutti
everything ogni cǫsa, tutto
everywhere dappertutto
evidently si vede che
exactly in punto (*in telling time*)
examination esame *m.*
excellent eccellęnte, ǫttimo
except eccętto

exchange cąmbio
excited agitato
exclamation esclamazione *f.*
excuse (oneself) scusarsi*
exhausted esaurito
exile esįlio; to go into exile andare
  in esįlio
explain spiegare
exquisite squisito
eye ǫcchio

— F —

face viso
fact fatto; in fact infatti; as a matter
  of fact veramente
fall autunno
family famįglia
famous famoso
far lontano; as far as fino a
fast veloce; velocemente
father padre *m.*
favorable favoręvole
favorite preferito
February febbrąio
feel sentirsi
festivity fęsta
field campo
fill riempire; to fill with riempire di
finally finalmente
find trovare
fine bravo
finger dito (*pl.* le dita)
fire fuǫco
fireworks fuǫchi artificiali
first primo *adj.*, prima *adv.*
fish pesce *m.*
fix aggiustare
flight volo
Florence Firęnze *f.*
Florentine fiorentino
flower fiore *m.*
fly volare
follow seguire
following seguęnte
foot pięde *m.*; on foot a piędi
for per
foreigner stranięro
forget dimenticare (di)
France Frąncia

Francis Francesco
French francese; **the French language** il francese
fresco affresco
Friday venerdí m.
friend amico, amica
front: in front of davanti a
fruit frutta; **fruit cocktail** macedonia di frutta
full pieno
funny spiritoso; **to try to be** funny fare lo spiritoso

— G —
game (*match*) partita
garden giardino; **in the garden** in giardino
gentleman signore m.
geography geografia
George Giorgio
get on salire†
get up alzarsi*
gift regalo
girl ragazza
give dare
glad contento
gladly volentieri
glass (*drinking*) bicchiere m.
glove guanto
go andare*; **go down** scendere†; **go out** uscire*
gondola gondola
good buono, bravo; **very good** ottimo
good-bye addio, arrivederci (*familiar*), arrivederLa (*polite singular*), ciao (*colloquial*)
graduate (*from a university*) laurearsi*
grave tomba
great grande; **greater** maggiore; **the greatest** il maggiore
green verde
greet salutare
greeting saluto
grill (mixed) fritto misto
grotto grotta
guest invitato
guide, guidebook guida
gulf golfo

— H —
hair (*one*) capello; **hair** capelli
hairdresser parrucchiere m.
hall sala, salone m.
hand mano f. (*pl.* le mani); **to shake hands with** dare la mano a; **in one's hand** in mano
handkerchief fazzoletto
happy felice
harbor porto
hard-boiled: hard-boiled egg uovo sodo
Harlequin Arlecchino
haste fretta
hat cappello
have avere; **to have to** dovere†
headache mal di testa m.
hear sentire; **to hear about** sentire parlare di
hello ciao (*colloquial*); (*over telephone*) pronto!
help aiuto; **to help** aiutare (a)
here qua, qui; **here is! here are!** ecco!
high alto
highway autostrada
hill collina
history storia
holiday festa; **it's a holiday** è festa
home casa; **at home** a casa
honor onore m.
hope sperare (di)
hors d'oeuvres antipasto
hotel albergo, hotel m.
hour ora
house casa; **boarding house** pensione f.
how come; how are you? come sta? (*polite singular*); come stanno (*polite plural*); **how goes it?** come va?
however però
hundred cento; **about one hundred** un centinaio (*pl.* centinaia)
hungry: to be hungry avere fame
hurrah evviva
hurry sbrigarsi*; **to be in a hurry** avere fretta; **in a hurry** in fretta
hurt fare male a
husband marito

— I —

ice cream gelato
idea idęa
if se
immediately sųbito
impertinent impertinęnte
important importante
impossible impossįbile
impression impressione *f*,
in in, a
indeed prǫprio
ink inchiǫstro
instead invece
interest interessare
interesting interessante
interior intęrno
introduce presentare
invite invitare
is ę; there is c'ę
island įsola
Italian italiano; the Italian language
l'italiano
Italy Itąlia

— J —

jacket giacca
January gennąio
Jean Gina
Jesus Gesú
jet aviogętto
John Giovanni
join raggiųngere
joke scherzo; to joke scherzare
journey *see* trip
July lųglio
June giugno
just appena

— K —

kind (*adj.*) gentile; (*noun*) spęcie *f*.
knock bussare
know (*be acquainted with*) conǫscere;
to know (*a fact*) sapere; to know
how sapere

— L —

lack mancare
lady signora; young lady signorina
lake lago

lamb agnęllo
large grande
last ųltimo, scorso; last year l'anno
scorso; last night ięri sera; to last
durare*
late tardi; to be late ęssere in ritardo;
(*impersonal*) ęssere tardi
laugh rįdere
leaning pendęnte
learn imparare (a)
least meno; at least almeno
leave (*intrans.*) partire*; (*trans.*)
lasciare
lecture conferęnza; to give a lecture
fare una conferęnza
left sinistro; to the left a sinistra
lesson lezione *f*.
let lasciare
letter lęttera
library bibliotęca; in the library in
bibliotęca
lie (down) sdraiarsi*
life vita
lift alzare
light (*in weight*) leggięro; to light
accęndere
like come; to like piacere*; I like
mi piace
line lįnea
lip labbro (*pl*. le labbra)
listen, listen to ascoltare
literature letteratura
little pįccolo; pǫco; little by little
a pǫco a pǫco; in a little while
fŕa pǫco; a little un pǫco, un pǫ'
live vįvere†, abitare
London Londra
long lungo
look, look at guardare
look for cercare
lose pęrdere
loud, loudly fǫrte; louder piú fǫrte
Louise Luisa
lunch colazione *f*.; to have lunch
fare colazione

— M —

magazine rivista
magnificent magnįfico

mail pǫsta; **air mail** pǫsta aęrea; **to mail** impostare
make fare
man uǫmo (*pl.* uǫmini)
manger presępio
March marzo
market mercato; **flower market** mercato dei fiori; **open-air market** mercato all'apęrto
marvelous meraviglioso
Mary Maria
mask mạschera
match (*game*) partita
material stǫffa
matter importare; **it does not matter** non impǫrta; **to be a matter of** trattarsi* di
May mạggio
may poteret†
mean volere dire, significare
meanwhile nel frattęmpo
meat carne *f.*
medieval medioevale
Mediterranean Mediterrạneo
meet incontrare; fare la conoscęnza di; **pleased to meet you!** piacere!
menu lista
middle męzzo; **in the middle of** in męzzo a
midnight mezzanǫtte *f.*
Milan Milano *f.*
mile mịglio (*pl.* le mịglia)
minute minuto
miss signorina
moment momento
monastery convęnto
Monday lunedí *m.*
money denaro, sǫldi *m.pl.*
monopoly monopǫlio
month mese *m.*
more piú; **more and more** sęmpre piú
morning mattina, mattinata; **in the morning** di mattina; **this morning** stamani
most piú, il piú; **at the most** al mạssimo
mother madre *f.*
mountain monte *m.*

movies cịnema *m.*, cinematǫgrafo
Mr. signore *m.*
Mrs. signora
much molto; **how much** quanto; **so much** tanto; **too much** trǫppo
museum musęo
music mụsica
musician musicista *m. and f.*
must doveret†; **I must** dęvo

— N —

name nome *m.*; **to be one's name** chiamarsi*
Naples Nạpoli *f.*
national nazionale
Nativity Scene presępio
naturally naturalmente
Neapolitan napoletano
near vicino (a); **near there** lí vicino; **near here, nearby** quị vicino
necessary necessạrio; **it is necessary** bisogna
necktie cravatta
need bisogno; **to need** avere bisogno (di)
neighborhood: in this neighborhood da queste parti
neither né; **neither . . . nor** né . . . né
nephew nipote *m.*
never mai
new nuǫvo; **what's new?** cǫsa c'è di nuovǫ?
news notịzia
newspaper giornale *m.*
next venturo, prǫssimo; **next week** la settimana ventura (prǫssima)
niece nipote *f.*
night nǫtte *f.*; **good night!** buǫna nǫtte; **tonight** stasera, questa sera; **last night** ięri sera
no nǫ; **no one** nessuno
nonsense! macché!
noodles tagliatęlle *f.pl.*; fettuccine *f.pl.*
north nǫrd *m.*
not non; **not even** nemmeno, neanche
note appunto
notebook quadęrno

nothing niẹnte, nulla
notice notare
novel romanzo
November novẹmbre m.
now ora, adẹsso; from now on da ora in pọi; by now ormai
number nụmero; to dial a number formare un nụmero; to number numerare

— O —

October ottobre m.
of di
offer offrire
office uffịcio; telephone office uffịcio telefọnico
often spesso
oh yes! ẹh sí!
old vẹcchio
on su
once una vọlta; once a week una vọlta alla settimana
only solo, solamente (advs.); solo, ụnico (adjs.)
open aprire (p.p. apẹrto); in the open air all'apẹrto
opera ọpera
or o
orangeade aranciata
orange grove aranceto
order ordinare; in order to per
original originale
other altro
otherwise altrimenti
out, outside fuọri
outdoors all'apẹrto
owe dovere†

— P —

page pạgina
palace palazzo
paper carta
pardon scuṣare; pardon me! scuṣi! (polite singular)
parent genitore m.
Paris Parigi f.
park parco
pass passare†

passenger passeggiẹro
passport passapọrto
pastry shop pasticceria
pay, pay for pagare
pea piṣẹllo
pen penna
pencil matita
peninsula penịṣola
penny sọldo
pension pensione f.
people gẹnte f. (used in the singular)
performance spettạcolo
perhaps forse
person persona
personally personalmente
Peter Piẹtro
pharmacy farmacia
piano pianofọrte m.
place posto, luọgo; to take place avere luọgo
plan programma m.; to plan contare (di)
play (an instrument) suonare; (a game) giocare; to play tennis giocare a tẹnnis
please per favore or per piacere
pleasure piacere m.
poet poẹta m.
point punto; point of view punto di vista
poor pọvero
port pọrto
porter facchino
possible possịbile
postcard cartolina
post office pọsta
precise preciṣo
prefer preferire (isc)
prepare preparare
present preṣẹnte (adj.); regalo (noun)
president (of a university) rettore m.
pretty carino
price prẹzzo
professor professore m.
program programma m.
provided purché
purse borsa
put mẹttere

— Q —

question domanda

— R —

rabbit coniglio
race corsa
racer corridore *m.*
rain piovere†
raincoat impermeabile *m.*
rapidly velocemente
rarely raramente
rate: at any rate ad ogni modo
rather piuttosto
read leggere (*p.p.* letto)
reading lettura
ready pronto
really proprio, davvero
receipt ricevuta
receive ricevere
receiver ricevitore *m.*
reception ricevimento
recognize riconoscere
red rosso
refreshment rinfresco
registered raccomandato
regular regolare
religious religioso
remain restare*, rimanere* (*p.p.* rimasto)
remember ricordare (di)
repeat ripetere
represent rappresentare
require richiedere
rest riposare
restaurant ristorante *m.*
return ritornare*
ride passeggiata; **to go for a ride** fare una passeggiata
right destro; **to the right** a destra; **to be right** avere ragione; **right away** subito; **right? is that all right?** va bene?
ring suonare
river fiume *m.*
road strada
Roman romano
Rome Roma
room stanza; **dining room** sala da pranzo **living room**; salotto; **waiting room** sala d'aspetto
rose rosa
ruin rovinare
run correre†

— S —

sad triste
saint santo
salad insalata
sale vendita
salt sale *m.*
same stesso; **thank you just the same** grazie lo stesso
sand sabbia
Saturday sabato
say dire (*p.p.* detto); **to say good-bye** salutare
says dice
school scuola
scream grido (*pl.* le grida); **to scream** gridare
sea mare *m.*
season stagione *f.*
seated seduto
secret segreto
see vedere; **to see again** rivedere
seem sembrare*
sell vendere; **sold out** esaurito
send mandare
separate separare
September settembre *m.*
serve servire
service servizio
settle down stabilirsi* (isc)
several diversi (-e)
sheet (*of paper*) foglio
shine splendere
shirt camicia
shoe scarpa
shop negozio; **to shop** fare delle spese
short breve; **in short** insomma
shout gridare
show fare vedere
Sicily Sicilia
sigh sospirare
silence silenzio
simple semplice

since poiché, dato che
sing cantare
sit sedersi*
ski sciare
skin pęlle f.
sky cięlo
sleep dormire
sleepy: to be sleepy avere sonno
slowly piano
small pįccolo
smile sorrįdere
sneeze starnuto
snow neve f.; **to snow** nevicare†
so cosí
soccer cąlcio
sojourn soggiorno
sold out esaurito
some qualche (*takes the singular*);
   alcuni (*plural*); un pǫ' di
something qualche cǫsa, qualcǫsa
son fįglio
song canzone f.
soon pręsto; **as soon as** appena (che)
sorry: to be sorry dispiacere; **I am
   sorry** mi dispiace
soup minęstra
south sud m.
southern meridionale
souvenir ricǫrdo
spa tęrme f.pl.
speak parlare
special speciale
specialty specialità
spectacle spettącolo
speed cǫrrere†
spend (*time*) passare
sport spǫrt m.
spot posto
spring primavęra
square piazza
stamp francobollo; **special delivery
   stamp** francobollo espręsso
start out avviarsi*
state stato
station stazione f.
stationery carta da lęttere; **stationery
   store** cartoleria
statue stątua
still ancora

stop fermata; **to stop** fermarsi*
store negǫzio
story stǫria
strange strano
streamliner rąpido
street via; **in the streets** per le vie;
   on Dante St. in Via Dante
streetcar tram m.
strong fǫrte
student studęnte m.; **girl student**
   studentessa
study stųdio; **to study** studiare
succeed riuscire* (a)
suit ąbito; **bathing suit** costume da
   bagno m.
suitcase valįgia
summer estate f.
sun sole m.
Sunday domęnica
supper cena; **farewell supper** cena
   d'addio
sure cęrto, sicuro
surname cognome m.
surprise sorpresa; **to surprise** fare
   una sorpresa a
surrounded circondato
surroundings dintorni m.pl.
sweater mąglia
swim nuotare; **swimming pool** piscina
symbol sįmbolo

— T —

table tąvola, tąvolo
take (*seize*) pręndere, (*carry*) portare;
   take back riportare; **take place**
   avere luǫgo
tall alto
tan tintaręlla; **to tan** abbronzarsi,
   pręndere la tintaręlla
taste assaggiare
taxi tassí m.
teach insegnare (a)
teacher maestro, maestra
telegram telegramma m.
telephone telefonare; **telephone call**
   telefonata; **long distance telephone call** telefonata interurbana;
   to make a telephone call fare una

telefonata; **telephone instrument** apparẹcchio

tell dire (*p.p.* detto); **can you tell?** si vede?

tennis tẹnnis *m.*; **tennis court** campo di tẹnnis; **to play tennis** giocare a tẹnnis

terrible terrịbile

than di, che, di quẹl che

thank ringraziare; **thank you, thanks** grạzie; **thank you just the same** grạzie lo stesso

that che; quello; **that is** cioẹ̀

then pọi (*after*); allora (*at that time*)

there là, lí; ci; **there is** c'ẹ̀; **there is! there are! ẹcco!**

thing cọsa; **it is a good thing!** meno male!

think pensare (*to be thinking*); crẹdere (*to have an opinion*)

thirst sete; **to be thirsty** avere sete

this questo

thousand mille; **about a thousand** un migliạio (*pl.* le migliạia)

through per, attravẹrso

Thursday giovedí *m.*

thus cosí

ticket biglietto; **ticket office** biglietteria

time tẹmpo; vọlta (*in the sense of "occurrence"*); **to have a good time** divertirsi*; **have a good time!** buọn divertimento!; **what time is it?** che ora ẹ̀? *or* che ore sono?

timetable orạrio

tired stanco

to a, in

tobacco tabacco

today ọggi

together insiẹme

token gettone *m.*

tomb tomba

tomorrow domani

too anche; **too, too much** trọppo

tour giro; **to make a tour** fare un giro

tourist turista *m. and f.*

toward vẹrso

tower torre *f.*; **belltower** campanile *m.*

train trẹno; **express train** dirẹtto

travel viaggiare

travelogue documentạrio

tree ạlbero

trip viạggio; **have a good trip** buọn viạggio; **to take a trip** fare un viạggio

trolley (*trackless*) fịlobus *m.*

true vero; **is it not true?** non ẹ̀ vero?; **is it true that?** ẹ̀ vero che?

truly veramente

truth verità

try cercare (di)

Tuesday martedí *m.*

turn turno

twenty venti

two due

— U —

ugly brutto

uncle zio

understand capire (isc)

unforgettable indimenticạbile

United States Stati Uniti

university università; **of the university** universitạrio

unless a meno che . . . non

until fino a

use uʃare

useful ụtile

useless inụtile

usually di sọlito

— V —

vacation vacanza

variety varietà

various divẹrsi (-e)

veal vitẹllo; **roast veal** vitẹllo arrọsto

Venice Venẹzia

very molto

Vesuvius Vesụvio

view veduta

violet violetta

visit vịʃita; **to visit** viʃitare

voice voce *f.*

voyage *see* **trip**

— W —

wait, wait for aspettare; **waiting room** sala d'aspẹtto

waiter cameri̯ere *m.*
waitress cameri̯era
walk camminare; **to take a walk** fare una passeggiata; **to walk two (three,** *etc.***) miles** fare due (tre, *etc.*) miglia
want volere†
warm caldo; **to be warm** fare caldo (*of weather*)
wash (oneself) lavarsi*
watch orolo̯gio
water a̯cqua
way: by the way a propo̯sito; **to continue on one's way** ripre̯ndere il cammino
wear (*clothes*) portare
weather te̯mpo; **how's the weather?** che te̯mpo fa?
Wednesday mercoledí *m.*
week settimana; **next week** la settimana ventura *or* pro̯ssima
welcome benvenuto, be̯n tornato!; **to extend one's welcome** dare il benvenuto; **you are welcome!** pre̯go!
well be̯ne, be̯, *abbreviation of* be̯ne; **very well** beni̯ssimo; **well then** du̯nque
what che, che co̯sa, co̯sa; = **that which** quello che, que̯l che, ciò̯ che
what? che? che co̯sa? co̯sa?; **what a . . . !** che . . . !
when quando
where dove; **where is?** dov'è̯?
which che, quale, il quale
while mentre
white bianco
who, whom che, il quale; **who? whom?** chi?

whose? di chi?
why perché
wife mo̯glie *f.*
willingly volenti̯eri
window fine̯stra; **display window** vetrina; **teller's (clerk's) window** sporte̯llo
windy: to be windy tirare ve̯nto
wine vino
winter inve̯rno
wire filo
wish desiderare; **I wish it were so!** magari!
wishes: best wishes auguri; **to offer best wishes** fare gli auguri
with con
within (*time*) fra, in
without se̯nza
woman do̯nna
wonderful meraviglioso
word paro̯la
world mondo
worse pe̯ggio (*adv.*)., peggiore (*adj.*)
worst pe̯ggio (*adv.*), peggiore (*adj.*)
worth: to be worth valere*
write scri̯vere
written scritto (*p.p. of* scri̯vere)

— Y —

year anno; **Happy New Year!** Bu̯on Anno!
yellow giallo
yes sí; **oh yes!** e̯h sí!
yesterday i̯eri; **day before yesterday** i̯eri l'altro, l'altro i̯eri
yet ancora
young gio̯vane; **young man** gio̯vane *m.*

GETTING AROUND IN ITALIAN

Useful words and phrases
Greetings and general phrases

Good morning *or* Good day.	**Buọn giorno.**
Good afternoon *or* Good evening.	**Buọna sera.**
Good night.	**Buọna nọtte.**
how	**come**
are you	**sta Lẹi**
How are you?	**Come sta Lẹi?**
Well.	**Bẹne.**
Thank you.	**Grạzie.**
And you?	**E Lẹi?**
I am well, thank you.	**Stọ bẹne, grạzie.**
Sir *or* Mr.	**Signore**
Madam *or* Mrs.	**Signora**
Miss	**Signorina**
Excuse me.	**Scusi.**
If you please.	**Per favore.**
Yes	**Sí**
No	**Nọ**
You're welcome.	**Prẹgo.**
Do you understand?	**Capisce?**
I understand.	**Capisco.**
I don't understand.	**Non capisco.**
I'm sorry, but I don't understand.	**Mi dispiace, ma non capisco.**
Please speak slowly.	**Per favore parli adạgio.**
Please repeat.	**Per favore ripẹta.**

Location and directions

Where is it?	**Dov'ẹ̀?**
Where is the restaurant?	**Dov'ẹ̀ il ristorante?**
I'm looking for the hotel.	**Cerco l'albẹrgo.**
the bank	**la banca**

xlvii

the barbershop	il barbiere
the church	la chiesa
the cleaner	la tintoria
the dentist	il dentista
the doctor	il dottore
the drugstore	la farmacia
the filling station	il distributore di benzina
the hairdresser	il parrucchiere
the shoemaker	il calzolaio
the hospital	l'ospedale
the house	la casa
the laundry	la lavanderia
the movie theater	il cinema
the museum	il museo
the office	l'ufficio
the park	il giardino pubblico
the policeman	il vigile
the square	la piazza
the store	il negozio
the street	la via
Where is Columbus Street?	Dov'è Via Colombo?
the tailer shop	la sartoria
the telegraph office	il telegrafo
the telephone	il telefono
the telephone book	l'elenco telefonico
the theater	il teatro
the waiter	il cameriere
Where is the toilet?	Dov'è il gabinetto?
To the right	A destra
To the left	A sinistra
Straight ahead	Diritto
On the corner	All'angolo
Here	Qui
There	Là
Show me the way.	M'indichi la via.
A kilometer	Un chilometro

Numbers

zero	zero
one	uno

two	due
three	tre
four	quattro
five	cinque
six	sei
seven	sette
eight	otto
nine	nove
ten	dieci
eleven	undici
twelve	dodici
thirteen	tredici
fourteen	quattordici
fifteen	quindici
sixteen	sedici
seventeen	diciassette
eighteen	diciotto
nineteen	diciannove
twenty	venti
twenty-one	ventuno
twenty-two	ventidue
twenty-three	ventitré
twenty-eight	ventotto
thirty	trenta
forty	quaranta
fifty	cinquanta
sixty	sessanta
seventy	settanta
eighty	ottanta
ninety	novanta
one hundred	cento
one hundred and one	cento uno
two hundred	duecento
five hundred	cinquecento
seven hundred	settecento
nine hundred	novecento
one thousand	mille
two thousand	due mila
one million	un milione

Asking for what you want

What is it?	Che cos'è?
What is that?	Che cos'è quello?
What do you want?	Che cosa vuole?
I want.	Voglio.

Food

I am hungry.	Ho fame.
It's time for breakfast.	È l'ora di colazione.
for lunch	di pranzo
for dinner, supper	di cena
Here is the menu.	Ecco la lista.
I would like to eat.	Vorrei mangiare.
I would like some bread.	Vorrei del pane.
some butter	del burro
some cheese	del formaggio
some chicken	del pollo
some cream	della panna
some dessert	del dolce
some eggs	delle uova
some fish	del pesce
some fruit	della frutta
some ham	del prosciutto
some ice cream	del gelato
some meat	della carne
some oranges	delle arancie
some pepper	del pepe
some potatoes	delle patate
some rice	del riso
some salad	dell'insalata
some salt	del sale
some soup	della minestra
some spaghetti	degli spaghetti
some sugar	dello zucchero
some vegetables	dei legumi
a beefsteak	una bistecca

Drinks

I'm thirsty.	Họ sete.
I would like to drink.	Vorrẹi bere.
I would like some water.	Vorrẹi dell'ạcqua.
some beer	della birra
some brandy	del cọgnac
some coffee	del caffẹ̀
some lemonade	della limonata
some milk	del latte
some soda water	dell'ạcqua di sẹltz
some wine	del vino
a bottle of wine	una bottịglia di vino
a cup of coffee	una tazza di caffẹ̀
a glass of milk	un bicchiẹre di latte

Miscellaneous

I would like a room.	Vorrẹi una cạmera.
a single room	una cạmera a un lẹtto
a double room	una cạmera a due lẹtti
a double bedroom	una cạmera matrimoniale
a room with bath	una cạmera con bagno
some cold water	dell'ạcqua fredda
some hot water	dell'ạcqua calda
a book	un libro
some cigarettes	delle sigarette
some matches	dei fiammịferi
some envelopes	delle buste
a fountain pen	una penna stilogrạfica
some ink	dell'inchiọstro
a newspaper	un giornale
some paper	della carta
a pen	una penna
a pencil	un lạpis
some air mail stamps	dei francobolli per pọsta aẹrea
Please cut my hair.	Per favore mi tagli i capelli.

Shopping

How much is this?	Quanto cọsta questo?
One hundred lire	Cento lire

It's cheap.   Cǫsta pǫco.
It's expensive.   Ḝ caro.
  money   denaro
Here is the money.   Ḝcco il denaro.
A hundred lira bill   Un biglietto da cẹnto lire
A thousand lira bill   Un biglietto da mille lire

At the bank

I need money.   Hǫ bisogno di denaro.
  a check   un assegno
Please cash this check for me.   Per favore mi cambi questo
                                       assegno.
What is the rate of exchange?   Quạl ḝ il cạmbio?
Please give me fifty dollars' worth Per favore mi cambi cinquanta
  of liras.   dǫllari in lire.

Clothes

I would like to buy a hat.   Vorrẹi comprare un cappẹllo.
  a bathing suit   un costume da bagno
  a blouse   una camicetta
  some clothes   dei vestiti
  a dress   un vestito
  some gloves   dei guanti
  a handkerchief   un fazzoletto
  a jacket   una giacca
  an overcoat   un cappǫtto
  a raincoat   un impermeạbile
  a shirt   una camịcia
  some shoes   delle scarpe
  a skirt   una gǫnna
  some socks   dei calzini
  a suit   un ạbito
  a tie   una cravatta
  some trousers   dei pantaloni
  an umbrella   un ombrẹllo
I like it.   Mi piace.
I don't like it.   Non mi piace.

Drug supplies

I want some aspirin.	Vǫglio dell'aspirina.
some camera film	dei rǫtoli di pellịcola
some face powder	della cịpria
some hair pins	delle forcine
some razor blades	delle lamette
some safety pins	delle spille di sicurezza
some shaving cream	della crẹma per barba
some soap	del sapone
some sunglasses	degli occhiali da sole
a toothbrush	uno spazzolino da dẹnti
some toothpaste	della pasta dentifrịcia
I don't feel well.	Non mi sẹnto bẹne.
I'm sick.	Sono ammalato.
I have a headache.	Mi duǫle la tẹsta.
I have a toothache.	Mi duǫle un dẹnte.

Transportation

Where is the railroad station?	Dov'ę̀ la stazione?
the airplane	l'aeroplano
the airport	l'aeropǫrto
the car	l'automǫbile
the baggage	il bagạglio
the baggage room	il depǫsito di bagagli
the bus	l'ạutobus
the custom inspection	la dogana
the dining car	il vagone ristorante
the ship	il pirǫscafo
the sleeping car	il vagone lẹtti
the street car	il tram
the taxi	il tassí
Please call a taxi.	Per favore chiami un tassí.
the ticket	il biglietto
a first class ticket	un biglietto di prima classe
a round trip ticket	un biglietto d'andata e ritorno
I'm going second class.	Vado in seconda classe.
A ticket to Florence	Un biglietto per Firẹnze

Time

What time is it?	Che ora è?
It's one o'clock.	È l'una.
It's two o'clock.	Sono le due.
It's a quarter after three.	Sono le tre e un quarto.
It's ten after three.	Sono le tre e dięci.
It's four-thirty.	Sono le quattro e męzza.
It's a quarter to five.	Sono le cịnque meno un quarto.
at what time	a che ora
leaves	parte
At what times does the train leave?	A che ora parte il tręno?
It leaves at ten in the morning.	Parte alle dięci di mattina.
arrives	arriva
It arrives at eleven in the evening.	Arriva alle ụndici di sera.
starts	incomịncia
At what time does the movie start?	A che ora incomịncia il cịnema?
today	ọggi
tomorrow	domani
yesterday	ięri
next week	la settimana prọssima
last week	la settimana scorsa

Days of the week

Sunday	domęnica
Monday	lunedí
Tuesday	martedí
Wednesday	mercoledí
Thursday	giovedí
Friday	venerdí
Saturday	sạbato

Months of the year

January	gennạio
February	febbrạio
March	marzo
April	aprile
May	mạggio
June	giugno

July	lụglio
August	agosto
September	settẹmbre
October	ottobre
November	novẹmbre
December	dicẹmbre

Meeting people

What is your name?	Come si chiama Lẹi?
My name is John Hill.	Mi chiamo Giovanni Hill.
I am glad to know you, Mr. Hill.	Piacere di fare la Sua conoscẹnza, signọr Hill.
I should like to introduce Mrs. Hill.	Vorrẹi presentarLe la signora Hill.
Delighted	Piacere
I am a friend of Charles Rossi.	Sono un amico di Carlo Rossi.
My parents know him well.	I miẹi genitori lo conọscono bẹne.
Where are you from?	Di dov'ẹ̀ Lẹi?
I'm from New York	Sono di Nuọva York.
I'm an American.	Sono americano.

At the filling station

What can I do for you?	Che cọsa desịdera?
How do you say "gasoline" in Italian?	Come si dice "gasoline" in italiano?
We say "benzina."	Si dice "benzina."
Give me twenty liters of gasoline.	Mi dia venti litri di benzina.
Which is the road to Rome?	Quạl ẹ̀ la strada di Roma?
Is it far?	Ẹ̀ lontano?
It's fifty kilometers from here.	Ẹ̀ a cinquanta chilọmetri da quị.
It's near.	Ẹ̀ vicino.
Thank you very much.	Mille grạzie.
Good-bye	Arrivederci
So long	Ciao
Have a nice trip.	Buọn viạggio.

INDEX

(Numbers refer to pages.)